Caminos

Spanisch für Fortgeschrittene

2

von
Margarita Görrissen
Marianne Häuptle-Barceló
Juana Sánchez Benito

Ernst Klett Verlag
Stuttgart · Düsseldorf · Leipzig

Inhaltsverzeichnis

Unidad 1: Reencuentros S. 7

A Un nombre para toda la vida
Wie man über Erinnerungen spricht
Wie man sich vorstellt
Wie man über seinen Namen spricht
Wie man jemanden vorstellt und darauf reagiert
Namen in Spanien und Lateinamerika

B Seguimos estudiando
Verbale Periphrasen: **empezar a**, **dejar de**, **seguir/ llevar** + Gerundium, **volver a**, **acabar de**
Nützliche Gegenstände im Unterricht
Wie man um etwas bittet und darauf reagiert
Substantivierung durch **lo** + Adjektiv
Wie man über Erfahrungen in der Schule und beim Sprachenlernen spricht
Anekdoten über Missverständnisse im Ausland

C „Equivocándose es como se aprende"
Kontroverse Zeitungstexte über Erziehung und Unterricht
Der Subjuntivo (Präsens der regelm. Verben)
Der Subjuntivo nach unpersönlichen Ausdrücken
Indikativ und Subjuntivo nach Verben der Meinungsäußerung
Wie man Argumente vorbringt
Wissenswertes über die spanische Sprache

Rincón profesional
Einige Berufsbezeichnungen
Abteilungen einer Firma (Organigramm)
Bewerbungsschreiben und Lebenslauf

Unidad 2: ¡Viva el turismo! S. 21

A ¿Qué esperamos de las vacaciones?
Wie man über Urlaubserwartungen spricht
Der Subjuntivo nach Verben des Wünschens
Der Subjuntivo der unregelmäßigen Verben
Der Gebrauch von Infinitiv und Subjuntivo
Ausdrücke des Wünschens und Hoffens
Wie man einem anderen die Entscheidung überlässt *(cuando/donde… quiera)*
Gedicht von Ernesto Cardenal

B ¿Vacaciones paradisíacas?
Die vier Himmelsrichtungen
Wie man eine Landschaft beschreibt
Wie man sich beschwert und darauf reagiert
Das Partizip Perfekt als Adjektiv

C ¿Qué nos trae el turismo?
Positive und negative Aspekte des Tourismus
Der Subjuntivo nach Verben des Fühlens
Öko-Tourismus

Rincón profesional
Wichtige Begriffe aus der Geschäftswelt
Reklamationen

Unidad 3: ¿No te apetece? S. 33

A ¡Os esperamos a cenar el sábado!
Einladungen bei uns und in spanischsprachigen Ländern
Wie man Einladungen annimmt und ablehnt
Wie man Aussagen anderer wiedergibt: die indirekte Rede
Der Subjuntivo in der indirekten Rede
Der Gebrauch von **llevar**, **traer**, **ir**, **venir**

B ¿Un poco más de tortilla?
Wie man etwas anbietet und darauf reagiert
Der Gebrauch von **qué** und **cuál(es)**
Wie man Hilfe anbietet und darauf reagiert
Lesetext: Geschichte der „Tapas"

C Sanos por dentro, bellos por fuera
Essgewohnheiten in Spanien und Deutschland
Wie man Verwunderung ausdrückt
Text: Die Ernährung in den Mittelmeerländern
Indikativ oder Subjuntivo nach Ausdrücken der Wahrscheinlichkeit
Wendungen für Raucher und Nichtraucher
Das Futur

Rincón profesional
Formelle Einladungen und wie man darauf reagiert
Geschäftsessen im interkulturellen Vergleich
Wie man Telefonnotizen macht

Unidad 4: Revuelto S. 47

Der Gebrauch des Wörterbuchs
Wie man man sich behelfen kann, wenn man ein Wort nicht kennt
Formen und Gebrauch des Subjuntivo (Zusammenfassung)
Text: Eindrücke eines Deutschen in Spanien
Einige lateinamerikanische Bezeichnungen für Obst und Gemüse
Essgewohnheiten in Lateinamerika
Ungefähre Zeitangaben
Übersicht über die Präpositionen **a**, **de**, **en**

Unidad 5: Cuestión ciudadana S. 53

A Grandes metrópolis
Das Leben in der Großstadt
Wie man eine Rangfolge angibt
Der Subjuntivo in Relativsätzen
Wie man Verbesserungsvorschläge macht
Text und Interview über Buenos Aires
Relativpronomen in Verbindung mit Präpositionen

B La hora punta
Wörter und Wendungen rund um das Auto
Das Perfecto de Subjuntivo
Wie man emotionale Reaktionen ausdrückt
Wie man Vermutungen äußert (*a lo mejor, quizá, tal vez, probablemente*)
Straßenverkehr: Probleme und Verstöße
Wie man ein Erlebnis erzählt (Wiederholung der Vergangenheitszeiten)

C Hablando de barrios
Text von M. Benedetti über Montevideo
Einige berühmte Stadtviertel
Text: El barrio de La Boca
Das Passiv
Zwei historische Städte: Cádiz und Cuzco
Passivumschreibungen

Rincón profesional
Wie man einen Leihwagen mietet

Unidad 6: Movilidad S. 67

A Ampliar fronteras
Internationalisierung unserer Gesellschaft
Wie man Vergleiche anstellt (mit Verben)
Der Gebrauch von **mismo/-a/-os/-as**
Lied von J. M. Serrat: Mediterráneo
Spanier und Lateinamerikaner im Ausland

B En camino
Ein in Deutschland geborener Spanier erzählt
Wie man Vermutungen ausdrückt
Das Futuro perfecto
Wie man jemanden beruhigt

C Empezar otra vez
Biografie einer Exil-Chilenin
Das Plusquamperfekt
Wie man einen Lebenslauf schreibt
Wie man über Vergangenes spricht

Rincón profesional
Nützliche Begriffe rund um das Büro

Unidad 7: El mundo del trabajo S. 79

A Trabajo y aptitudes
Wie man über seinen Beruf spricht
Indikativ oder Subjuntivo nach **aunque**, **cuando**, **mientras**
Wie man Persönlichkeitsmerkmale angibt
Wie man Zustimmung und Widerspruch äußert

B ¿Un mundo dividido?
Die Rolle der Frau im Berufsleben
Das Imperfecto de Subjuntivo
Vergleiche mit **como si** + Imperfecto de Subj.
Der Gebrauch von Imperfecto und Indefinido
Literarischer Text: Ein Vorstellungsgespräch

C El trabajo del futuro
Die Arbeitswelt früher und heute
Des Konditional als "futuro del pasado"
Die Arbeitswelt in der Zukunft
Anforderungen an Arbeitnehmer von heute
Lesetext: Zwei junge Unternehmer

Rincón profesional
Was erwarten Sie von ihrer Arbeit?
Interview mit einer spanischen Verwaltungsbeamtin

Unidad 8: Revuelto S. 92

Literarischer Text: Palomas en la ciudad
Lesen und Lesestrategien
Lied von José Luis Guerra
Lateinamerikanische Bezeichnungen für Verkehrsmittel
Bildgeschichte von Quino
Wie man einen Weg beschreibt (mit öffentlichen Verkehrsmitteln)
Die zusammengesetzten Zeiten (Zusammenfassung)
Die Präpositionen **por** und **para** (Übersicht)

Unidad 9: ¿Naturaleza intacta? S. 99

A El arca de Noé
Die Bezeichnungen einiger Tiere
Chinesisches Horoskop: wie man Personen charakterisiert
Der Gebrauch von **ser** oder **estar** + Adjektiv

B La ecología empieza en casa
Die wichtigsten Haushaltsgeräte
Wie man ausdrückt, was man (nicht) benötigt
Wie man umweltbewusst handelt
Wie man Häufigkeit angibt

Wörter und Wendungen aus dem Bereich Umweltschutz
Wie man Bedingungen ausdrückt (mit *si, a menos que, siempre y cuando*)

C Todo depende de nosotros
Umweltprobleme
Reale und irreale Bedingungssätze
Wie man Ursachen und Folgen angibt
Wie man Forderungen äußert

Rincón profesional
Wichtige Begriffe rund um den Bankverkehr

Unidad 10: Comunicación **S. 113**

A Cómo nos comunicamos
Kommunikation und Neue Medien
Wie man Neuigkeiten mitteilt und darauf reagiert
Die indirekte Rede in der Vergangenheit
Karikatur: Neue Medien

B En contacto
Wie man über zwischenmenschliche Beziehungen spricht
Konstruktionen mit Infinitiv bzw. Gerundium
Wie man ein Gesprächsthema anschneidet und Interesse signalisiert

C Malentendidos
Die Sprache der Mimik und Gestik
Das Imperfecto de Subjuntivo nach Verben des Wünschens etc.
Text über das Duzen und Siezen
Wie man ein Missverständnis ausräumt
Wie man etwas in andere Worte fasst
Einige interkulturelle Unterschiede

Rincón profesional
Begriffe rund um den Computer
Wie man über Statistiken spricht
Wie man Mengen angibt und Daten vergleicht

Unidad 11: Ideales y tradiciones **S. 127**

A Rituales
Semana Santa in Spanien und Lateinamerika
Wie man über Aberglauben spricht
Wie man höfliche Ratschäge erteilt (*sería conveniente que…* + Subjuntivo)
Rituale in Spanien

B Buscando el equilibrio
Esoterik und alternative Medizin
Der irreale Bedingungssatz der Vergangenheit
Interview mit einem indianischen Heiler
Wie man Hausmittel beschreibt

C Un modelo para la vida
Helden und Helden des Alltags
Übersetzungen für das deutsche „werden"
Text: Ein spanischer Missionar in Indien
Lied von Mercedes Sosa: Sólo le pido a Dios

Rincón profesional
Höfliche Formulierungen im Geschäftsleben

Unidad 12: Revuelto **S. 140**

Wie man um Erläuterungen bittet
Kommunikationsstrategien
Die Anrede in spanischsprachigen Ländern
Das lateinamerikanische **vos**
Verschiedene Bedeutungen von **poner(se)**, **hacer(se)**, **volver(se)**
Sprichwörter und Wendungen mit Tieren
Die Fabel vom Wolf und vom Fuchs
Spiel: Siguiendo las huellas de Olivia

Anhang **S. 148**

Partnerarbeit S. 148
Grammatik nach Lektionen S. 151
Transkription der Kassetten-Texte S. 189
Vokabular nach Lektionen S. 207
Alphabetische Wortliste S. 232

Werkübersicht Caminos 2

Lehrbuch	514890
2 Kassetten zum Lehrbuch	514891
Arbeitsbuch	514895
Kassette zum Arbeitsbuch	514892
Lösungsheft zum Arbeitsbuch	514894
Systematische Grammatik	514896
Guía didáctica	514893

Einsatz der Kassette
Grammatik
Wichtige Redemittel
MODELO Beispiel
Repaso, Wiederholungsübung
Hinweis, Ausnahme

Gleich geht's los!

Liebe Kursteilnehmerinnen und Kursteilnehmer,

mit **Caminos 2** sind Sie auf dem besten Weg, die spanischsprachige Welt weiter zu erschließen. Grundlage des Unterrichts bildet das vorliegende Lehrbuch. Es ist genauso aufgebaut wie der erste Band: Nach jeweils drei thematischen „Unidades" folgt ein „Revuelto", in dem die vorangehenden Lerninhalte wiederholt und vertieft werden.

Jede der 8 regulären „Unidades" ist einem Thema gewidmet. Zu Beginn führt eine Auftaktseite in den Themenbereich ein. Daran schließen sich drei Lektionsblöcke A, B und C an. Sie sind in sich geschlossen und behandeln verschiedene Aspekte des Themas. Die Texte und Übungen eines jeden Blocks bauen aufeinander auf und können problemlos nacheinander bearbeitet werden. Am Ende jeder „Unidad" steht unter dem Symbol eine Aufgabe, in der das bisher Gelernte angewendet wird.

Neu in **Caminos 2** ist der **Rincón profesional**, ein fakultativer Teil am Ende jeder Lektion, in dem Sie nützliche Wörter und Wendungen für den Beruf kennenlernen.

Mit **Caminos 2** entwickeln und vertiefen Sie gezielt Ihre Fähigkeit, Spanisch zu sprechen. Die Grundlage dafür bilden interessante und aktuelle **Texte** in Verbindung mit einem abgestuften Übungsprogramm. Die Texte machen neugierig und regen zum Gespräch an. Dabei ist es nur natürlich, dass sie manchmal mehr Vokabeln enthalten, als Sie zunächst verstehen und unmittelbar anwenden sollen. Die zugehörigen Aufgaben helfen Ihnen, sich mit den Hör- und Lesetexten auseinanderzusetzen und zielgerichtet Informationen zu entnehmen. Aus Caminos 1 wissen Sie ja bereits, dass es meistens nicht auf das Verstehen jedes einzelnen Wortes ankommt.

Im Mittelpunkt der **Aufgaben** stehen Sie selbst mit ihren persönlichen Interessen, Erfahrungen und Meinungen. Daher sind die Übungen so angelegt, dass Sie häufig – zu zweit oder in der Gruppe – mit anderen Kursteilnehmerinnen und Kursteilnehmern sprechen und dabei die spanische Sprache als echtes Mittel zum Austausch von Informationen und Meinungen benutzen. Damit sind Sie auf Gesprächssituationen im Ausland bestens vorbereitet.

Bei der Erarbeitung der **Grammatik** werden Sie häufig aufgefordert, Regeln selber zu entdecken, denn was man selbst tut, prägt sich am besten ein. Die Grammatik ist innerhalb der Lektion durch das Symbol des Lineals (spanisch: regla) gekennzeichnet. Zusätzlich gibt es einen Anhang, in dem die grammatischen Phänomene jeder „Unidad" zusammengefasst und erläutert werden.

Wichtige **Ausdrücke** und Wendungen werden innerhalb jeder Lektion besonders hervorgehoben. Sie sind das Werkzeug, um sich in einer bestimmten Situation zu verständigen, und werden daher durch das Symbol des Schraubenschlüssels gekennzeichnet.

Das **Arbeitsbuch** enthält ein breites Angebot an Übungen zur Festigung und Vertiefung und kann im Unterricht oder zu Hause benutzt werden. Außerdem enthält es nützliche Lerntipps. Ergänzend zum Lehr- und Arbeitsbuch gibt es ein Heft mit einer systematischen Grammatikdarstellung.

Weiterhin viel Spaß und Erfolg beim Spanischlernen wünscht Ihnen Ihr

Caminos-Team

Reencuentros

En esta unidad aprendemos

- cómo presentar a alguien
- perífrasis verbales
- cómo pedir favores (um Gefallen bitten)
- cómo hablar sobre experiencias en la escuela
- el presente de subjuntivo

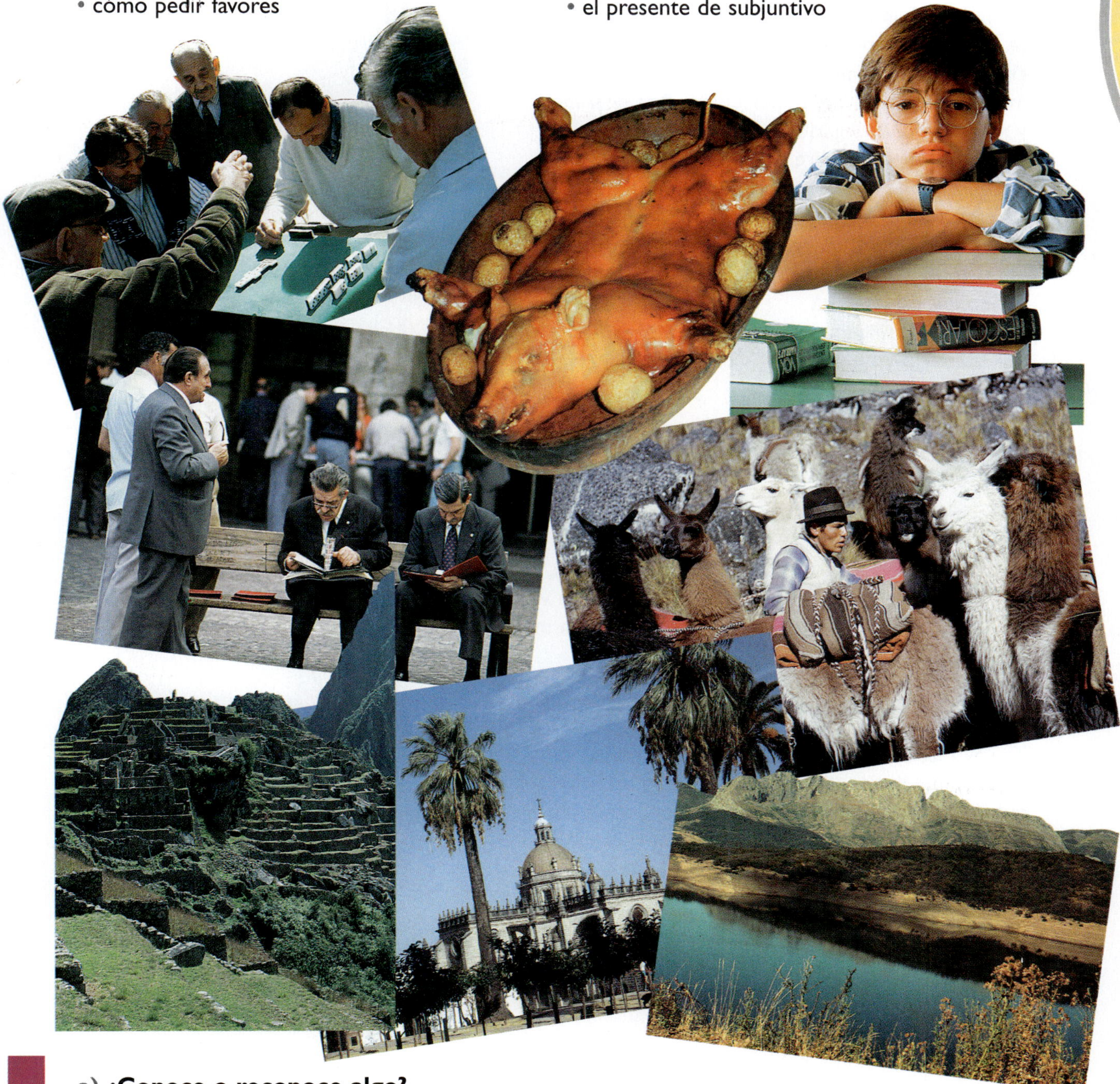

a) ¿Conoce o reconoce algo?
Estas cosas forman parte del mundo del español. ¿Conoce o reconoce algo? ¿Qué relaciona con España o con Latinoamérica?

b) Elija una foto que le guste o que tenga una relación con usted y explique a sus compañeros/-as por qué la ha elegido.

MODELO
- ● He elegido el cochinillo porque me gusta cocinar.
- ○ Yo he elegido la iglesia porque me recuerda mis vacaciones en Andalucía.

me recuerda...
me hace pensar en...

Grammatik S. 153 1 einige Sätze bilden
Übung 2 / Seite 7 A u. B.

Un nombre para toda la vida

1

a) Las autoras de Caminos 2 se presentan. ¿Las reconoce? Lea y escuche.

Me llamo Margarita, soy mexicana. En mi casa soy la única con un nombre "diferente". Mi hermano se llama como mi papá, mi hermana se llama, claro, como mi mamá. Pero como yo soy la hija menor, me tenían que poner un nombre diferente y me llamaron Margarita.
Margarita es un nombre muy frecuente, pero a mí me gusta, me recuerda la primavera, las flores. En las cartas a mis amigos pongo una pequeña flor al lado de la firma. Cuando viví en Canadá, algunos años, todo el mundo me llamaba "Maggie" de cariño, pero Margarita también es cariñoso.

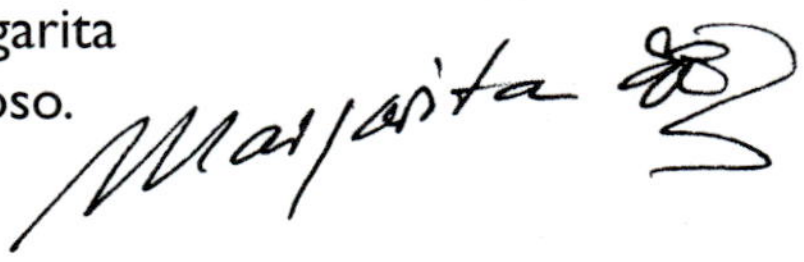

Yo me llamo Juana, soy española. En mi familia casi todas las mujeres se llaman así. Es un nombre de origen bíblico. Mis padres me lo pusieron porque, según una tradición española, la hija mayor tiene que llamarse como su abuela. Así, en mi familia, todas las primas mayores nos llamamos "Juana". En mi caso, además, no había otra opción: mis dos abuelas se llaman Juana. La verdad es que mi nombre no me gusta mucho, pero ya me he acostumbrado.

Yo soy Marianne, soy alemana. Los españoles siempre me llaman "Mariana". Me llamo así porque cuando nací mis padres querían ponerme el nombre de una de mis abuelas. Pero la familia no podía ponerse de acuerdo sobre el nombre de qué abuela, y por eso decidieron ponerme los dos. Así que me llamo como mis dos abuelas: Maria y Anne. Es un nombre bastante tradicional, pero la combinación me gusta más que sólo Maria o Anne.

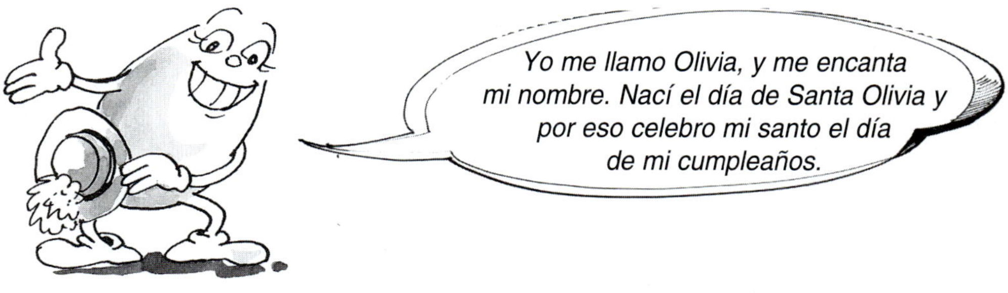

b) ¿Por qué Margarita, Juana y Marianne se llaman así? ¿Les gusta su nombre?

c) ¿Hay alguna tradición en su familia o en su país en cuanto a los nombres?

2

a) En parejas. Pregunte a su compañero/-a

- cómo se llama y si tiene más de un nombre
- si le gusta su nombre
- si sabe por qué se llama así
- si todo el mundo le llama por su nombre o si tiene un nombre "no oficial"
- si sabe cuándo es el día de su santo

b) ¿Correcto o falso?
En parejas. Escriba seis frases sobre usted, tres con informaciones correctas y tres con falsas. Su compañero/-a lee todas las frases y adivina cuáles son las correctas y cuáles las falsas. Usted le dice si tiene razón. Luego, al revés.

Soy del norte de Alemania.
No me gustan nada los animales.
Tengo 40 años y dos hijos.

c) Ahora cada pareja trabaja con otra pareja.
Presente a su compañero/-a a los otros y cuente lo que sabe de él/ella. Para esto necesita:

Para presentar a alguien	Para reaccionar
Le/Te presento a Carlos López. ¿Conoce/s al señor Peña? Ésta es la señora Maura. Éste es Javier, un amigo peruano.	Encantado/-a. Mucho gusto. Bienvenida al curso. Bienvenido.

En situaciones formales, como tratamiento de cortesía, se usa **don** o **doña** delante del nombre.

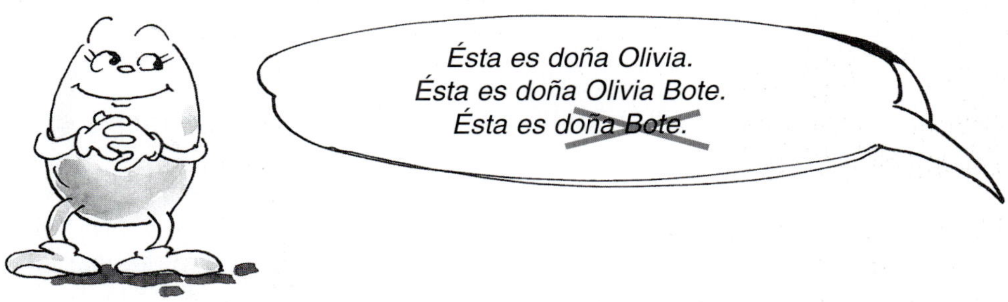

3

¡Feliz santo!
Las personas que han firmado esta carta han puesto su nombre familiar. ¿Puede usted encontrar el nombre oficial de cada uno/-a?

Manuel
José
Dolores
Francisca
Rosario
Antonia
José María

4

a) **¿Qué nombres están de moda en su país?**
¿Existe una traducción española de su nombre? ¿Sabe cómo pronuncian los hispanohablantes su nombre?

b) **Relacione. ¿Quién es quién?**

Wilhelm	Elisabeth	Guillermo	Jorge
Jakob	Philipp	Felipe	Juan
Hans	Georg	Santiago	Isabel

5

a) **Los nombres en España y Latinoamérica.**
Se divide la clase en tres grupos. Cada grupo lee sólo uno de estos artículos y subraya las informaciones importantes.

1 Antes, los españoles no podían bautizar a sus hijos con nombres extranjeros como "John" o "Elizabeth" porque en el santoral castellano existían los nombres españoles correspondientes "Juan" e "Isabel". Los únicos nombres extranjeros aceptados oficialmente eran los que no tenían traducción al español. De la misma manera, los extranjeros que tomaban la nacionalidad española tenían que traducir su nombre. Afortunadamente esto ya no existe. Pero, sin embargo, algunos no aceptan los nombres extranjeros y encuentran absurda la moda de llamar a los niños "Jessica" o "Jonathan". Por ejemplo Salvador Caja, miembro de la Academia de la Lengua, pedía por lo menos adaptar los nombres extranjeros a la ortografía castellana. Entonces "Jessica" se escribiría "Yésica" y "Jonathan" sería "Yónatan".
Datos: El País

2 En Latinoamérica hay algunos nombres que quizás sorprenden porque son diferentes a los que se usan en España. Por una parte existen nombres como Libertad, Argentina o América, por otra parte, nombres indígenas como Tika, que significa "flor" en quechua, o Cuauhtémoc y Xóchitl, que vienen del náhuatl. Muchas de las personas que ponen estos nombres a sus hijos quieren expresar la conciencia y el orgullo de su identidad cultural.

3 Si de diminutivos se trata, ay, los mexicanos que estudian con fiebre el inglés han tomado la costumbre de usar la i griega, más bien dicho la "i gringa", en vez de las terminaciones normales -ito o -ita. Así sufrimos esa exótica fauna gramatical de las Lety, Susy, Mary, Rosy, Billy, Tony y el famoso Johny.
Joaquín Antonio Peñalosa

b) **Cada grupo cuenta a los otros las informaciones interesantes de su artículo.**

c) **¿Cuáles de estas costumbres existen también en su país y cuáles no?**

d) **¿Puede contestar estas preguntas relacionadas con los artículos?**

1. ¿Por qué el autor J. A. Peñalosa llama a la i griega "i gringa"?
2. ¿Cómo se traducirían al castellano los nombres Michael, Jürgen, Christine, Robert?
3. ¿En su país, está permitido llamar a un niño "Berlín"?

grin.¬go, ¬ga [gríngo, ga] ***adj.-s*** *desp.* Persona nacida en los Estados Unidos de América o que vive habitualmente en los Estados Unidos de América.
He visto una película sobre gringos y mexicanos.

Seguimos estudiando

1

a) Lea y relacione.

Los alumnos de la escuela "Sepamás" vuelven a la clase después de las vacaciones. ¿Puede identificar a las personas del dibujo?

1. Paco ha dejado de fumar.
2. Eva acaba de comprarse un teléfono móvil.
3. Elena ha empezado a hacer una dieta.
4. Silvia vuelve a llegar tarde.
5. Ana lleva estudiando 10 años en la escuela.
6. Antonio sigue usando corbatas originales.

b) Busque en las frases de arriba cómo se dice en español...

______________________	Sie hat angefangen zu ...
______________________	Er hat aufgehört zu ...
______________________	Er benutzt weiterhin ...
______________________	Sie lernt seit ... Jahren ...
______________________	Sie kommt schon wieder (erneut) zu spät.
______________________	Sie hat gerade ... gekauft.

c) Reescriba estas frases usando las expresiones del cuadro.

1. Antes Paco fumaba. Ahora no fuma más. → *Paco ha dejado de fumar.*
2. Antes la escuela no ofrecía cursos de informática. Ahora los ofrece por primera vez.
3. Antes la escuela no tenía vídeo. Hace poco el director ha comprado uno.
4. Antes leíamos la revista "Estudie". Ahora ya no la leemos.
5. Rosa María estaba enferma antes de las vacaciones y todavía está enferma.
6. Don Armando Guerra trabaja en la escuela desde hace 20 años.
7. Antes de las vacaciones teníamos clase de 15.30 a 17.00. Ahora tenemos el mismo horario.
8. El señor Gómez siempre olvida su libro. Hoy lo ha olvidado otra vez.

2

¿Han cambiado este año muchas cosas en su vida o no?

Cuente a sus compañeros/-as algo que usted...

- ha empezado a hacer
- sigue haciendo
- ha dejado de hacer
- ha vuelto a hacer
- acaba de hacer
- lleva haciendo desde hace mucho tiempo

3

a) ¿Sabe cómo se llaman estos objetos?

1. bolígrafo **2.** cuaderno **3.** goma de borrar **4.** sacapuntas **5.** hoja de papel **6.** diccionario **7.** lápiz **8.** regla **9.** tijeras

b) Un juego.

Su profesor/a recoge diferentes objetos que pertenecen a los/las compañeros/-as de la clase y los mete en una bolsa. Cada uno/-a saca un objeto y, sin mirarlo, lo trata de identificar.

MODELO
- ● Podría ser un lápiz.
- ○ Creo que es una goma de borrar.

c) Cada uno/-a se queda con el objeto que ha sacado. Pida el suyo al/a la compañero/-a que lo tiene.

MODELO
- ● Petra, este lápiz es mío. ¿Me lo das?
- ○ Sí, claro, tómalo.

4

a) Para pedir favores puede usar las siguientes expresiones.
¿Cuáles se usan entre amigos y cuáles son más formales?

Para pedir objetos o favores	Para reaccionar
¿Me das el lápiz, por favor?	Sí, claro, tómalo.
¿Puedes dejarme el diccionario, por favor?	Lo siento, es que lo necesito ahora.
¿Te/Le importa pasarme las tijeras?	Por supuesto, ahora mismo.
¿Podrías abrir la ventana?	Mira, es que yo tengo un poco de frío.
¿Le importaría cerrar la ventana?	No faltaba más.
¿Hace el favor de cerrar la puerta?	Con mucho gusto.
¿Sería tan amable de pasarme la regla?	Sí, ¡cómo no! Aquí la tiene.

b) En parejas. Pida uno de estos favores a su compañero/-a. Él/Ella reacciona.

MODELO
- ● ¿Podrías llevarme a casa en tu coche, por favor?
- ○ Claro que sí, no faltaba más.

- •• acompañarme a casa
- •• poner la calefacción
- •• cerrar la puerta
- •• abrir la ventana
- •• prestarme 10 marcos
- •• explicarme los deberes
- •• darme una hoja de papel
- •• darme la dirección de María Luisa
- •• pasarme el diccionario

c) En grupos. Hagan una lista de cinco favores más y pídanselos a un/a compañero/-a (o a su profesor/a). Él/Ella reacciona.

5

a) ¿Se acuerda de la escuela?

¿Le gustaba ir a la escuela? ¿Cómo eran sus profesores? Estas palabras le pueden ayudar.

•• aula •• deberes •• notas •• asignaturas •• repetir el curso •• deberes de castigo

b) Pregunte a dos compañeros/-as...

Nombre de los/las compañeros/-as	1. ______	2. ______
•• a qué hora tenían que levantarse para ir a la escuela •• si iban a pie o en bicicleta/autobús/tranvía •• qué no les gustaba en la escuela •• qué hacían en las pausas •• si sacaban buenas notas •• cuál era su asignatura preferida •• qué era lo más aburrido		

c) Aquí tiene el horario de un alumno español de 13 años. En su país, ¿tienen las mismas asignaturas?

Horario	LUNES	MARTES	MIÉRCOLES	JUEVES	VIERNES
8.30–9.30	Educación plástica	Física y química	Tecnología	Tecnología	Biología
9.30–10.20	Inglés	Inglés	Tecnología	Educación física	Inglés
10.20–10.40	RECREO	RECREO	RECREO	RECREO	RECREO
10.40–11.40	Lengua española	Educación física	Teatro	Matemáticas	Geografía e historia
11.40–12.40	Teatro	Lengua española	Tutoría	Lengua española	Lengua española
12.40–12.50	RECREO	RECREO	RECREO	RECREO	RECREO
12.50–1.40	Biología	Matemáticas	Matemáticas	Geografía e historia	Física y química
1.40–2.30	Geografía e historia	Música	Música	Inglés	Educación plástica

d) Comente ahora a sus compañeros/-as sus experiencias con las diferentes asignaturas.

Lo más difícil
Lo más fácil
Lo más aburrido

MODELO
- ● Para mí lo más difícil eran las Matemáticas.
- ○ Mi asignatura preferida era... porque...

6

a) Escuche. ¿Qué comentan estas personas de su aprendizaje del alemán?

lo más difícil	lo más fácil	lo más divertido

b) Según muchos extranjeros el alemán es una lengua dura, llena de consonantes.
Si le interesa la opinión de un escritor español sobre el alemán, lea el texto en el libro de ejercicios (ejercicio 18).

c) ¿Cómo caracterizaría usted otros idiomas?
¿Cuáles le parecen duros, cuáles melodiosos? ¿Cuáles tienen fama de ser difíciles de aprender?

d) Y en español, ¿qué le parece difícil a usted?

- la pronunciación de la erre
- las formas del indefinido
- palabras como "Jorge"
- el artículo de los sustantivos
- los acentos
- el uso de ser y estar

¿Puede añadir más ejemplos?

MODELO
- Lo más difícil para mí es la pronunciación de la erre.
- Lo que más me cuesta es entender la casete.

7

a) Anécdotas.
En parejas. Lea esta anécdota de una alemana en España. Su compañero/-a lee otra anécdota que está en el anexo.

Cuando llegué a Madrid, hablaba muy poco español y me sucedieron algunas cosas muy divertidas. Una vez – era temprano por la mañana – yo quería tomar algo en un café. Delante de la puerta había un camarero barriendo con una escoba. Quise preguntarle si podía desayunar, pero cuando se lo dije, su reacción fue muy extraña: con una cara de sorpresa me dio la escoba, y se fue. Me quedé un poco sorprendida con la escoba en la mano, pero luego decidí sentarme a una mesa y esperar. Poco después salió el camarero y le volví a preguntar si podía desayunar."Gracias, pero no hace falta," me dijo, "¿no quiere desayunar?" Pues, ¿y qué le había estado diciendo todo el tiempo? ¡Oh! "Des-a-yu-nar" era la palabra, y lo que yo le había dicho cada vez era: "¿Puedo ayudar?"
Hispanorama

b) Ahora cada uno/-a cuenta la anécdota que ha leído. Luego se contestan las preguntas.

- ¿Por qué está sorprendido el camarero al oír la pregunta de la chica?
- ¿Y por qué le sorprende su reacción a ella?
- ¿Qué expresiones se usan en español para expresar indiferencia? ¿Y en alemán?
- ¿Por qué piensa la española que los alemanes tienen una fijación mental con los cerdos?
- ¿Hay palabras que confunde usted fácilmente en español?

c) Y a usted, ¿le ha pasado alguna vez algo parecido? ¿O a su profesor/a?

"Equivocándose es como se aprende"

1

a) Relacione los titulares con los artículos.

— Cada vez más pronto: idiomas con el biberón —

• ¿Se terminó la igualdad de sexos? •

Violencia en las aulas

La escuela cada vez más cara

"Equivocándose es como se aprende" – el eslogan de un colegio modelo

1 Según un estudio realizado en Suecia, es necesario que se separen a las niñas de los niños desde el primer año de escuela. Los estudios no tienen que ser idénticos para ambos sexos; tampoco es necesario que empiecen a la misma edad. Deben instituirse clases para niñas y otras para niños, con el objetivo de garantizar una enseñanza adecuada para cada sexo. Los expertos opinan que así las chicas pueden desarrollar mejor sus facultades intelectuales.

2 Para el Ministerio de Educación es fundamental que los niños aprendan una lengua extranjera a una edad temprana. Han puesto en marcha una iniciativa para mejorar el aprendizaje de idiomas: durante la Educación Infantil, los alumnos tienen la posibilidad de aprender un idioma a partir de los cuatro años. Así pueden terminar la educación obligatoria dominando uno o dos idiomas extranjeros.

3 En cada clase de nuestra escuela somos alumnos de diferentes edades. Así podemos ayudarnos. Cada alumno tiene un plan de trabajo para diferentes materias. Hay trabajo individual y trabajo en grupo. Tenemos derecho a equivocarnos cuando estamos trabajando. Los profesores se ocupan de cada alumno. Es importante que ellos también trabajen juntos. Aquí, en esta escuela, no hay notas, porque sólo sirven para frustrar al alumno. Es una pena que no existan más escuelas como la nuestra.

b) ¿Ha visto la forma nueva de los verbos? Es el presente de subjuntivo.
Se usa después de expresiones impersonales. Marque los subjuntivos en el texto y complete la tabla.

		trabaj**ar**	aprend**er**	exist**ir**
	yo	trabaj**e**	aprend**a**	exist**a**
Es importante que...	tú	trabaj**es**	aprend**as**	exist**as**
Es fundamental que..	usted, él, ella	trabaj**e**	aprend**a**	
(No) Es necesario que..	nosotros/-as	trabaj**emos**	aprend**amos**	exist**amos**
Es una pena que...	vosotros/-as	trabaj**éis**	aprend**áis**	exist**áis**
	ustedes, ellos, ellas			

¿Puede formular una regla para conjugar el presente de subjuntivo?
Usted ya conoce una forma que es idéntica a la del subjuntivo. ¿Cuál es?

OJO Verben, die im Indikativ ihren Stammvokal verändern, tun dies auch im Subjuntivo: empezar (ie), poder (ue). Beachten Sie die Rechtschreibung:
empezar → empie**c**e; explicar → expli**qu**e; llegar → lle**gu**e

2

a) Aquí hay algunas reacciones a los artículos.
Subraye las expresiones que necesitan subjuntivo y complete con las formas correctas.

Es imposible que los niños *(aprender)* aprendan mucho en un colegio sin notas. Es una pena que los chicos no *(aprender)* aprendan por gusto, por eso creo que necesitan cierta presión.

En la vida los hombres y las mujeres tienen que convivir, por eso es muy importante que los chicos y las chicas *(acostumbrarse)* ________ desde niños a estar juntos.

¿Es necesario que ya los niños de cuatro años *(hablar)* ________ dos lenguas? ¡Pobrecitos! Para mí es más importante que *(pasar)* ________ su niñez sin estrés.

No sólo es fundamental que los chicos *(leer)* ________, *(escribir)* ________ y *(calcular)* ________, tienen que desarrollar su carácter. Personalmente, me parece excelente esta escuela.

Es increíble que se *(volver)* vuelva a separar a los niños según su sexo, como hace 50 años! ¡Qué barbaridad!

Me parece estupendo que los niños *(empezar)* empiecen a aprender un idioma extranjero desde pequeños. Así aprenden sin darse cuenta.

b) ¿A qué artículo se refiere cada uno de estos comentarios?

3

Formen frases combinando estos elementos según sus ideas.

(No)	Es fundamental que Es importante que Es necesario que Es interesante que Es difícil que Es una pena que Es increíble que	la escuela los niños los profesores los padres los chicos y las chicas	aprender idiomas muy pronto trabajar en grupo respetar a los alumnos ayudar con los deberes motivar a los alumnos pedir más respeto aprender de sus errores seguir el modelo de sus padres respetar los intereses de los niños explicar bien hablar varios idiomas estudiar las mismas asignaturas

4

Comente las siguientes opiniones. ¿Está usted de acuerdo o no?

"Los alumnos aprenden de sus errores."
"Es necesario aprender idiomas."
"Los chicos estudian mejor bajo presión."
"Las notas motivan a los alumnos."
"Aprender idiomas a los cuatro años causa estrés a los niños."

MODELO
- Yo **creo que** los alumnos **aprenden** de sus errores.
- ○ **No creo que** los alumnos **aprendan** de sus errores.

OJO Bei Ausdrücken der Meinungsäußerung steht der Subjuntivo nur, wenn sie verneint sind.

Creo que...
Pienso que...
Opino que...
En mi opinión...
+ indicativo

No creo que...
No pienso que...
+ subjuntivo

5

¿Qué le dice el padre a su hijo?

- no llegar tarde
- pensar en los exámenes
- no jugar tanto con el ordenador
- escuchar lo que dice el profesor
- no hablar con los compañeros durante la clase
- estudiar regularmente
- aprender las reglas de gramática

MODELO
- Es importante que pienses más en tus exámenes.

6

a) Un debate.
Elijan entre todos/-as uno de los siguientes temas. Formen dos grupos, uno a favor y otro en contra. Cada grupo elabora algunos argumentos.

Escuela sin notas / Aprender idiomas a los cuatro años / Separación de sexos en la escuela

A favor	En contra

b) Ahora los dos grupos intercambian sus argumentos.

Por un lado ... por el otro
al contrario
No pienso que
sin embargo
A mí me parece
en cambio
Lo de separar
No hay que olvidar que
Hay que tener en cuenta que

7

a) Lea estos datos relacionados con los idiomas en España y Latinoamérica, y marque algunas informaciones nuevas para usted.

¿Sabía usted que...

- en los Estados Unidos el español es la lengua más hablada después del inglés?
- en español hay muchas palabras de origen árabe, p. ej. *alcohol, alcázar, algodón, almendra, alquilar, azúcar, naranja*?
- en Andorra hay tres idiomas oficiales: francés, catalán y español?
- en Paraguay hay dos lenguas oficiales: el guaraní y el español?
- en México hay más de 80 lenguas indígenas?
- hablando español se puede entender bastante bien el portugués y el italiano?
- la palabra "chocolate" viene del náhuatl?
- la pronunciación del español de Latinoamérica es más parecida a la de Andalucía que a la de Madrid?
- algunas frutas y verduras tienen nombres diferentes en muchos países de habla hispana?
- el vasco o euskera no se parece en nada al español, pero el catalán y el gallego, sí?
- los apellidos que terminan en -ez (Gómez, López...) son de origen castellano? La terminación "-ez" significaba "hijo/hija de". Por tanto,"Martínez" significa "hijo de Martín".

b) ¿Puede relacionar las imágenes con las informaciones?

Un cuestionario.

En grupos. Hagan un cuestionario para entrevistar a su profesor/a. Formulen por lo menos tres preguntas sobre cada uno de estos temas:

- su(s) nombre(s), quizá el nombre de sus hijos
- sus experiencias con los idiomas extranjeros (dónde aprendió español/alemán...)
- sus experiencias como alumno/-a
- la enseñanza: ¿Considera importante que...?
- el sistema educativo en su país (si es hispanohablante)
- ¿Qué más les interesa saber?

Rincón profesional

1

a) **Escuche estos diálogos y relaciónelos con las fotos.**

b) **Escuche otra vez. ¿Qué profesión o qué función tienen esas personas?**

empleado de banco / representante / ingeniero / secretaria / jefa de personal / jefe de contabilidad

c) **¿En qué departamento trabajan las personas de los diálogos? Escuche y complete.**

Segurex

Dirección general
Susana Prieto Valdés

____________ jurídico
Juan José Gómez Klein

Departamento de ventas
____

Departamento de ________
Manuela Perales Rojo

Departamento de contabilidad
____

d) **En grupos. Inventen una empresa y describan los departamentos de la misma.**

2

a) Pepe Solano quiere hacer un período de prácticas en la empresa Catita.
Lea esta solicitud y marque todas las palabras que tienen relación con la escuela.
¿Puede deducir lo que significan las palabras bachillerato, selectividad, carrera?

José Manuel Solano
C/Abstinencia n° 13, 1° izda.
26100 Logroño

Empresa Catita, S. A.
Departamento de personal
Cándido Romano
C/Resaca n° 8, 3° dcha.
26009 Logroño (La Rioja)

Logroño, 29-10-1997

Estimado señor Romano:
Por la presente me permito solicitar un período de prácticas en su empresa. Aquí tiene algunos datos biográficos sobre mi persona.
Nací en Soria el 3 de mayo de 1969, soy soltero y desde hace tres años vivo aquí en Logroño. Después de mi educación primaria, que realicé en la escuela "Nuestra Señora de Dolores" (Soria), hice la educación secundaria en el Instituto "Miguel de Cervantes", en Soria también, y obtuve el bachillerato en 1986. En 1987 pasé los exámenes de Selectividad y comencé a estudiar filología inglesa en la Universidad de Deusto (Bilbao), donde obtuve mi licenciatura en junio de 1992. Después de terminar la carrera, hice el servicio militar en la Base de Infantería de Cartagena (Murcia). Actualmente trabajo como traductor y doy clases en la Academia de idiomas "Muchidea". El director, don Lucio Estrella, puede darle más información sobre mi persona.
En espera de sus noticias, le saludo atentamente,

José Manuel Solano

b) Complete el currículum de Pepe Solano.

Datos personales

Nombre y apellidos: ______	1975 – 1983 ______
Lugar y fecha de nacimiento: ______	1983 – 1986 ______
Estado civil: ______	1987 – 1992 ______
Domicilio: ______	1992 – 1993 ______
Servicio militar cumplido.	1994 – 1997 ______

3

a) Piense en cuatro fechas o años relacionados con su formación escolar o profesional, y escríbalos en un papel. Estas palabras le pueden ayudar.

escuela primaria / escuela secundaria / bachillerato / universidad / formación profesional

b) En parejas. Intercambien los papeles.
Pregunte a su compañero/-a qué pasó en esos años y apunte la información al lado de la fecha. Luego, al revés. No se olvide de usar el indefinido.

MODELO
- ● ¿Qué pasó en 1972?
- ○ Ingresé en la escuela primaria.

¡Viva el turismo!

En esta unidad aprendemos

- algo sobre el turismo y sus consecuencias
- el subjuntivo para expresar sentimientos y voluntad
- cómo dejar decidir a otra persona
- los puntos cardinales y algunas denominaciones geográficas
- cómo quejarse

a) Según su opinión, ¿qué países, regiones o ciudades son los destinos preferidos de los turistas (en el mundo, en Europa, en España, en su país)?

b) Unas vacaciones ideales.

Una revista ha hecho una encuesta para saber qué piden los turistas de un lugar ideal para sus vacaciones. Los resultados están resumidos en este dibujo. Mírelo durante un minuto, luego cierre el libro y diga a su compañero/-a todo lo que recuerda.
¿Le gustaría pasar unas vacaciones en este lugar?

¿Qué esperamos de las vacaciones?

1

a) ¿Qué asocia usted con las vacaciones? Apunte algunas palabras.

b) ¿Qué espera usted de sus vacaciones?
Aquí hay algunas sugerencias, usted puede añadir otras.

MODELO • En las vacaciones yo quiero descansar.

- descansar
- conocer nuevos lugares y culturas
- tener tiempo para la familia
- estar en contacto con la naturaleza
- vivir experiencias nuevas
- escapar de la rutina
- hacer nuevas amistades
- salir mucho por la noche
- ...

2

a) ¿Qué esperan estas personas del lugar de sus vacaciones?
Escuche y marque los aspectos que se mencionan.

Quieren
Piden
Desean
Exigen

- que haga sol, pero no demasiado calor.
- que el hotel tenga piscina.
- que el lugar sea tranquilo.
- que se ofrezcan programas de animación.
- que se pueda hacer deporte.
- que la playa esté limpia.
- que el lugar tenga ofertas culturales.
- que haya actividades para niños.
- que se organicen excursiones con un guía que hable español.

OJO Nach Verben des Wünschens und Forderns verwendet man den Subjuntivo.

b) Y para usted, ¿cuáles de estos aspectos son importantes?

c) ¿Ha notado que, para formar el subjuntivo de los verbos irregulares, la primera persona del presente nos ayuda?

Infinitivo	yo	Subjuntivo
tener	tengo	tenga, tengas, ...
hacer	hago	haga, hagas, ...
ofrecer	ofrezco	ofrezca, ofrezcas, ...

OJO
ir → vaya, vayas, ...
ser → sea, seas, ...
estar → esté, estés, ...
hay → haya

d) Lea lo que dice Olivia y complete la regla.

Man verwendet den Infinitiv, wenn
____
________________________________.
Man verwendet den Subjuntivo, wenn Haupt- und Nebensatz verschiedene Subjekte haben.

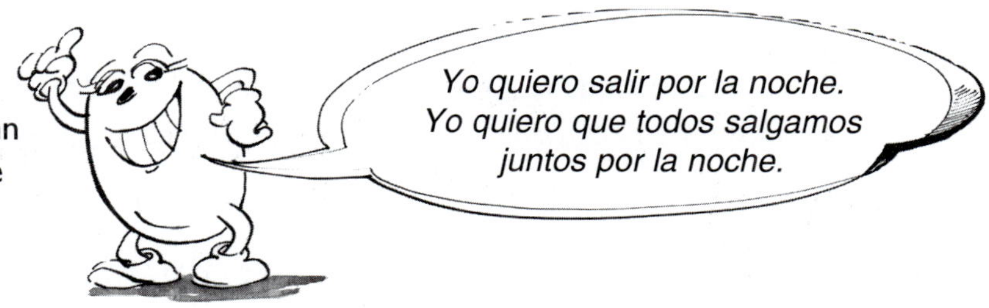

e) Complete.

1. Me gusta mucho *(ir)* ________ al cine.
2. No me gusta que tú *(ir)* ________ al cine con ese chico.
3. Muchos turistas quieren *(respetar)* ________ la naturaleza.
4. Los ecologistas quieren que los turistas *(respetar)* ________ la naturaleza.
5. Los turistas no quieren *(hablar)* ________ en inglés.
6. Los turistas no quieren que el guía les *(hablar)* ________ en inglés.

3

a) Usted conoce ya algunas expresiones con subjuntivo. ¿Recuerda, por ejemplo, qué deseos expresamos en estas situaciones? Relacione.

¿Qué se dice cuando...

1. empezamos a comer?
2. alguien está enfermo?
3. un amigo suyo va al cine?
4. alguien se despide antes de ir a la cama?
5. un amigo suyo se va de vacaciones?

¡Que se mejore!
¡Que tengas buen viaje!
¡Que aproveche!
¡Que te diviertas!
¡Que duermas bien! ¡Que descanses!

b) Formular deseos.
Cuatro compañeros/-as de clase se van de vacaciones: uno/-a va a la Costa Brava para descansar, uno/-a hace un curso de español en Málaga y otros dos hacen una expedición por la jungla de la Amazonía.
Formulen deseos para ellos. Pueden usar las siguientes expresiones:

¡Que + subjuntivo!	**¡Ojalá** + subjuntivo!
¡Que tengas buen viaje! ¡Que descanses! ¡Que aprendas mucho!	¡Ojalá haga buen tiempo! ¡Ojalá no te roben el pasaporte! ¡Ojalá los profesores sean simpáticos!

c) ¿Qué más les desea a sus compañeros/-as?

4

a) ¿Qué piensa usted? ¿Cuáles son los aspectos más importantes para los turistas extranjeros que van a España de vacaciones? Ordénelos.

agua limpia / amabilidad / comida española / precios bajos
estándard de los hoteles / tranquilidad para las mujeres

b) Este artículo resume los resultados de una encuesta. Complete con las formas correctas del subjuntivo.

••••• España como destino turístico. ¿Qué quieren los turistas? •••••

Según una encuesta realizada por la Asociación Nacional de Hostelería, lo más importante para los turistas extranjeros es que los precios *(ser)* ________ bajos, que todo el mundo *(poder)* ________ pagarlos. La mayoría viene a nuestro país buscando sol y playa. Así, en segundo lugar, exigen que la playa y el agua *(estar)* ________ limpias.
Otro deseo muy frecuente: los turistas desean que los hoteles *(mejorar)* ________ su estándard, por ejemplo que las habitaciones *(tener)* ________ teléfono, televisor, etc.
El siguiente punto es la amabilidad. Piden que los empleados del sector turístico *(ser)* ________ más amables, y que *(hablar)* ________ por lo menos inglés.
En quinto lugar se mencionó algo que se refiere a las mujeres: ellas piden a los hombres que no las *(molestar)* ________. Para todas es importante poder tomar el sol tranquilamente.
El último aspecto de la lista de deseos es la comida. A los turistas les encanta una buena cocina auténtica. Desean que *(haber)* ________ comida española en todas partes, y no tantas hamburgueserías. Encuentran esencial que no se *(perder)* ________ la tradición gastronómica española. Así que, ¡vivan la paella y la tortilla!

c) Vuelva a los aspectos de a) y compare su orden de prioridades con el del artículo.

5

a) ¿Conoce situaciones como ésta?

como	
cuando	quieras
adonde	prefieras
el/la que	te guste
lo que	

Wenn wir einem anderen die Entscheidung überlassen *(wie/wann/wohin/was du willst)*, verwendet man den Subjuntivo.

b) Usted quiere planear unas vacaciones con su compañero/-a, pero él/ella le deja siempre la decisión. Ustedes tienen estas posibilidades:

- viajar en verano o en invierno
- ir a España o a Latinoamérica
- ir a la montaña o a la playa
- viajar en tren o en avión
- alquilar una casa o ir a un hotel
- llevarse la maleta grande o la pequeña
- ponerse el jersey azul o el negro
- llevarse la cámara fotográfica o la de vídeo

MODELO
- ● Oye, ¿cuándo vamos de vacaciones, en verano o en invierno?
- ○ Cuando quieras.
- ● ...

6

a) Aquí tiene un poema del escritor nicaragüense Ernesto Cardenal.
Léalo y subraye las palabras que utiliza el poeta para describir un lugar turístico.

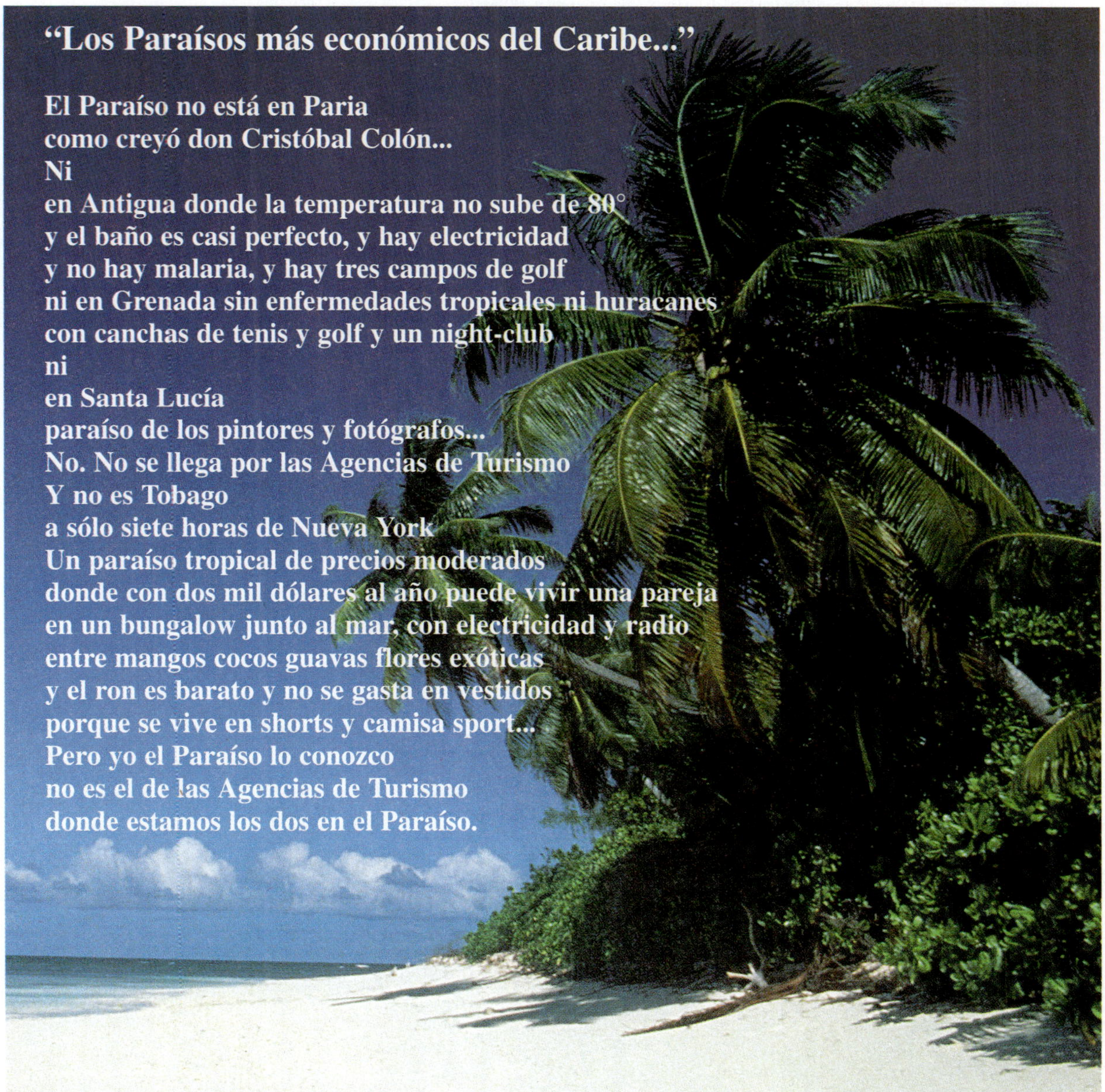

"Los Paraísos más económicos del Caribe..."

El Paraíso no está en Paria
como creyó don Cristóbal Colón...
Ni
en Antigua donde la temperatura no sube de 80°
y el baño es casi perfecto, y hay electricidad
y no hay malaria, y hay tres campos de golf
ni en Grenada sin enfermedades tropicales ni huracanes
con canchas de tenis y golf y un night-club
ni
en Santa Lucía
paraíso de los pintores y fotógrafos...
No. No se llega por las Agencias de Turismo
Y no es Tobago
a sólo siete horas de Nueva York
Un paraíso tropical de precios moderados
donde con dos mil dólares al año puede vivir una pareja
en un bungalow junto al mar, con electricidad y radio
entre mangos cocos guavas flores exóticas
y el ron es barato y no se gasta en vestidos
porque se vive en shorts y camisa sport...
Pero yo el Paraíso lo conozco
no es el de las Agencias de Turismo
donde estamos los dos en el Paraíso.

b) ¿Cómo es el paraíso descrito en el poema?
Compare con el dibujo de la página 21. ¿Es diferente?

c) Las vacaciones, ¿son siempre un paraíso? ¿Puede contar alguna experiencia?

¿Vacaciones paradisíacas?

1

En parejas. Usted mira este dibujo. Su compañero/-a tiene casi el mismo paisaje en el anexo. ¿Pueden encontrar juntos las diferencias?

MODELO
- ● En el norte hay un lago.
- ○ En mi dibujo el lago está en el sur.

Está	en el norte en el sur en el este en el oeste en el centro	de España. de Europa. del país.

Está	al norte al sur al este al oeste al noreste	de Madrid. de la montaña. del bosque.

2

Un juego.

Uno/-a piensa en un lugar concreto (ciudad, pueblo, paisaje) sin mencionarlo. El grupo hace preguntas para adivinarlo. Se contesta solamente con sí o no.

MODELO
- ● ¿Es un paisaje?
- ○ No.
- ▲ ¿Es una ciudad?
- ○ Sí.
- △ ¿Está en Europa?
- ○ ...

3

a) No siempre sale todo bien en las vacaciones.
Lea y escuche estos diálogos. ¿Qué ha pasado? ¿Qué solución se propone?

1 ______________________

- Perdone, señor.
- ○ Sí, dígame.
- Mire usted, tenemos un problema. Nosotros acabamos de llegar en el vuelo número 309. Parece que ya salieron todas las maletas, pero la nuestra no está.
- ○ ¿Están ustedes seguros?
- Segurísimos. Mire, no ha salido ninguna maleta desde hace cinco minutos.
- ○ Ahora mismo me encargo de eso. Voy a llamar a la central de los equipajes.

2 ______________________

- Buenos días. Quisiera pedirle un favor.
- ○ Sí, dígame.
- Pues mire, tenemos una habitación que está justo encima de la discoteca, y hay un ruido terrible. ¿No tendría otra habitación en un piso más arriba?
- ○ Déjeme ver, señor. Sí, en el piso 14 hay una habitación, pero no tiene vista al mar. ¿Está bien?
- Uff. Pues... bueno, yo creo que sí. Se lo agradezco mucho.
- ○ Muy bien. ¿Quiere que le mande a una persona para recoger su equipaje?

3 ______________________

- Buenas noches.
- ○ Buenas noches, señorita.
- Tengo una reserva para una habitación individual con ducha.
- ○ Su vale, por favor.
- No, hice la reserva por el internet. Me llamo Laura Padilla Vélez.
- ○ A ver, un momento. Disculpe, pero no encuentro su nombre en la lista de reservas. Permítame... Pues, lo lamento, de verdad, pero el hotel está completo.
- ¡Cómo! ¡No es posible que no tengan lugar! ¿Y qué voy a hacer? Son las once de la noche y estoy cansadísima.
- ○ Lo siento mucho, pues mire usted, lo único que puedo hacer es llamar a otros hoteles y ver si ellos tienen habitaciones libres.
- Sí, si me hace el favor... ¡Qué desastre!

b) Aquí tiene algunas expresiones para presentar un problema y para reaccionar.
¿Puede ordenarlas en las dos columnas? ¿Encuentra otras expresiones en los diálogos?

Quisiera pedirle un favor.
¿Cómo es posible que...?
Ahora mismo le mando a un técnico...
Tenemos un problema.
Tranquilícese.
Lo lamento, de verdad, pero...
No se preocupe.
Lo único que puedo hacer es...
Vamos a ver qué se puede hacer.

Para presentar un problema	Para reaccionar

c) Usted tiene los siguientes problemas. ¿Qué diría usted? Su compañero/-a reacciona.

- Ha llevado su chaqueta a la tintorería y se la devuelven sin botones.
- La puerta del coche que ha alquilado no cierra con llave.
- La habitación del hotel es muy oscura porque da al patio interior.
- Ha pedido un bistec muy hecho, pero le traen uno casi crudo.

4

a) ¿Un lugar paradisíaco?
Estas personas han alquilado un chalet, pero, como ve, muchas cosas no funcionan. Mire el dibujo y describa la situación. ¿A qué objetos se refieren estas expresiones?

están sucias / no queda / está lleno / falta / no hay / está roto/-a
no están hechas / no funciona / está desconectado / están haciendo mucho ruido

El teléfono está desconectado. La ventana está abierta. Los platos están rotos. Las camas no están hechas.	Pero, ¿es que han desconectado el teléfono? ¿Has abierto la ventana? ¿Quién ha roto los platos? ¿Por qué no has hecho las camas?

Das Partizip ist veränderlich, wenn es als Adjektiv gebraucht wird und mit dem Verb _______ steht.
Das Partizip ist unveränderlich, wenn ____.

b) Las personas del chalet han ido a la agencia para quejarse.
Mire de nuevo el dibujo del chalet y marque en qué orden se mencionan los problemas.

c) Busque en la transcripción las expresiones que se utilizan para protestar.

d) ¿Ha tenido alguna vez problemas como éstos? ¿Cómo se han solucionado?

¿Qué nos trae el turismo?

1

a) Lea este texto sobre la historia de los viajes.
¿Por qué la gente viajaba antes? ¿Y hoy?

El turismo es un invento relativamente moderno. Antes, la gente viajaba por una necesidad. A partir del siglo XIX se empezó a viajar con nuevos objetivos: conocer otros lugares o culturas, disfrutar de paisajes diferentes, ver el mundo. En un principio sólo podía viajar la gente rica, pero poco a poco ha aumentado el número de personas que hacen viajes de placer. Por su clima, por su situación geográfica y por su historia, algunos países han sido y siguen siendo destinos turísticos preferidos por mucha gente. Sobre todo a partir de los años setenta, el turismo se ha convertido en una industria importante que trae consigo ventajas y desventajas.

b) ¿Conoce a viajeros famosos de la historia? ¿Por qué viajaron Cristóbal Colón y Marco Polo?

c) El texto menciona que el turismo trae ventajas y desventajas.
¿Puede apuntar una ventaja y una desventaja? Luego, comparen en el grupo.

2

a) Escuche este debate sobre diferentes aspectos del turismo. Marque los temas que se mencionan.

restricciones de agua / nivel de vida / turismo rural / machismo
intercambio cultural / destrucción de la naturaleza / precios altos / puestos de trabajo
construcción de carreteras / especulación inmobiliaria

b) Escuche otra vez y tome notas.

aspectos positivos	aspectos negativos

c) ¿Qué aspectos del turismo consideran los participantes positivos, cuáles negativos? ¿Qué soluciones proponen?

Le alegra
Le gusta
Le interesa
Le preocupa
Le molesta

el turismo.
que **haya** tantos turistas.

MODELO Al alcalde le interesa que vengan muchos turistas.

3

a) Imagine situaciones en las que le molesta algo, por ejemplo...

- en un tren
- en una reunión de trabajo
- en una fiesta familiar
- en un restaurante
- de sus vecinos
- de sus compañeros de trabajo
- cuando está comiendo
- cuando está hablando por teléfono

MODELO • Me molesta que la ventana esté abierta.

b) ¿Qué diría usted para expresar amablemente que eso le molesta?

MODELO • ¿Le importaría cerrar la ventana?

4

a) Actualmente hay nuevas tendencias de turismo.
¿Conoce usted "alternativas" al turismo de hotel y playa? ¿Cuáles?

b) Se habla mucho del "turismo verde", ecológico o responsable.
¿Cuáles son las características de este tipo de vacaciones? ¿Qué piensa usted que hacen los turistas "verdes" a diferencia de los "tradicionales"?
Busque en los anuncios actividades relacionadas con esta idea de turismo.

Vacaciones en un ambiente rural
Tranquilidad, contacto con la naturaleza y calor humano.
Alojamiento en casas privadas de arquitectura tradicional.
Los paquetes incluyen itinerarios de naturaleza, cuidado de animales, rutas a caballo o en burro, senderismo, bicicleta de montaña y muchas otras actividades que permiten al visitante disfrutar del medio ambiente de una manera responsable.
Las reservas se pueden realizar llamando al teléfono 974-87-04-50.

ECOAVENTURAS
Gira de 4 u 8 días en balsa por la reserva del Río Plátano.
• observación de la fauna y la flora tropicales •
• visita de ruinas de interés arqueológico •
• contacto con las culturas indígenas •
Nuestros viajes incluyen: transporte aéreo local, fluvial y terrestre; alojamiento en familias, alimentación, guía.

c) ¿Le gustaría pasar unas vacaciones en estos sitios? ¿Por qué (no)?

5

a) **Hernán Mamani, profesor de la Universidad de Arequipa, Perú, es un gran experto de los pueblos de la Amazonía.**

En esta entrevista habla de los efectos del "turismo verde" sobre las culturas indígenas de Latinoamérica. ¿Qué piensa que va a decir? Después de leer, compare con sus respuestas.

- ❑ El turismo verde es muy positivo para los pueblos de la Amazonía.
- ❑ Los indígenas quieren imitar a los turistas.
- ❑ El contacto con los visitantes crea una dependencia económica.
- ❑ Los "occidentales" pueden traer vacunas contra todo tipo de enfermedades.
- ❑ Mamani pide que los turistas tengan respeto hacia estas culturas.

■ *Profesor Mamani, usted se dedica a preservar las culturas indígenas de Latinoamérica. Actualmente hay un movimiento ecologista, también en el campo del turismo. Es decir, hay grupos de turistas "verdes" o ecológicos, que van a lugares alejados de la Amazonía, por ejemplo, para ver a los indígenas en los lugares donde viven. ¿Cómo cree usted que afecta esto a estas culturas?*

● Aquí hay dos problemas que tomar en cuenta. En primer lugar, el hecho de que la gente que vive en estas zonas de la Amazonía no tienen las defensas contra una serie de enfermedades, que tienen los que van a buscarlos alegremente. Una serie de enfermedades que tiene el occidental son enfermedades que pueden ser mortales para estas personas que viven allí. No tienen sus defensas, entonces éste es un primer problema. El segundo problema es que las personas que van a entrar en contacto con estas personas llevan consigo sus elementos culturales: por ejemplo, una camisa, un pantalón, zapatos, lentes, ... es prácticamente un elemento cultural. Y hay el deseo de la imitación. Lo exótico siempre llama la atención. Entonces, el nativo va a desear tenerlo. Y al desear tenerlo, prácticamente lo engancha en el negocio comercial. Y esto crea una dependencia cultural, porque ellos tienen que verse obligados a conseguir dinero para poder comprar estas cosas.

■ *Muchos indígenas también, cuando llegan los turistas, bailan u ofrecen música folclórica. ¿Usted cree que esto también desvirtúa un poco estos elementos?*

● Yo creo que eso es algo que ellos hacen con

un fin económico, pero yo también le veo el aspecto positivo, de que ellos vean cuáles son sus manifestaciones culturales, y si es que les gusta, bueno, las personas que van a visitar esos lugares tendrán una experiencia de primera mano. Entonces, en este sentido, es positivo.

■ *Si una persona desea conocer estas culturas, ¿qué le recomienda usted? ¿Cómo sería una actitud respetuosa hacia estos pueblos?*

● Yo creo que la primera cosa que debe hacer una persona que desea conocer estas culturas es que vaya con un deseo de aprender, vaya con un deseo de comprender a estas personas y a estas sociedades, dejando de lado sus prejuicios culturales. Yo creo que la actitud más respetuosa que puede tener una persona que va a aprender esa cultura es considerar que esa cultura es una cultura más sobre la tierra, y que debe ser respetada, y que debe ser comprendida. Ésta es la actitud más sana.

b) **¿Qué problemas menciona Mamani? ¿Qué actitud les pide a los turistas?**

a) **¿Adónde van los turistas que visitan su país? ¿De dónde son? ¿Qué buscan?**

b) **Escriba un pequeño texto sobre su país como destino turístico.**

Rincón profesional

1

a) Algunas palabras importantes del mundo laboral. ¿Puede relacionarlas?

artículo / pedido / oferta / pago / descuento / reclamación / factura / envío / mercancía / retraso / pieza / fecha de entrega / condiciones / importe /

Angebot ______	Stück ______
Sendung ______	Ware ______
Artikel ______	Bedingungen ______
Reklamation ______	Betrag ______
Rechnung ______	Verspätung ______
Liefertermin ______	Rabatt ______
Zahlung ______	Bestellung ______

b) En el mundo laboral no sale siempre todo bien.
Aquí tiene tres reclamaciones. ¿Cuál es el motivo de cada una? Relacione.

- •• La mercancía no ha llegado a tiempo.
- •• La cantidad no corresponde al pedido.
- •• La mercancía está en malas condiciones.

Lamentamos informarles que 20 botellas de Cava Freixenet han llegado rotas. Les agradeceríamos nos comuniquen cómo piensan arreglar el asunto. Sin otro particular,

Lamentablemente su último envío nos llegó incompleto: en una caja faltan 30 latas de sardinas. Deducimos de la factura el importe de los artículos que nos mandaron de menos. Les pedimos que nos hagan un nuevo envío.

Todavía no hemos recibido las botas de cuero que les pedimos el 25 de octubre. Les rogamos nos expliquen la causa del retraso y confirmen cuanto antes la fecha de entrega.

c) Marque los verbos que aparecen en subjuntivo y mire las expresiones que preceden.

OJO En la correspondencia formal se usan los verbos "agradecer" y "rogar" con subjuntivo pero sin la palabra "que".

2

a) En su país, ¿qué se suele hacer para solucionar un problema?
¿Se habla por teléfono o se escribe una carta?

En España y Latinoamérica solemos hablar por teléfono en vez de mandar una carta.

b) Escuche esta llamada telefónica. ¿A qué carta corresponde?

c) En parejas. Elijan una de las otras cartas y preparen la conversación telefónica.

¿No te apetece?

En esta unidad aprendemos

- cómo aceptar o rechazar una invitación
- cómo dar recados y decir lo que otra persona ha dicho
- cómo ofrecer algo y reaccionar
- algo sobre las tapas y otras comidas típicas
- el futuro

a) ¿Qué alimentos asocia con las fotos?

b) ¿Cuáles de estas escenas podrían pasar en su país, cuáles en España o Latinoamérica?

¡Os esperamos a cenar el sábado!

1

a) Lea este cuestionario y rellénelo.

1. En general, usted invita

- ☐ a colegas del trabajo.
- ☐ a la familia.
- ☐ a sus amigos.

2. ¿Invita usted *con* varios días de *anticipación*?

- ☐ Sí, por lo menos una semana antes.
- ☐ Sí, un par de días antes.
- ☐ No, puede ser una cosa espontánea.

3. ¿Lleva usted algo cuando está invitado/-a?

- ☐ Sí, unas flores, bombones o un pequeño regalo.
- ☐ Sí, una botella de vino o algo de comer.
- ☐ No, normalmente no llevo nada.

4. ¿Llega usted puntual a una invitación?

- ☐ 5 minutos antes de la hora indicada.
- ☐ A la hora en punto.
- ☐ Un cuarto de hora más tarde por lo menos.

5. ¿Es normal que los invitados se sirvan ellos mismos?

- ☐ No, los *anfitriones* ofrecen y sirven.
- ☐ Sí, así se sienten como en su casa.
- ☐ Sólo en relaciones de mucha confianza.

6. ¿Ayudan los invitados en la cocina?

- ☐ Sí, todos ayudan.
- ☐ Solamente las mujeres.
- ☐ No, los anfitriones *atienden* a los invitados.

7. ¿Cómo demuestra usted que le gusta la comida?

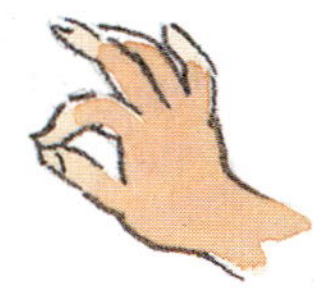

- ☐ Me como hasta la última *migaja*.
- ☐ *Alabo* mucho la comida.
- ☐ Pido más.

8. Si algo no le gusta, ¿lo dice?

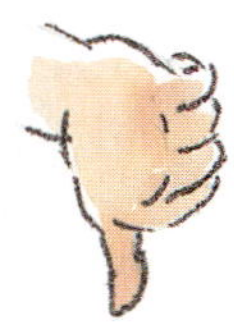

- ☐ No, me lo como *valientemente*.
- ☐ Sí, digo que no me gusta.
- ☐ Pruebo sólo un poco.

9. ¿Espera usted antes de empezar a beber?

- ☐ Sí, espero hasta que todos tengan su bebida.
- ☐ No, bebo en cuanto me sirven.
- ☐ Espero hasta el *brindis*.

10. Si un/a invitado/-a quiere fumar,

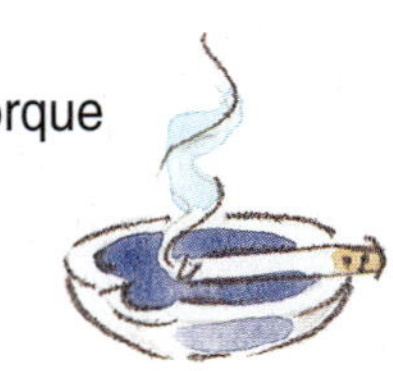

- ☐ no me molesta.
- ☐ me molesta, pero lo acepto porque es mi invitado/-a.
- ☐ puede fumar en el balcón.

- *con anticipación:*	varios días antes
- *anfitrión:*	persona que invita a su casa
- *atender:*	preocuparse por otras personas
- *migaja:*	trozo pequeño, por ejemplo de pan
- *alabar:*	decir cosas positivas sobre algo o alguien
- *valientemente:*	sin miedo
- *brindis:*	momento de decir un buen deseo antes de beber vino o champán

b) En parejas. Comparen y comenten sus resultados.

c) Cuenten al grupo dos diferencias que hayan encontrado.

2

a) Escuche a estos hispanohablantes que hablan sobre algunos temas del cuestionario. Compare lo que dicen con sus propias respuestas.

b) ¿Qué se hace y qué no se hace en España y Latinoamérica cuando uno está invitado?

3

¿En qué ocasiones invita usted? ¿En su país, se invita a cenar, a comer, a tomar café y pastel, un aperitivo o una copa después de cenar?

4

a) Amparo y Vicente Suñer se han mudado de casa e invitan a unos amigos a una fiesta para celebrarlo.

b) ¿Quiénes pueden ir a la cena?
Al llegar a casa, Vicente escucha el contestador automático. Han llamado muchos amigos para decir si vienen a la cena o no. Escuche y marque en la lista quiénes pueden y quiénes no.

c) Cómo aceptar o rechazar una invitación.
Escuche otra vez y marque cuáles de estas expresiones usan las personas que han llamado.

Aceptar una invitación	Rechazar una invitación
¡Sí que voy a ir!	Lo siento mucho, pero es que...
Claro que voy, gracias por la invitación.	Qué pena, pero es que...
Por supuesto que voy.	Me gustaría ir, pero...
Seguro que vamos.	Nos encantaría ir, pero...
Contad conmigo.	Gracias de todos modos.
Voy con mucho gusto.	Otra vez será.

En español, cuando se rechaza una invitación, siempre se explica por qué. No hacerlo se considera una descortesía.

5

Invite a su compañero/-a a una de estas fiestas. Él/Ella reacciona.

6

a) Después de escuchar el contestador automático, Vicente ha anotado algunos recados para Amparo. Relacione los apuntes con las burbujas.

- *Respecto a la fiesta, ha llamado Nacho y ha dicho que Maite y él van a llegar más tarde.*
- *De parte de Sara, que la llames, que es urgente.*
- *Tu hermana ha dicho que recojas las copas cuando quieras.*
- *De parte de tu jefa, que la reunión de mañana es a las nueve, y no a las nueve y media, y ha dicho que prepares los documentos.*
- *Marta ha preguntado cuándo tienes tiempo para quedar con ella. Que la avises.*
- *Ah, y tu madre ha preguntado si puedes acompañarla al dentista el viernes.*
- *Y yo, ¡estoy harto de hacer de secretario! Nada, es broma. Un beso. Vicente*

Maite y yo **vamos a llegar** más tarde.

La reunión de mañana **es** a las nueve, no a las nueve y media. **Prepara** los documentos, por favor.

Llámame, es urgente.

¿Cuándo **tienes** tiempo para quedar conmigo? **Avísame**.

Claro que te presto las copas que necesitas. **Recógelas** cuando quieras.

¿**Puedes acompañarme** al dentista el viernes?

b) Mire otra vez los apuntes de Vicente. ¿Qué tiene que hacer Amparo?

Amparo tiene que llamar a Sara...

c) ¿Cuándo se usa el indicativo y cuándo el subjuntivo?
Marque en los apuntes de Vicente las palabras que corresponden a las que están en rojo. Compare. ¿Puede después completar la regla?

Wird in der direkten Rede eine Aussage oder Frage geäußert, wird sie in der indirekten Rede im Indikativ wiedergegeben.
Wird in der direkten Rede ein(e) ___________ geäußert, so wird er/sie in der indirekten Rede durch den Subjuntivo wiedergegeben. Im Deutschen benutzt man in diesem Fall das Verb "sollen".

7

a) Compare.
Genauso wie im Deutschen ändern sich bei der indirekten Rede die Person und die dazugehörige Verbform sowie andere Elemente. Welche?

"¿Cuándo tienes tiempo?" "¿Vais mañana a la fiesta?"	Ha preguntado cuándo tengo tiempo. Quiere saber si vamos mañana a la fiesta.
"Vuestra casa es preciosa, me gusta muchísimo."	Ha dicho que nuestra casa es preciosa y que le gusta muchísimo.
"Tu cocina es una maravilla, la mía no es tan moderna."	Ha comentado que mi cocina es una maravilla y que la suya no es tan moderna.

Bei Aussagen, die man in der indirekten Rede wiedergibt, steht **que** (*dass*).
Bei Fragen mit Fragewort (cuándo, dónde...) bleibt das Fragewort erhalten.
Bei Fragen ohne Fragewort, steht ______ (*ob*) am Anfang der indirekten Frage.

b) Después de la fiesta, Amparo le cuenta a Vicente algunos comentarios que hicieron los amigos. ¿Puede formular lo que dijeron?

- •• Anabel me ha dicho que nuestra sala le encanta.
- •• José María me ha preguntado dónde hemos comprado esta lámpara porque dice que es exactamente lo que él está buscando para su escritorio.
- •• Mi hermana me ha comentado que se ha comprado el mismo vestido que yo, pero que el suyo era más caro.
- •• Fina me ha dicho que tenemos que vernos porque tiene algo que contarme. Dice que se trata de aquel chico que conoció en su primer viaje de negocios. Pero no quiso decirme más.

8

En cadena. Uno/-a hace una pregunta al oído de su vecino/-a. Éste/-a lo comenta a la clase.

MODELO
- ● ¿Tienes un perro?
- ○ Sabine me ha preguntado si tengo un perro.
- ■ ¿Qué hora es?
- □ Kurt me ha preguntado qué hora es.

9

a) Cada uno/-a escribe en un papel el nombre de un compañero/-a y una petición para él/ella y, al final, firma.

Isabel:
Abre la ventana, por favor, es que hace mucho calor.
Markus.

b) El/La profesor/a recoge los papeles y los reparte otra vez.
Cada uno/-a lee un mensaje para otro/-a, y éste/-a hace lo que le piden.

MODELO
- ● Isabel, Markus te pide que abras la ventana, porque dice que hace mucho calor.

10

¿Qué significan los verbos "llevar" y "traer"? Mire los dibujos y complete.

(von einem anderen Ort her) mitbringen: ____________ ; (von hier aus) mitnehmen: ____________

¿Un poco más de tortilla?

1

a) ¿En qué ocasiones toma usted un aperitivo? ¿Qué se suele tomar en su país?

b) ¿Conoce algunas de estas tapas?
Escuche y marque cuáles se mencionan en el diálogo.

- aceitunas negras
- aceitunas rellenas
- cacahuetes
- almendras
- calamares
- mejillones
- sardinas
- gambas
- empanadas
- chorizo
- tortilla
- queso

c) Lea ahora el diálogo y marque las expresiones para ofrecer algo.

Vicente: A ver, ¿qué tomáis? Tengo martini, jerez, campari o un refresco.
Lidia: Para mí, un martini, por favor.
Vicente: ¿Cuál prefieres? ¿Rojo o blanco?
Lidia: Blanco, pero sin hielo.
Sandra: Yo lo mismo, pero con hielo.
Vicente: Y tú, Jorge, ¿qué quieres?
Jorge: Agua sin gas, por favor.
Vicente: ¿De verdad que no quieres un martini?
Jorge: ¡Que no, hombre! Ya sabes, fuera del cigarrillo, ningún vicio.
Amparo: Aquí tenéis algunas cosas para picar. Para ti, Lidia, calamares y sardinas, como te gusta tanto el pescado...
Lidia: ¡Chica, qué detalle!
Jorge: ¡Pero Amparo, tantas cosas! ¿Por qué te has molestado tanto?
Amparo: ¡Que no! ¡Qué va! Ahora voy por las empanadas y las tortillas.
Lidia: ¿Te ayudo?
Amparo: No, gracias, no hace falta.
Vicente: Amparo, ¿dónde has puesto el queso manchego?
Amparo: En la mesa, al lado de las almendras.
Jorge: Ya no saquéis nada más, no hace falta.
Amparo: ¡Pero si sólo traigo una tortilla más!
Vicente: Os la recomiendo, de verdad. Y ahora voy por el vino. ¿Qué os sirvo? He guardado unas botellas de Rioja y de Valdepeñas para esta ocasión.
Lidia: Desde luego, hay que ver cómo nos mimáis. Entre los vinos de Vicente y la cocina de Amparo...
Amparo: Ah, mira, seguro que son Nacho y Maite. ¿Abres tú, Vicente?

d) Complete el cuadro con las expresiones que ha encontrado en el texto.

Para ofrecer algo	Para reaccionar
¿Te apetece un poco de...? ¿Cuál prefieres? __________ __________ __________ ¿De verdad que no quieres...?	Sí, gracias. Yo lo mismo, pero con hielo, por favor. Para mí, sólo un poquito. No gracias, de verdad. No, gracias, no puedo más. Ya estoy satisfecho/-a.

2

En parejas. Ofrezca estas cosas a su compañero/-a. Él/Ella reacciona.

OJO Recuerde: un poco más de arroz, ~~un~~ otro té.

3

a) Compare estas frases y complete la regla.

Tengo vino y cerveza. ¿Qué quieres?
Tengo martini. ¿Cuál prefieres, rojo o blanco?
Hay agua con o sin gas. ¿Cuál quieres?
Tengo sardinas fritas o con tomate. ¿Cuáles os apetecen más?

Qué wird verwendet, um zwischen verschiedenen Sachen auszuwählen.
Cuál/cuáles wird verwendet, um ____.

b) Complete estas frases.

1. Tengo vino tinto y blanco. ¿____________ quieres?
2. Tengo agua o refresco. ¿____________ prefieres?
3. Hay aceitunas rellenas y negras. ¿____________ te gustan más?
4. Hay zumo de naranja y de manzana. ¿____________ quieres?
5. ¿____________ tomas? ¿Té o café?
6. ¿____________ es el Rioja tan especial, éste o ése?
7. ¿____________ es la tortilla de champiñones, la de la derecha o la de la izquierda?
8. Hay queso y empanadas. ¿____________ queréis probar primero?

4

Usted está invitado/-a y quiere ofrecer ayuda. Su compañero/-a reacciona.
Pueden usar las siguientes expresiones:

Para ofrecer ayuda	Para reaccionar
¿Te ayudo? ¿Quieres que te ayude?	Sí, gracias, muy amable. Si no es molestia. No, no hace falta. No te molestes.

MODELO
- ¿Quieres que ponga la mesa?
- ○ No, gracias, no te molestes.

Usted propone
- •• servir la tortilla
- •• traer hielo
- •• abrir la botella
- •• recoger la mesa
- •• buscar un cenicero para los fumadores
- •• hacer café
- •• buscar el azúcar
- •• lavar los platos
- •• llamar un taxi
- •• llevar a su compañero/-a a casa en coche

5

a) Mire estas definiciones de "tapa". ¿Qué significado conoce usted ya?

ta · pa |tapal **1** *f.* Pieza que abre y cierra un objeto por su parte superior: *la ~ de la caja era pesada.* **2** Alimento ligero que se sirve como acompañamiento de una bebida: *nos pusieron una ~ de queso con el vino .* **3** Cubierta de un libro: *la ~ del cuento tenía una bonita ilustración.* **4** Suela que se pone en el tacón del zapato: *llevé los zapatos al zapatero para que les pusiera unas tapas nuevas.*

b) ¿Conoce estas tapas? ¿Qué otras se mencionan en el texto?

Tapas para la historia

Según una leyenda, había una vez un rey en España que quería controlar el gusto de su pueblo por beber vino. Así, un día, decretó: "Desde ahora, sólo está permitido servir bebidas alcohólicas en compañía de alimentos. Si no comen, no beben vino." ¿El resultado? Los españoles siguieron bebiendo vino con el mismo gusto, pero lo acompañaron con pequeñas raciones de comida. En un principio, se ponía una rebanada de pan encima del vaso. Luego, los posaderos decidieron poner además un poco de chorizo, de jamón o de salchichón, porque como son tan salados, los clientes bebían más, y naturalmente aumentaban las ganancias. Pronto cada posadero quiso ofrecer algo más original que los otros: las tapas se convirtieron en un reto para la fantasía, y cada región se especializó en tapas diferentes. En la costa se sirven más las tapas de pescado y de mariscos, mientras que en el interior son más comunes las de carne o embutidos. Pero todas son exquisitas, y por lo general hasta la más pequeña taberna ofrece por lo menos media docena de estos platitos con gambas al ajillo, calamares, champiñones, aceitunas, almendras, jamón serrano, queso manchego, ensaladilla rusa, tortilla de patatas y un largo etcétera.

Otra explicación dice que la costumbre de poner una rebanada de pan o de chorizo sobre el vaso de jerez tenía únicamente la función de protegerlo de las moscas, porque en la Andalucía del siglo XVIII había muchas. ¿Quién sabe? De cualquier modo, las tapas son hoy una parte importante del estilo de vida de los españoles.

c) Lea el texto otra vez y conteste las preguntas.

¿Por qué los españoles empezaron a acompañar el vino con algo para comer?
¿Por qué los posaderos pusieron además de una rebanada de pan un poco de chorizo o de jamón?
¿Qué tienen que ver las tapas con las moscas?

d) ¿Le gusta la costumbre de comer tapas?

¿Hay alguna costumbre relacionada con la comida en su país?

Sanos por dentro, bellos por fuera

1

a) En todos los países hay costumbres diferentes en cuanto a la comida.
¿Qué le parece típico de Alemania? ¿Y de España?

Alemania		España
☐	Se toma café muy fuerte.	☐
☐	Se toma agua del grifo.	☐
☐	Hay mucha variedad de frutas.	☐
☐	Se pone nata en los pasteles.	☐
☐	Se cocina con aceite de oliva.	☐
☐	Se come mucho pescado.	☐

Alemania		España
☐	Se toma agua con gas.	☐
☐	Hay muchos tipos de muesli.	☐
☐	Se sirve pan con las comidas.	☐
☐	Se cocina con mantequilla.	☐
☐	Se come sobre todo pan blanco.	☐
☐	Hay mucha variedad de yogures.	☐

b) Escuche a estos españoles que viven en Alemania y compare con sus respuestas. ¿Le sorprende algo?

Subjuntivo	
me sorprende que me extraña que me parece raro que	tomen

Indicativo	
no sabía que	tomaban/toman

2

a) ¿Y sus hábitos de comida? ¿Come usted lo mismo en verano que en invierno?

MODELO
- ● En verano casi nunca como sopa, sino mucha ensalada.
- ○ Mientras en invierno como más pasteles, en verano...

b) ¿Piensa usted que el clima influye en los hábitos de comida?
En el norte de su país, ¿se come lo mismo que en el sur?

3

a) ¿Qué enfermedades se mencionan en este titular? ¿Son frecuentes en su país?

En Europa, mientras más al norte se vive, mayor es el peligro de morir de un ataque cardíaco.

Respecto al cáncer se ha demostrado lo mismo.

¿Qué piensa usted? ¿Por qué la gente del sur vive más que la del norte?

b) La dieta mediterránea.
En parejas. Lea este artículo. Su compañero/-a lee el artículo que está en el anexo. Subrayen las informaciones importantes.

La dieta mediterránea

En un laboratorio en Francia, 24 ratas blancas beben vino tinto en botellas de plástico. Otras beben agua mineral. “Los resultados son sorprendentes”, observa el director del Instituto Nacional de Salud: “Los análisis demuestran que las ratas que beben alcohol tienen un 50 % menos de problemas cardíacos que las que beben agua.”
La OMS (Organización Mundial de la Salud) y otras instituciones han realizado muchos estudios para examinar la relación que existe entre lo que comemos y bebemos y las enfermedades. Es evidente que una dieta incorrecta lleva a una muerte prematura.
En los países del norte se consumen más carnes rojas, mantequilla y leche. En los países mediterráneos, en cambio, el menú se compone de gran variedad de frutas y verduras, pan y pasta. Se toma vino en vez de leche, y aceite de oliva en vez de mantequilla. Además, se come más pescado fresco.

El director del Centro Internacional de Investigación sobre el Cáncer afirma: “Es cierto que una dieta rica en grasas y carnes rojas es mala. Por el contrario, una dieta basada en frutas y verduras frescas reduce el riesgo del cáncer.”

Adaptado de Selecciones de Reader's Digest.

c) ¿Qué comen los habitantes de los países mediterráneos?
Compare la dieta mediterránea con los hábitos de comida de su país.

d) Cada uno/-a explica a su compañero/-a por qué, según su artículo, los mediterráneos viven más.

4

a) ¿Aparecen en los dos textos algunas de estas expresiones? ¿Llevan los verbos que siguen indicativo o subjuntivo?

creo/pienso que es cierto que es verdad que + ____________ es evidente que está demostrado que	no creo/pienso que no es cierto que no es verdad que + ____________ no es evidente que no está demostrado que

b) ¿Con qué puntos de vista está usted de acuerdo?

5

a) ¿Qué piensa usted respecto a estas opiniones? Coméntelas utilizando las expresiones anteriores.

MODELO
- No es cierto que comer nueces aumente la inteligencia.

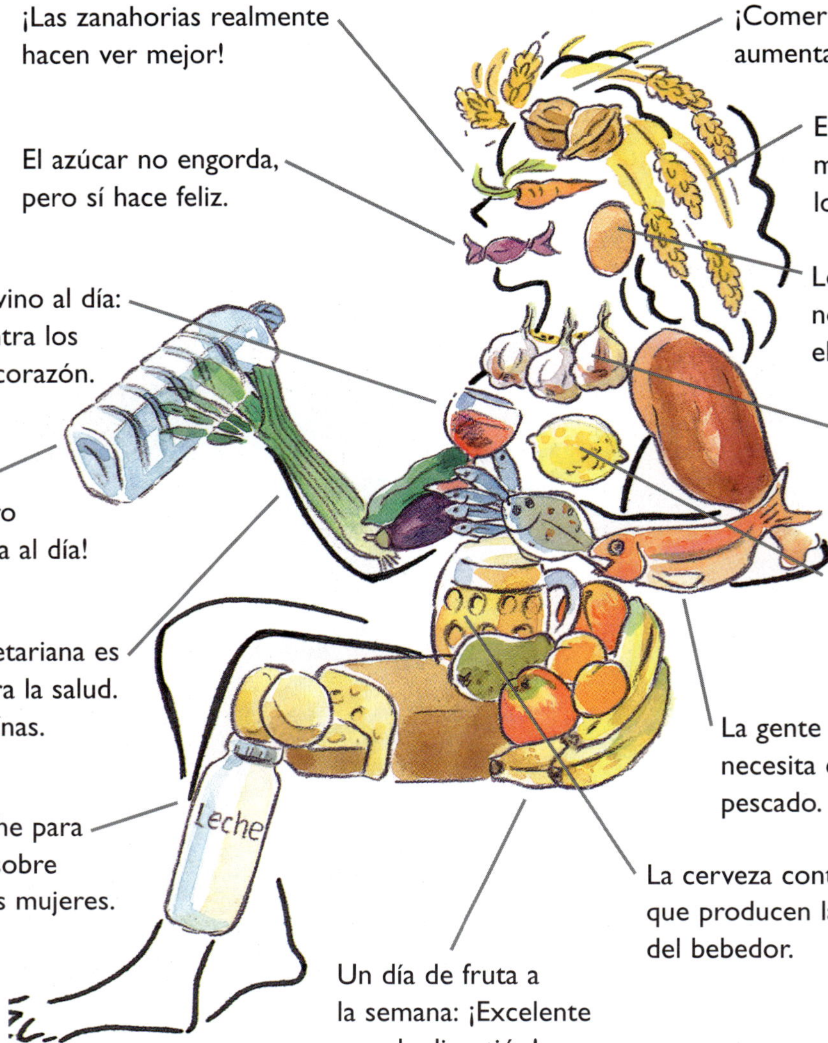

b) ¿Ha hecho alguna vez una dieta para adelgazar?
Comente sus experiencias. ¿Piensa que las dietas son buenas para la salud?

6

a) ¿Usted fuma?
¿Mucho? ¿En qué ocasiones? ¿Le parece peligroso? ¿Ve también aspectos positivos?

b) Fumador o no fumador, aquí tiene algunas expresiones útiles.

¿Fumas? ¿Te apetece un cigarrillo? ¿Tienes un cigarrillo? ¿Tienes fuego? ¿Me das fuego? ¿Aquí se puede/está permitido fumar? ¿Le molesta si fumo?	No fumo, gracias. He dejado de fumar. ¿Podrías fumar en el balcón, por favor? Disculpe, pero a mí me molesta el humo. No, no hay problema, fume.

7

a) Esta señora le advierte a su hijo sobre el futuro que le espera si no deja de fumar.
Mire la caricatura. ¿Qué desventajas tienen los fumadores según la caricatura?

Diario ABC

b) ¿Ha visto el nuevo tiempo verbal? Es el futuro. Complete.

	operar	comer
yo	operar**é**	comer**é**
tú	operar**ás**	___________
usted, él, ella	operar**á**	comer**á**
nosotros/-as	operar**emos**	comer**emos**
vosotros/-as	operar**éis**	comer**éis**
ustedes, ellos, ellas	___________	comer**án**

haber → habrá
hacer → haré, harás, ...
poder → podré, podrás, ...
ser → seré, serás, ...
tener → tendré, tendrás, ...
venir → vendré, vendrás, ...

Alle regelmäßigen Verben bilden das Futur durch Anhängen derselben Endungen an den ___________.
Die Unregelmäßigkeiten bei einigen Verben sind dieselben wie beim Konditional.

c) Este muchacho tiene muchas malas costumbres.
¿Qué más le puede decir su madre?

MODELO • Si no dejas de fumar, tendrás problemas de salud.

•• no dejar de fumar
•• no hacer ejercicio/gimnasia
•• salir todas las noches
•• llegar tarde al trabajo
•• trabajar tanto
•• pensar sólo en sí mismo
•• conducir tan rápido
•• no saludar a su jefe
•• comer demasiado
•• gastar tanto
•• no escuchar a los demás
•• ser tan pesimista

a) En grupos de tres o cuatro. Preparen una fiesta.
Decidan juntos qué tipo de fiesta será, dónde será, qué habrá para comer y beber, a quién se invitará, quién comprará las cosas, etc.

b) Presenten el proyecto de su fiesta a la clase.

Rincón profesional

1

a) Lea esta invitación.

Para celebrar las fiestas de Fin de Año
tenemos el gusto de invitarles a una cena informal
que tendrá lugar en el Restaurante "Gaucho"
el viernes, 19 de diciembre de 1997
a partir de las 20.00 horas.

Esperamos contar con su presencia.
RSVP

Juan Rosales
Gerente General

Muchísimas gracias por la invitación.
Lamentablemente me será imposible
acudir, ya que estaré fuera durante
las fiestas de fin de año.

Antonio Guerra

b) Uno de los clientes no ha recibido la invitación. La secretaria de Juan Rosales lo llama por teléfono para invitarlo. Invente el diálogo.

2

a) Es la hora de comer. ¿Cómo se podría interrumpir una reunión de trabajo? Lea y compare.

Señores, son las doce.
Vamos a hacer una pequeña pausa.
Enseguida viene la secretaria con los bocadillos.

Son las dos y media.
Interrumpimos aquí. Hemos reservado una mesa en el Restaurante "Paco".
Continuaremos a las cuatro.

Como ya es la una, si les parece bien, podemos ir a la cantina para comer algo.

b) ¿De qué países podrían ser estos comentarios? ¿Cómo es en su país?

3

a) La secretaria del Sr. Rosales ha recibido las siguientes llamadas para su jefe.
Escuche y relacione estas frases con el diálogo correspondiente.

- Sra. Ferreira: "Iré con mucho gusto a la recepción."
- Sr. Cano: "Llegaré al aeropuerto de Barajas hoy a las 9 de la noche. Por favor, venga a buscarme."
- Sr. Rodríguez: "La campaña empieza el lunes. Hay que preparar una rueda de prensa para el jueves."
- Cari: "Se ha cancelado la reunión con el jefe de ventas, pero de todos modos necesitamos el informe. ¿Nos lo puedes mandar?"

b) Anote los mensajes que escribe la secretaria para su jefe.

Revuelto

1

a) ¿Para qué nos sirve un diccionario?
Una encuesta en parejas. Pregunte a su compañero/-a:

- ¿Tiene diccionario?
- ¿Cómo es? (de bolsillo, grande, bilingüe, monolingüe...)
- ¿Dónde tiene el diccionario en su casa?
- ¿Lo trae a clase?
- ¿Se lleva un diccionario cuando va de viaje?
- Cuando busca una palabra en el diccionario, ¿lee también las definiciones de otras palabras de la misma página?
- Si compra un diccionario, ¿en qué criterios se fija? (precio, año/fecha de publicación, editorial...)
- ¿Ha buscado alguna vez palabras vulgares en un diccionario?
- ¿Se fija en otras informaciones en el diccionario, como por ejemplo gramática, conjugaciones, abreviaturas?
- ¿Trabaja o le gustaría trabajar con un diccionario electrónico?

b) Elija una respuesta interesante de su compañero/-a y cuéntela a la clase.

2

a) Estos extractos son de diferentes diccionarios.
¿Qué informaciones dan además de la traducción?

Leitung *f* dirección *f*; ○ conducción *f*, cable *m*; *(Rohr)* tubo *m*; ✉ línea *f* ◆ *e-e lange ~ haben (umg)* tener malas entendederas

piso *m* (Fuß-)Boden *m*; Stock *m (-werk n)*; Geschoß *n*; *Esp* Wohnung *f*; *(Straße)* Belag *m*, Decke *f*; *~ bajo* Erdgeschoß *n*; *~ principal* erster Stock *m*; *buscar ~* e-e Wohnung suchen

Stück *n* <~es; ~e> (a. ☞) pieza *f*; trozo, pedazo *m*; *(Bruch-)* fragmento *m*; *(Brot)* mendrugo *m*; *(Seife)* pastilla *f*; *(Zucker)* terrón *m*; *(Text)* extracto, pasaje *m*; *~ Land* terreno *m*; *~ Vieh* cabeza *f* de ganado; *aus e-m ~* de una sola pieza; *in allen ~en* en todos los puntos; *~ für ~* pieza por pieza; *aus freien ~en* espontáneamente, por su iniciativa; *e. faules ~ (umg)* un gandul

coger [koxér] *v/tr* **1.** Tomar algo con las manos y retener entre ellas: *Cogió por el brazo a su hija.* **2.** Tomar algo de otro para quedárselo o utilizarlo: *Me ha cogido las gafas de sol.* **3.** Recoger frutos o cosechas: *Cogían nueces.* **4.** Contraer cierta enfermedad, vicio, virtud: *Ha cogido la gripe.* **5.** Entender algo o captar un mensaje: *Hemos cogido radio Moscú.* **6.** Subirse a un vehículo: *Coge el tren para viajar.* **7.** En AMÉR Central y Sur: Realizar el acto sexual.

b) Traduzca estas frases.

1. Por fin hemos encontrado piso.
2. ¿Vas al primer piso o al segundo?
3. Ich habe angerufen, aber die Leitung war immer besetzt.
4. Möchtest du ein Stück Kuchen?
5. Nehmen wir die Metro oder den Bus?
6. Im Schwimmbad hat er sich eine Erkältung geholt.

3

a) ¿Cómo se llama...?
A veces necesitamos saber una palabra en español, pero no tenemos un diccionario a mano. ¿Qué podemos hacer? Escuche el diálogo. ¿De qué objeto se trata?

b) Escuche otra vez. ¿Qué ha hecho el señor para describir el objeto que busca?

- Ha explicado cómo es.
- Ha explicado para qué sirve.
- Ha explicado dónde/cuándo/cómo se utiliza.
- Lo ha explicado con mímica.
- Ha hecho un dibujo.
- Ha puesto ejemplos.
- Ha dicho la palabra en otra lengua.
- Ha inventado una palabra.

c) Defina los otros objetos de arriba. Su profesor/a le dice cómo se llaman.

d) Cada uno/-a piensa en un objeto y lo describe. Los otros adivinan qué es.

4

a) ¿Qué es importante en la enseñanza del español?
Escuche las opiniones de algunos profesores y tome notas.

b) Comparen sus resultados.

c) Y para usted, ¿qué importancia tienen estos aspectos?
Haga una lista con sus prioridades.

MODELO • Lo más importante para mí es...

d) ¿Qué es, además, importante para usted en la clase de español?

- escuchar casetes
- ver películas o vídeos
- salir a tomar algo después de la clase
- escribir cartas comerciales
- entrenar la memoria
- hacer algo interesante en mi tiempo libre
- conocer a gente nueva
- prepararme para un viaje
- aprender algo sobre otras culturas y otros países
- seguir formándome profesionalmente
- ...

5

a) El subjuntivo.
En las primeras tres unidades usted ha aprendido las formas del subjuntivo y ha visto diferentes usos. Complete las tablas con las formas que faltan.

Verbos regulares		
tom**ar**	beb**er**	recib**ir**
tome	beba	reciba
tomes	______	recibas
______	beba	______
tomemos	______	recibamos
toméis	bebáis	______
tomen	______	reciban

e > ie	**o > ue**
empezar	poder
emp**ie**ce	p**ue**da
emp**ie**ces	______
______	p**ue**da
empecemos	podamos
empecéis	______
______	p**ue**dan

e > i
pedir
p**i**da
p**i**das
______
p**i**damos
p**i**dáis
p**i**dan

Verbos irregulares								
hacer	tener	ofrecer	decir	ir	saber	estar	dar	ser
ha**g**o	ten**g**a	ofre**zc**a	diga	vaya	sepa	esté	dé	sea
ha**g**as	ten**g**as	ofre**zc**as	digas	vayas	sepas	estés	des	seas
...	...	...	...	...	...	...	...	...

OJO buscar → bus**que**; llegar → lle**gue**; almorzar → almuer**ce**.

b) Aquí tiene los principales grupos de expresiones o verbos que llevan subjuntivo.
Usted puede añadir otros ejemplos.

1 **Verben und Ausdrücke des Wünschens und Forderns**
quiero que..., espero que..., ojalá (que)...

2 **Verben und Ausdrücke des Fühlens**
me alegro de que..., siento que..., ¡qué bien que...!, ¡qué pena que...!

Recuerde que cuando los sujetos son idénticos, no se usa el subjuntivo: "Quiero ir a Chile."

3 **Verben und Ausdrücke der Unsicherheit und des Zweifels**
no creo que,... no pienso que,... dudo que...

4 **Unpersönliche Ausdrücke** – sie können Wünsche, Gefühle oder Zweifel ausdrücken –
es necesario que..., es importante que..., es fundamental que..., es una pena que...,
es conveniente que..., me sorprende que..., me parece raro que..., me extraña que...,
me gusta que..., me molesta que..., me preocupa que...

5 **Wiedergabe von Bitten und Befehlen anderer**
Olivia ha dicho que hagas los deberes.

6 **Einige Konjunktionen**
para que..., sin que..., hasta que...

A lo largo del trabajo con "Caminos 2" va usted a ver más expresiones que llevan subjuntivo. Puede apuntarlas en esta página.

6

Alguien del grupo se va a vivir a Venezuela.
En cadena. Cada uno/-a formula un comentario o un deseo para él/ella.

MODELO
- ¡Ojalá (que) tengas mucha suerte!
- Me sorprende que vayas tan lejos.

7

a) Un país generoso.
Un joven alemán está haciendo un período de prácticas en Madrid. En este artículo cuenta sus impresiones sobre la vida en España. ¿Qué piensa usted que va a decir sobre los siguientes temas?

•• el flamenco •• la hospitalidad •• la comida •• los bares y los cafés •• el ruido •• el teléfono

b) Lea el texto y apunte al lado de cada párrafo el tema que trata.

UN PAÍS GENEROSO

Vine, como siempre, en tren. Es la mejor manera de comprobar que España es un país generoso. «¿Quiere una cerveza y un bocadillo de jamón?» me ofrece la mujer que está sentada frente a mí. Tras la larga conversación que tuve con su marido, lo de la cerveza me parece una buena idea. El bocadillo no me apetece tanto. Los vegetarianos lo tenemos muy difícil en España.

Los españoles son un pueblo alegre y, de ahí el tópico, siempre están cantando y bailando. Sin embargo, en el baile más español (curiosamente llamado «flamenco»), los músicos parecen muy serios, dan patadas fuertes en el suelo. Todo tiene un aire casi agresivo y, a la vez, melancólico.

A muchos españoles que he conocido les interesaba la cuestión: ¿Cómo nos ven en el extranjero? Querer saberlo me parece muy apreciable. Lo que no entiendo es que, antes de esperar mi reacción, añaden: «Todo funciona mal aquí, ¿verdad?» En serio, yo no creo que las cosas funcionen peor aquí que en el resto de Europa.

Llamar a alguien por teléfono en España es una experiencia muy intensa: «Diga» ordenan, y no dicen su nombre. Por otra parte trabajar aquí es muy agradable. El ambiente no es tan formal como en Alemania y todos se tutean.

Lo primero que suelo hacer cuando llego a España es entrar en un bar, pedir un café con leche, echar azúcar y dejar caer el sobrecito al suelo. Me da una sensación de libertad... Los bares son de los mejores sitios para conocer España y comprobar que es un país generoso. Ni siquiera se quejan los vecinos de los barrios donde hay mucha juerga cuando el ruido sigue hasta la madrugada.

Cuando se sale (y en ningún sitio se sale tanto como en España), a la hora de pagar no se suelen pedir cuentas separadas, uno paga y luego se divide el importe entre todos. En mi país, cada uno paga lo suyo. Aquí hasta los camareros son generosos: cuando pides un gin tonic, te echan dos tercios de ginebra y un tercio de tónica. No al revés, como en Alemania, donde, además, te cobran el doble.

España es generosa y hospitalaria. ¿Será por ello que me gusta tanto estar aquí?

Adaptado de: Cambio 16.

c) Formen pequeños grupos y elijan una de estas tareas.

•• Buscar en el texto todo lo que le gusta a este chico de España y anotarlo en una lista.
•• Buscar en el texto las diferencias entre Alemania y España.

d) Cada grupo presenta a la clase un aspecto que le parece interesante.

e) Vuelva a los temas de la tarea a). ¿Ha tenido usted una experiencia relacionada con alguno de estos temas en España o en otro país?

8

a) ¿Cómo se llama "panecillo" en las diferentes regiones de su país?
¿Conoce otros objetos que tengan varios nombres según las regiones?

b) Escuche esta anécdota que cuenta una argentina a un amigo español. ¿Qué palabra ha llevado a la confusión?

Mónica: Cuando recién llegué a Madrid, me pasó algo muy gracioso en un restaurante.
Héctor: ¿Qué pasó?
Mónica: Pues que estaba en un restaurante y quería tomar de postre un helado, y así, le dije al camarero "Quiero un helado de frutillas." "¿De cuáles?" me dijo él. "¿Platanillos o naranjillas?" y yo me quedé... Pensé que el camarero me quería tomar el pelo.
Héctor: ¿Y de qué querías el helado? Yo todavía no lo sé.
Mónica: Pues, es que nosotros le decimos "frutillas" a lo que ustedes llaman "fresas".
Héctor: Ah, querías un helado de fresas.
Mónica: ... de frutillas.

c) Mire estas frutas y verduras con los nombres que tienen en algunos países latinoamericanos. ¿Cómo se llaman en España?

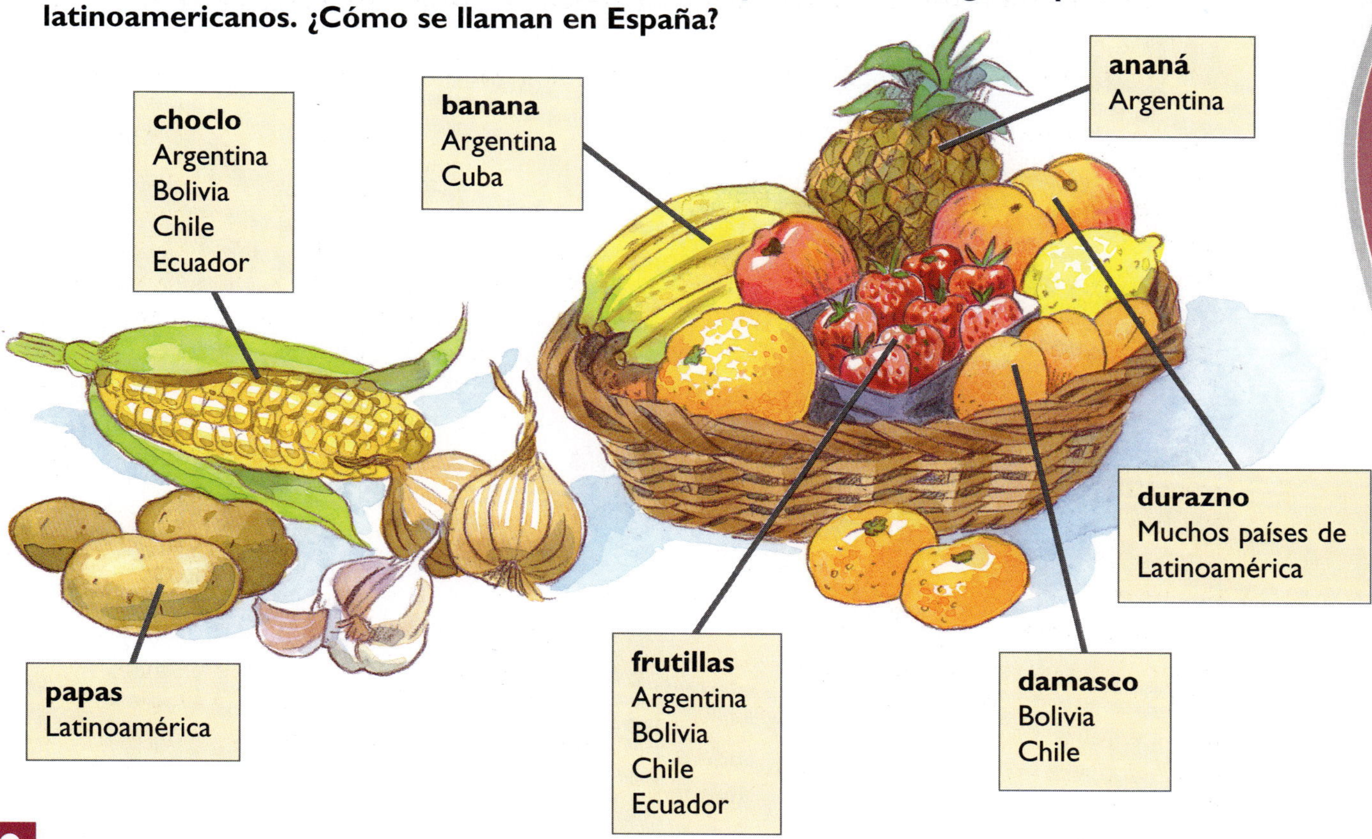

9

También en Latinoamérica hay costumbres diferentes respecto a las comidas.
Aquí algunas personas hablan sobre ellas. Escuche varias veces y complete las informaciones.

		qué es	a qué hora
Chile:	la once		
Guatemala:	la botana		
México:	la merienda		
	la cena		
Argentina:	los ingredientes		
Bolivia:	las salteñas		

Horas aproximadas:
sobre las ocho
a eso de las ocho
entre las ocho y las nueve

10

a) Algunas preposiciones.
Busque en las unidades anteriores expresiones con las preposiciones **a**, **de**, **en** y complete.

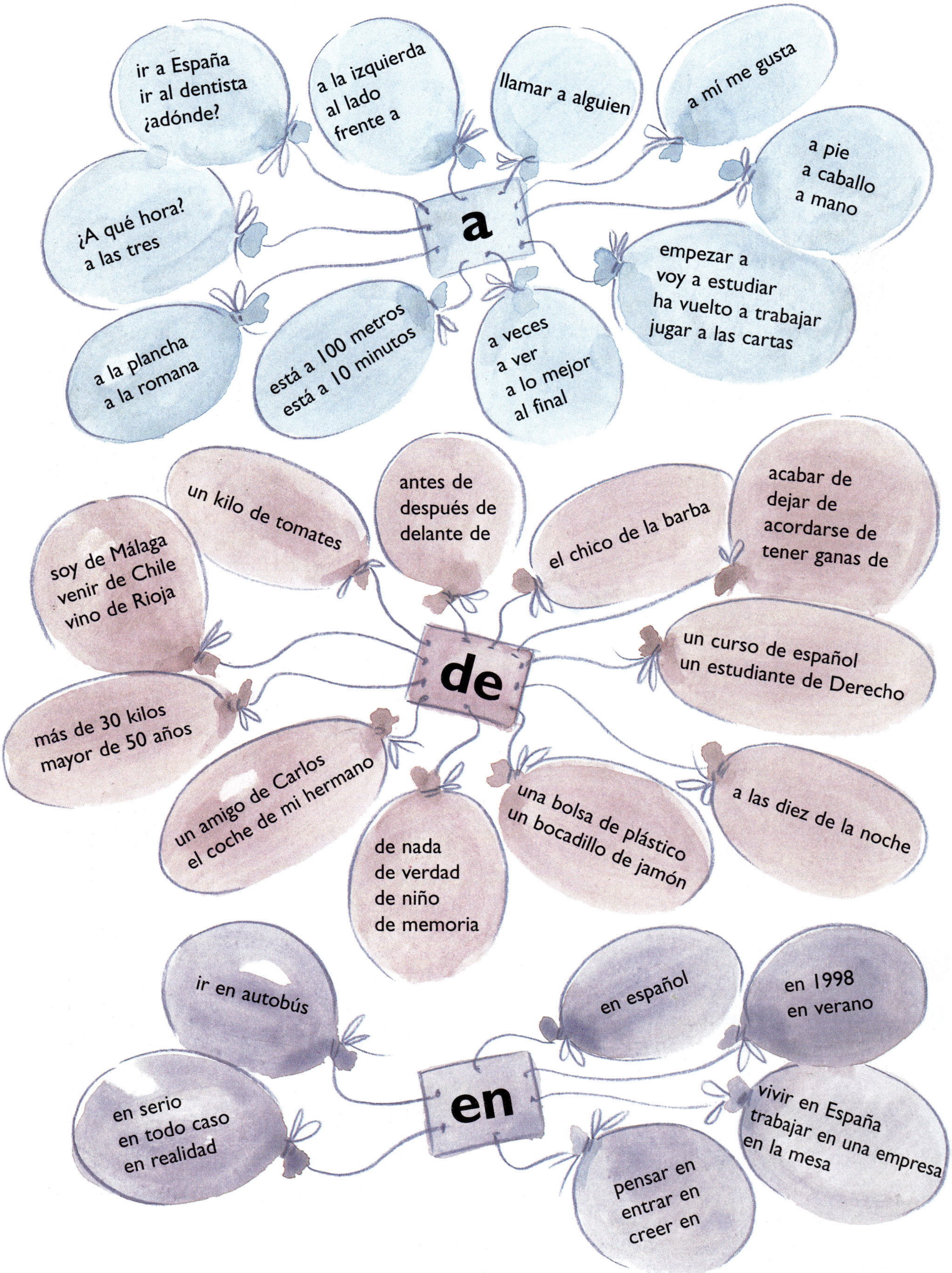

b) ¿Recuerda otras expresiones con estas preposiciones?

Cuestión ciudadana

En esta unidad aprendemos

- cómo hablar de prioridades
- cómo sugerir mejoras
- el perfecto de subjuntivo
- cómo hablar del coche y del tráfico
- cómo reaccionar en diferentes situaciones
- la voz pasiva

a) ¿Qué ciudades podrían ser?

b) Relacione las frases con las fotos.

- •• Tráfico en Montevideo, Uruguay.
- •• Café en el Puerto Olímpico de Barcelona.
- •• Barrio popular de Caracas, Venezuela.
- •• Pareja bailando tango en el Barrio de San Telmo (Buenos Aires).
- •• El Barrio de Salamanca en Madrid.
- •• Cola delante de un cine en la Gran Vía (Madrid).

Grandes metrópolis

1

a) ¿Qué asocia usted con la palabra "metrópolis"?

b) Lea el poema y marque algunas palabras para caracterizar una ciudad.

Una ciudad con dos ríos
chinos, negros y judíos
con idénticos anhelos
y millones de habitantes
pequeños como guisantes
vistos desde un rascacielos.
En invierno, un cruel frío
que hace llorar. En estío,
un calor abrasador
que mata al gobernador
(que es siempre un señor con lentes)
y a los doce o trece agentes
que lleva a su alrededor.
Soledad entre las gentes.
Comerciantes y clientes.
Un templo junto a un teatro.
Veintitrés o veinticuatro
religiones diferentes.
Agitación. Disparate.
Un anuncio en cada esquina.
Jazz-band. Jugo de tomate.
Chicle. Whisky. Gasolina.
...
Radio. Brigadas de asalto.
Sed. Coca-Cola. Sudor.
Cemento. Acero. Basalto.
Limpiabotas de color.
Garajes con ascensor.
Prisa. Bolsa. Sobresalto.
Y dólares. Y dolor;
un infinito dolor
corriendo por el asfalto
entre un Chevrolet y un Ford.
Suciedad junto a limpieza.
Miseria junto a riqueza.
Junto al lujo, mal olor.
Dicho y no va más, señor.

Enrique Jardiel Poncela

c) ¿Le puede poner un título al poema?
¿Podría ser una ciudad de su país?
¿Qué ciudad podría ser? En el anexo (página 149) puede ver la solución.

2

a) La clase se divide en tres grupos. Cada grupo se dedica a una parte del poema y busca las palabras nuevas en un diccionario o en el vocabulario al final del libro.

b) Cada grupo explica las palabras que ha buscado a los otros grupos.
Se puede usar una definición, un ejemplo, un dibujo, etc.

c) ¿Le gustaría vivir en la ciudad del poema? ¿Por qué (no)?
¿Qué le molestaría en esta ciudad?
¿Existen también en su ciudad algunos de los aspectos mencionados en el poema?

3

Ciudades favoritas.
En su país, ¿hay ciudades donde a mucha gente le gustaría vivir? ¿Cuáles son? ¿Por qué son tan populares? En el anexo (página 149) puede ver el resultado de una encuesta sobre este tema.

4

a) Para usted, ¿cuáles de estos aspectos son importantes en una ciudad?

tener cerca el mar/bosques/montañas
zonas verdes dentro de la ciudad
zonas comerciales
zonas peatonales
carriles para bicicletas
suficientes aparcamientos

transporte público eficaz
oferta cultural amplia
instalaciones deportivas
poco ruido
guarderías, colegios...
seguridad

en primer/segundo/tercer/último lugar
sobre todo
por lo menos
como mínimo

MODELO
- En primer lugar, tiene que haber una oferta cultural amplia.
- Como mínimo tiene que haber guarderías y colegios.

b) En grupos de tres. Pónganse de acuerdo sobre tres prioridades comunes.

c) Y ahora cada grupo presenta sus prioridades a la clase.

d) Compare las frases del cuadro y complete la regla.
Bei Relativsätzen wird der Subjuntivo benutzt, wenn man über gewünschte/mögliche Sachen spricht, die man (noch) nicht hat. Wenn man sich auf die Realität bezieht, benutzt man den ______________.

Todos queremos una ciudad...	Vivimos en una ciudad...
... que **tenga** muchos parques. ... que **ofrezca** actividades culturales. ... donde **nos sintamos** seguros.	... que (no) **tiene** parques. ... que (no) **ofrece** muchas actividades. ... donde (no) **nos sentimos** seguros.

5

¿Indicativo o subjuntivo?

1. Trabajamos en el centro, pero vivimos en las afueras, por eso estamos buscando una casa que (*estar*) ________ más cerca de la empresa.
2. Mi hijo tiene profesores muy autoritarios y que le (*exigir*) ________ demasiado. Yo creo que los niños sólo pueden desarrollarse bien con métodos que les (*dejar*) __________ un poco de libertad.
3. Odio las fotocopiadoras que siempre (*romperse*) __________ cuando más las necesitas. ¿Sabes tú si arriba hay una que (*funcionar*) __________?
4. Para mejorar el aspecto de la ciudad, se va a crear un premio para las casas que (*tener*) _________ el jardín más bonito del barrio.
5. Pues no sé. Manuel Sotomayor es un candidato muy preparado, pero me parece un poco arrogante. Y para este puesto necesitamos a alguien que (*saber*) _________ tratar con la gente y que (*tener*) _______ mucho tacto, ¿no creen ustedes?

6

¿Cómo tiene que ser...

su casa ideal? / su barrio ideal? / su trabajo ideal? / su coche ideal? / su pareja ideal?

MODELO
- Quiero vivir en una casa que tenga jardín.
- Mi trabajo ideal es un puesto que me deje mucha libertad.

7

El lugar donde vive, ¿tiene todo lo que a usted le gusta? ¿Qué habría que cambiar?
Puede hablar de los aspectos mencionados en el ejercicio 4.

Habría que	construir más escuelas.
Se debería	cerrar el centro para el tráfico.
Se deberían	mejorar los transportes públicos.
Haría falta	una mejor oferta cultural.

8

a) Lea este texto sobre Umberto Eco. ¿Qué le fascinó de Buenos Aires?

Umberto Eco, el escritor italiano, llegó por primera vez a Buenos Aires a principios de los años setenta. Tenía programada una estancia de pocos días, pero se quedó más. Confesaba que "no podía irse", porque su sentimiento era el de estar en la tierra prometida. Por aquellos tiempos, los cafés y las librerías de la calle Corrientes permanecían abiertos hasta la madrugada, y fue en una de esas librerías "de viejo" donde encontró el manuscrito que desembocaría en su obra más célebre: El nombre de la rosa. No fue el suyo un caso aislado...

Adaptado de: Geo

b) Y a usted, ¿le fascina alguna ciudad especialmente?
Intente describirla sin decir el nombre. Sus compañeros/-as tratan de adivinar cuál es.

9

a) **Lejos de Buenos Aires.**
Ernesto, un argentino que vive fuera de su país, habla de Buenos Aires. ¿Hay algún aspecto que coincida con el texto sobre Eco? Escuche y tome notas sobre los temas siguientes:

los barrios / los problemas / el tango / los habitantes

b) **¿Se acuerda? ¿Cuáles de estas frases corresponden a lo que ha dicho Ernesto?**

- ❒ Buenos Aires es una ciudad en la que hay gran cantidad de monumentos famosos.
- ❒ Es un sitio donde se puede vivir intensamente día y noche.
- ❒ Todos los barrios típicos están en el puerto, adonde llegaron emigrantes de muchos países.
- ❒ Los barrios a los que se refiere Ernesto son antiguos y muy tradicionales.
- ❒ Los habitantes que viven en el puerto se llaman "porteños".
- ❒ Los problemas de los que habla Ernesto son los mismos que existen en otras grandes ciudades.
- ❒ El tango es quizá la música por la que se conoce a Buenos Aires en todo el mundo.

c) **Escuche otra vez y compruebe.**

Buenos Aires se conoce por el tango.	Es una ciudad **que** se conoce por el tango.
En Buenos Aires nació el tango.	Es la ciudad **en la que** nació el tango.
Ernesto habla **de** los barrios del puerto.	Los barrios **de los que** habla están en el puerto.

10

a) **Complete según el modelo de acuerdo con sus preferencias.**

MODELO • Me molestan las personas a las que les gusta fumar cigarrillos.

Me gustan los pueblos en los que...
Tengo muchos amigos con los que...
A mí me interesan las películas en las que...
Estoy buscando un trabajo en el que...
Me encanta la ropa que...
La casa en la que...

b) **Compare con un/a compañero/-a. ¿Tienen algo en común?**

11

a) **¿Conoce este instrumento? ¿Lo asocia con algún tipo de música o con algún país?**

El instrumento musical del tango es el bandoneón, parecido al acordeón, inventado por el profesor de música alemán Hans Band en el siglo XIX. Fueron los marineros y emigrantes alemanes quienes lo trajeron a Argentina. El bandoneón transmite como ningún otro instrumento la tristeza y la nostalgia de los emigrantes europeos.

b) **¿Hay otros instrumentos que usted asocie con determinados países o tipos de música?**

La hora punta

1

a) El servicio de ayuda en carretera ha anotado las siguientes peticiones.
Ponga en el dibujo los nombres de las partes del coche que se mencionan.

- Avda. López, frente a iglesia, Ford gris, **pedal de embrague** y **frenos** no funcionan.
- Calle Soler, a la altura del Corte Inglés: choque. Fiat azul con **puerta** y **maletero** rotos, **motor** pierde aceite. Enviar grúa.
- Roca esquina con Pons, Renault blanco, **rueda** delantera **pinchada**.
- C/ Mayor 5, Seat verde, motor sobrecalentado, **radiador** pierde agua.
- Puente de Sta. Marta, Opel azul con **parabrisas** roto.
- Miranda 26, Honda negro, **batería** descargada, **motor** no arranca.

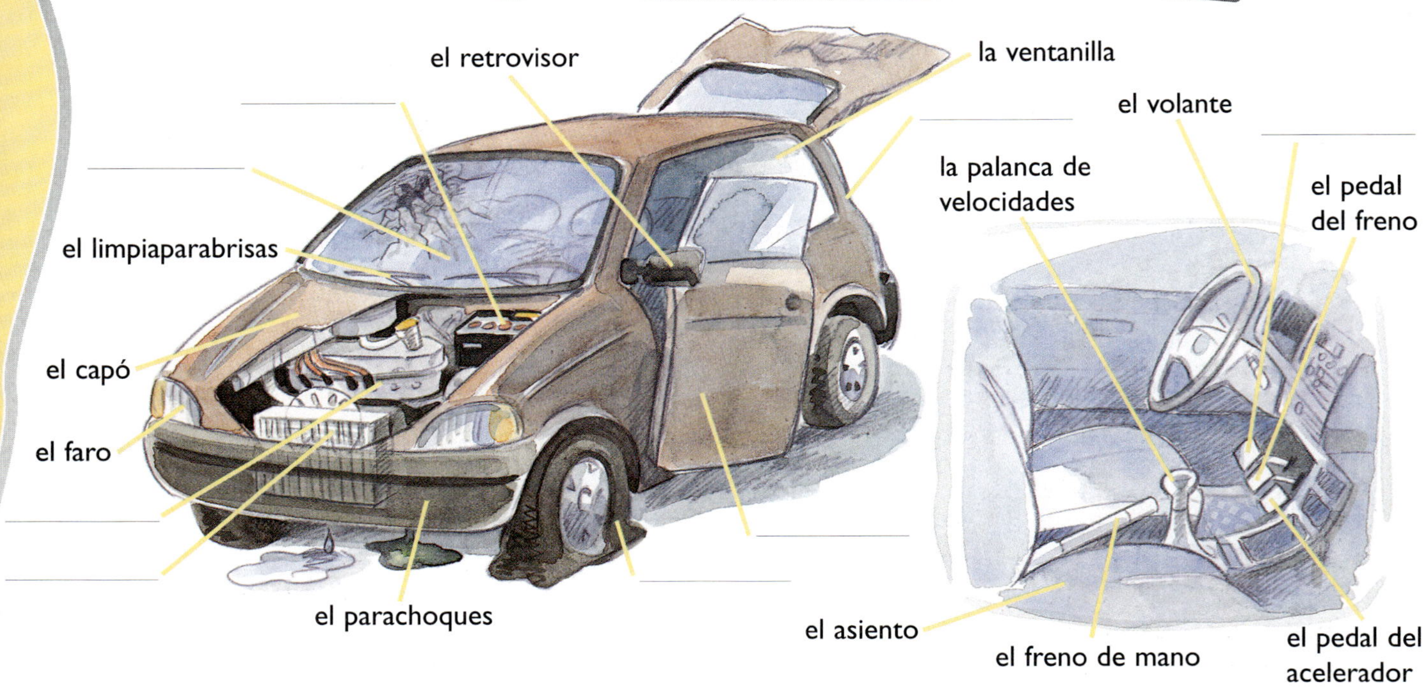

b) Cuando tiene problemas con su coche, ¿qué puede arreglar usted mismo/-a?

- controlar el nivel del aceite
- ponerle aceite
- controlar la presión de las ruedas
- cambiar una rueda
- volver a cargar la batería
- echar gasolina
- añadir agua al radiador
- revisar el motor
- limpiar el parabrisas
- cambiar las bujías

c) Usted le ha dejado su coche a su hermano menor. Cuando se lo devuelve, es un verdadero desastre. ¿Qué tiene usted que pedir en la estación de servicio?

- No tiene gasolina.
- El nivel del aceite está muy bajo.
- La rueda trasera derecha está algo baja.
- El motor hace ruidos raros.
- El parabrisas está muy sucio.

2

a) Un accidente.

En la esquina ha habido un accidente y la gente hace algunos comentarios.
¿En cuáles está el verbo en subjuntivo? Márquelos y complete la regla.

El Seat ha cortado la curva.

Es posible que no haya podido frenar a tiempo.

No es verdad que haya respetado la preferencia.

¡Espero que no haya sido nada grave!

¡Ojalá tenga un buen seguro!

	haber	Partizip
yo	haya	
tú	hayas	
usted, él, ella	haya	tomado
nosotros/-as	hayamos	podido
vosotros/-as	hayáis	
ustedes, ellos, ellas	hayan	

Das Perfecto de Subjuntivo bildet man mit dem __________ von **haber** und dem Partizip Perfekt. Es wird verwendet, wenn nach einem Subjuntivo-Auslöser eine Aussage steht, die sich auf die Vergangenheit bezieht.

Presente:	No es nada grave.	**Espero que** no **sea** nada grave.
Perfecto:	No ha sido nada grave.	**Espero que** no **haya sido** nada grave.

b) Relacione las frases que se refieren a la misma situación.

1. ¡Otra vez ese ruido tan raro!
2. Es una película realmente estupenda.
3. Pásame el plano de la ciudad.
4. ¿Has visto los dibujos de Gloria?
5. Sr. Ramos, éste es Jorge Avendaño.
6. Pepe y Fina, ¡qué alegría!

a. ¡Qué bien que hayáis venido a la fiesta!
b. Me sorprende que los haya terminado a tiempo.
c. ¡Espero que no se haya roto el motor!
d. Es posible que usted lo haya conocido en el viaje a León.
e. Es una pena que no haya tenido éxito.
f. Espero que no nos hayamos perdido.

3

a) Escuche. ¿Cuáles de estas expresiones se mencionan en los diálogos? ¿En qué situación?

- ¡Vaya! ¡Lo que faltaba!
- Y ahora, ¿qué hago?
- ¡Menos mal!
- ¡Qué mala pata!
- Enseguida.
- ¿Cómo es que...?
- Me da igual.
- ¡No puede ser!
- ¡Qué rabia!
- ¡Por fin!
- Otra vez será.
- Por supuesto.
- ¡Cómo no!
- ¡Qué envidia!
- ¡Qué suerte!

b) ¿Qué diría usted en su idioma para cada una de estas expresiones?

c) En parejas, inventen situaciones en las que se reacciona con las expresiones anteriores.

MODELO
● Mis padres se van a comprar un coche nuevo y nos regalan el suyo.
○ ¡Qué envidia!

4

¿Puede imaginar lo que ha pasado en estas situaciones?
Haga suposiciones y coméntelas con su compañero/-a según el modelo.

MODELO • Quizás tenga problemas con su jefe.

1.
- ¡Qué rabia! Y ahora, ¿qué hago?
- ○ Pues, ¿por qué no hablas con él?

2.
- ¡Qué mala pata! Con lo que me apetecía...
- ○ No te preocupes, otra vez será.

3.
- ¡Vaya, lo que faltaba!
- ○ Pues a mí me da igual.

4.
- Pero... ¡No puede ser! ¡Por fin!
- ○ Sí, ¿verdad? ¡Qué suerte! Ya era hora.

5.
- ¿Cómo es que todavía no está?
- ○ Y yo, ¿qué quieres que te diga?

6.
- ¡Vaya, menos mal!
- ○ Si ya te lo había dicho, ¿ves como ya lo sabía?

A lo mejor	+ indicativo
Probablemente Quizás Tal vez	+ indicativo o subjuntivo

Nach *probablemente*, *quizás* und *tal vez* kann man den Indikativ oder Subjuntivo verwenden, je nachdem, ob man starke Unsicherheit (Subjuntivo) oder relativ große Sicherheit (Indikativ) zum Ausdruck bringen will.

5

a) **Hablando de coches...**

•• ¿Usted tiene coche? ¿Lo utiliza mucho? ¿Cuándo? ¿Para qué?
•• ¿Utiliza los medios de transporte público? ¿Cuáles? ¿Cuándo?

b) **El estado de carreteras.**
Escuche el informe de la radio y marque si estas frases son correctas o falsas.

- ❑ Se habla del tráfico de Madrid a la hora punta.
- ❑ Afortunadamente, ha habido pocos accidentes durante el fin de semana.
- ❑ El tráfico fluye bastante bien en todas las carreteras.
- ❑ En la carretera de Castilla hay un atasco de 4 km debido a un accidente.
- ❑ Las grúas todavía no han llegado al lugar del accidente.
- ❑ Se menciona también una obra de construcción en las carreteras.

c) Aquí tiene algunas palabras útiles relacionadas con el tráfico.
¿Sabe cómo se dicen estas palabras en español? Algunas están en las frases del ejercicio **b)**.

Stoßzeit / Einfahrt / Ausfahrt / Landstraße / Autobahn / Abschleppwagen
Stau / Ampel / Unfall / Parkplatz / Baustelle

d) ¿Usted escucha este tipo de informes? ¿Cuándo?

6

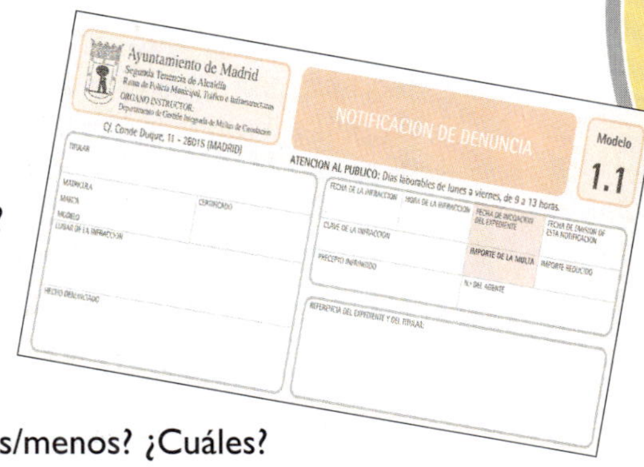
Ayuntamiento de Madrid
NOTIFICACIÓN DE DENUNCIA
Modelo 1.1
C/. Conde Duque, 11 - 28015 (MADRID)
ATENCIÓN AL PÚBLICO: Días laborables de lunes a viernes, de 9 a 13 horas.

a) Hablando de infracciones...

- ¿Alguna vez le han hecho una foto por ir a velocidad excesiva?
- ¿Qué sucede en su país si no se paga una multa?
- ¿Qué le pasa a la persona que se pasa un semáforo en rojo?
- ¿Y a la que no lleva puesto el cinturón de seguridad?
- ¿En qué caso se le retira el carnet de conducir al conductor?
- ¿Le parece que hay infracciones que se deberían sancionar más/menos? ¿Cuáles?

b) Lea el texto y conteste estas preguntas.

- ¿Se cobran todas las multas que pone el Ayuntamiento de Madrid?
- ¿Hay que pagar las multas enseguida?
- ¿En qué casos suelen ponerse multas?

Si usted es de Madrid y ha recibido hoy una carta del ayuntamiento, bien podría ser una multa de tráfico. En tal caso, sería usted uno de los 18.500 ciudadanos a los que diariamente multa el ayuntamiento de la capital de España. En Madrid se ponen más de 3.100.000 multas al año. Pero si le han puesto esta multa en la calle, ¡tenga esperanza! De esas multas se procesan menos de la mitad; y se cobran realmente unas 400 – cada día.
Sin embargo, todos nos enfadamos cuando vemos al vigilante poniendo el papelito. Las multas llegan por donde menos se espera: por un mal aparcamiento, un exceso de velocidad, semáforo, control de radares, ... y ponen al ciudadano de los nervios. Frente a las fotos a traición de la Dirección General de Tráfico (DGT), hay ahora algunos clubes de automovilistas que ayudan a defenderse. Existen eslóganes como "No pague multas a la primera". Pero aunque alguien dijo una vez que "es más fácil que a un madrileño le toque la lotería antes que el ayuntamiento le cobre una multa", lo cierto es que éste sí logra recoger al mes unos 100.000.000 de ptas., o sea, más de 5.000.000 por día.

Adaptado de: Tribuna.

c) ¿Es igual en su país? ¿Se cobran las multas? ¿Se paga a la primera?

d) ¿Cuándo fue la última vez que tuvo que pagar una multa? ¿Por qué?
Cuénteselo a sus compañeros/-as. Recuerde cómo usar los tiempos del pasado.

A mí nunca me **ha pasado** nada parecido.	Perfekt: etwas, was bis zur Gegenwart reicht.
Una vez la grúa **se llevó** mi coche.	Indefinido: Ereignisse; was geschehen ist.
Como **tenía** prisa, aparqué en un lugar prohibido.	Imperfecto: Beschreibung, Umstände.

MODELO
- Una vez la grúa se llevó mi coche. Estaba aparcado en un lugar prohibido. Cuando volví, mi coche ya no estaba allí. ¡Qué susto!

Hablando de barrios

1

a) El escritor uruguayo Mario Benedetti habla sobre un barrio de Montevideo.
Lea el texto. ¿Qué ventajas tiene el tranvía, comparado con otros medios de transporte?

Capurro más que un barrio, es un bolsón barrial. El barrio propiamente dicho llegaba hasta la terminal del tranvía. Eso era muy corriente en aquellos tiempos. A diferencia de los autobuses, los tranvías abreviaban o ampliaban los barrios. El autobús podía cambiar de ruta, ir hoy por aquí y mañana por allá. Pero el tranvía tenía un destino y un recorrido predeterminados. Por otra parte, los asientos eran bastante duros, pero transmitían una sensación de seguridad: los tranvías nunca volcaban, como sí lo hacían los autos, los taxis, los camiones y también, aunque menos frecuentemente, los autobuses.
Sí, Capurro era un bolsón barrial, casi una republiquita. Por algo la tendencia de sus habitantes era quedarse allí, expatriarse lo menos posible de aquel entorno familiar donde cada esquina, cada almacén, cada bar, eran como habitaciones de la casa.

Adaptado de: Mario Benedetti,
La borra del café (1933)

b) ¿Por qué piensa usted que los habitantes de un barrio se quedan en él?
Piense en diferentes razones. ¿Usted se siente ligado/-a a su barrio?

2

a) Barrios famosos.
¿Conoce alguno de estos barrios? ¿Ha estado en alguno de estos lugares?

Santa Cruz (Sevilla)

La Boca (Buenos Aires)

Eixample (Barcelona)

b) ¿Hay barrios famosos en su país o en su ciudad?

3

a) Este texto habla sobre uno de los barrios de las fotos. ¿Cuál es?

Este barrio popular del que hablan los tangos, es uno de los más pintorescos de la ciudad. Su nombre proviene precisamente de la boca del Riachuelo (afluente del Río de la Plata). Fueron los inmigrantes italianos los que dieron a este barrio el carácter tan típico que se conserva hasta hoy en día, pintando sus casas (de madera y chapa ondulada) con los restos de pintura de los barcos. Es hoy un barrio frecuentemente visitado por los turistas de todo el mundo, con sus viejas casas multicolores, sus cantinas de mariscos y pescados y la calle peatonal "Caminito", que es un museo abierto para artistas y escultores argentinos.
En la "Bombonera", como se llama el estadio de fútbol del Boca Juniors, uno de los clubes más populares del país, se puede sentir la pasión de los porteños por el fútbol. El club fue fundado en 1905 por los habitantes del barrio y debe sus colores, azul y amarillo, a un barco sueco que pasaba por allí en el momento de la fundación.

B. Wiener: Imágenes de Latinoamérica

b) En parejas. Cada uno/-a escribe dos preguntas sobre el texto.
Luego se las hace a su compañero/-a, que las contestará.

c) En su país, ¿hay también clubes de fútbol famosos que lleven el nombre de un barrio?

4

¿Cómo es su barrio?

- ¿Puede contar algo de su barrio? ¿Tiene una historia?
- ¿Hay actividades de tiempo libre en su barrio?
- ¿Hay un centro de reuniones u otro lugar para reunirse?
- ¿Es usted miembro de algún club o grupo de su barrio?
- ¿Qué cosas compra en su barrio?
- ¿Y qué compra o hace en el centro, o bien en la ciudad vecina?

5

a) La voz pasiva.
En el texto sobre La Boca aparece la voz pasiva. Busque un ejemplo más en el texto y complete la regla.

• Muchos turistas visitan el barrio de La Boca.	• El barrio de la Boca **es visitado** por muchos turistas.
• Los artistas han transformado la calle "Caminito" en un museo abierto.	• La calle "Caminito" **ha sido transformada** en un museo abierto.
• Los inmigrantes pintaron las casas.	• Las casas **fueron pintadas** por los inmigrantes.
• ______________________________	• ______________________________

Das Passiv wird mit dem Verb **ser** und dem ____________ gebildet. Dieses verändert sich dabei je nach Geschlecht und Zahl des Subjekts. Der Urheber der Handlung wird mit _______ angegeben.

b) ¿Cómo se dice en español?

Das Stadtzentrum wurde für den Verkehr gesperrt.
Die Schule wurde 1956 erbaut.
Der Fotokopierer wurde heute morgen repariert.
Der Politiker wurde von vielen Reportern begleitet.

6

a) Dos ciudades famosas. ¿Cuáles son?

Aquí se han mezclado dos textos sobre dos ciudades, una española y otra latinoamericana. Marque con dos colores diferentes las frases que corresponden a cada una de las ciudades.

- Cuzco fue fundada aproximadamente en el siglo XII por el primer Inca.
- Cádiz fue fundada por comerciantes fenicios alrededor del año 1100 a. C.
- La nombraron *Gadir,* que significa "la fortaleza".
- La consideraban una de las ciudades más ricas del imperio incaico.
- Se considera la ciudad más antigua de todo el occidente europeo.
- Sus templos principales habían sido cubiertos totalmente de oro, plata y piedras preciosas.
- Durante su historia fue conquistada por diferentes pueblos de Asia Menor y de Europa.
- En 1533 fue conquistada por Francisco Pizarro.
- En el año 1262 fue reconquistada para Castilla por el rey Alfonso el Sabio.
- Los conquistadores edificaron sus edificios encima de los antiguos templos indígenas.
- Después del descubrimiento de América, fue uno de los puertos principales, porque allí llegaba una inmensa cantidad de oro y plata del Nuevo Continente.
- Los muros incaicos, que se caracterizan por sus enormes piedras de formas diversas, fueron construidos por excelentes arquitectos con una precisión increíble.
- El centro histórico de esta ciudad incaica ha sido declarado por la UNESCO "patrimonio de la humanidad".
- Durante la Guerra de Independencia contra la Francia de Napoleón, se proclamó allí la Constitución de 1812, famosa por su espíritu liberal.

b) En parejas. Usted lee las frases sobre Cuzco y su compañero/-a las frases sobre Cádiz.

¿Qué información les parece la más interesante sobre cada ciudad?

c) La voz pasiva.
Das Passiv wird im Spanischen selten benutzt. Sätze, die auf Deutsch im Passiv stehen, werden im Spanischen meist durch andere Konstruktionen wiedergegeben.

Passiv:	Cádiz **fue fundada** por comerciantes fenicios.
3. Person Plural:	La **nombraron** *Gadir*, que significa "la fortaleza".
Unpersönliches **se**:	**Se considera** la ciudad más antigua de todo el occidente europeo.

d) Elija tres de las frases sobre Cuzco y Cádiz y transfórmelas en frases activas.

7

Un texto para cada foto.
Una revista va a publicar una de las fotos de Cuzco y Cádiz. La clase se divide en cuatro grupos. Cada grupo elige una foto y escribe un pequeño texto informativo para acompañarla.

8

a) Lea estos titulares de periódicos. ¿Cómo se formularían en un periódico alemán?

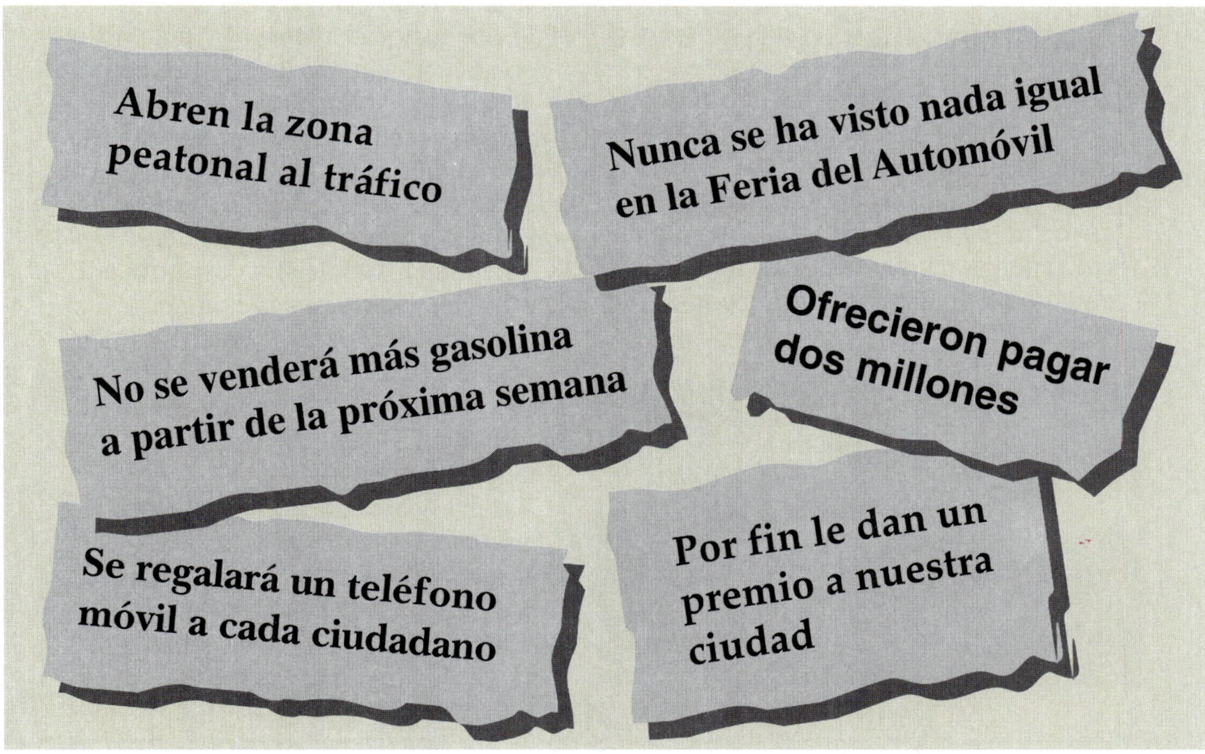

b) ¿Qué ha pasado en cada caso?
¿Puede imaginar las noticias que acompañan a estos titulares? Comparen sus ideas en el grupo.

Una ciudad interesante.
En grupos, traten de investigar algunos datos interesantes sobre una ciudad (puede ser de su país o no). Escriban un pequeño texto informativo sobre ella y preséntenlo a la clase.

Rincón profesional

1

a) Lea estas informaciones y conteste las preguntas.

1. ¿Hay alguna edad mínima para poder alquilar un coche de Rentauto?
2. ¿Se pueden alquilar coches por horas?
3. ¿Qué daños no cubre el seguro obligatorio?
4. ¿Qué pasa si no se devuelve el coche con el depósito lleno?
5. ¿Se puede alquilar el coche en una ciudad y devolverlo en otra?
6. ¿Qué formas de pago acepta Rentauto?

RENTAUTO

Su viaje de negocios sobre ruedas

Condiciones generales

- Se requiere permiso de conducir con un año mínimo de antigüedad y haber cumplido 21 años.
- Las tarifas incluyen Seguro Obligatorio, así como de robo e incendio. Los daños causados a los neumáticos o el robo de la radio no están cubiertos por el seguro.

- El seguro de daños personales para los pasajeros se puede cubrir mediante el pago adicional de 350 pts. por día.
- La gasolina y las multas por infracciones al Código de Circulación serán al cargo del cliente. Normalmente entregamos el vehículo con el depósito lleno. Si por cualquier causa el mismo no puede ser devuelto lleno, se le cobrará el importe correspondiente al combustible consumido más un 10% adicional.
- El período mínimo de alquiler es de un día.
- Entrega y recogida: Gratuita en aeropuertos, estaciones de ferrocarril y hoteles dentro de los horarios comerciales. Fuera de estos horarios se cobrará un suplemento de 1500 pts.
- Los coches pueden ser devueltos sin cargo en las ciudades donde Rentauto tenga sucursales.
- Todos los coches están provistos de radio. Facilitamos a petición y sin cargo: porta esquís, asientos para niños, cadenas para la nieve y mapas.
- Admitimos las principales tarjetas de crédito y los cheques de viaje.

b) Escuche la conversación entre la secretaria de Rentauto y un cliente y rellene el formulario.

Nombre: ______________________________

Fecha: ______________________________

Tipo de coche: ______________________________

Otros deseos: ______________________________

Movilidad

En esta unidad aprendemos

- diferentes usos de "mismo"
- cómo expresar suposiciones
- el futuro perfecto
- cómo tranquilizar a una persona
- cómo hablar de experiencias
- el pluscuamperfecto

a) La sociedad actual se hace cada vez más internacional.
¿Qué aspectos se mencionan en el poema? ¿De dónde podrían ser estas personas?

Somos cinco mil quinientos millones de aldeanos,
somos vecinos de la Colonia Tierra,
somos una colonia
tenemos que oler bien.
Además de hermanos
todos somos vecinos,
a nadie debe llamársele extranjero.
Todos somos de la misma Tierra.
El mundo es un barrio
no hay distancias.
Sabemos lo que pasa al vecino
que vive a veinte mil kilómetros
mientras le sucede.
Un ruso puede ir a abrazar a su hermano keniata
en unas horas de vuelo.
Se ha inventado
la radio
la televisión
los periódicos
los aviones.
Queda por inventar el amor.

Gloria Fuertes

b) ¿Hay muchos elementos extranjeros en su vida cotidiana?
¿Puede mencionar algunos ejemplos (personas, restaurantes, productos...)?

Ampliar fronteras

1

a) Lea este texto. ¿Qué título le pondría?

La sociedad española es más internacional, más cosmopolita de lo que nunca fue. Está a la orden del día mandar al niño a Inglaterra en verano (o a Irlanda si uno es muy católico), o al jovencito a hacer el COU en Estados Unidos. Durante esta década se han puesto de moda la segunda residencia, el coche para la esposa o después, para el hijo, el viaje de vacaciones a Tailandia o el esquí en los Alpes franceses. Las ciudades están más contaminadas, más agobiadas de lo que estaban. Los pueblos han cambiado de aspecto. Muchos de los que en los años cuarenta o cincuenta emigraron del campo a la ciudad, han arreglado la casa de sus padres para pasar en ella sus vacaciones o sus fines de semana.
Quien más quien menos tiene un fax, y no es cosa rara llamar desde el coche o llevar el teléfono móvil en el bolsillo. Se nos ha venido encima una avalancha de objetos que hace poco tiempo no necesitábamos para nada y que hoy se han hecho imprescindibles.

Adaptado de: El País.

b) ¿Qué aspectos de la movilidad menciona el texto? ¿Es igual en su país?

c) ¿Cómo era la vida en los tiempos de sus abuelos?

Compare con nuestra sociedad actual pensando en aspectos como: comida, viajes, contactos, trabajo, "internacionalidad"...

d) Compare.

• Nuestra sociedad es más internacional **de lo que** nunca fue.	• Nuestra sociedad es más internacional **que antes**.
• Hoy trabajo menos horas **de las que** trabajaba antes.	• Hoy trabajo menos horas **que antes**.

2

a) Una encuesta. Busque a un/a compañero/-a...

- que viva en una ciudad y trabaje en otra.
- que trabaje ahora más horas de las que trabajaba hace 5 años.
- que viaje mucho.
- que tenga fax o teléfono móvil.
- que haya mandado a sus hijos a estudiar a otro país.
- que haya hecho un curso de idiomas en el extranjero.
- que tenga un coche o un televisor japonés.
- que sepa cocinar platos orientales.

¿Recuerda? Usamos el subjuntivo para hablar de cosas que buscamos o deseamos o de las que no sabemos si existen.

b) Cuente al grupo algunos resultados interesantes de su encuesta.

3

a) ¿Con cuáles de estas frases está usted de acuerdo? Discutan en la clase.

- En el fondo, todos los seres humanos somos iguales.
- Para ser internacional hay que viajar mucho.
- Para ser internacional tenemos que estar muy unidos al lugar donde nacimos.
- Las ilusiones y los deseos no cambian tanto de una cultura a otra.
- La gente tiene que abrirse más a otras culturas.

b) Ser internacional...

Lea lo que dice Juan Manuel Serrat, un cantante español que pasó mucho tiempo en otros países. ¿En qué aspectos coincide Serrat con las frases anteriores?

"Creo que la única forma de ser internacional es procurar ser muy provinciano, porque si no, no tienes nada que contar. Al fin y al cabo, cuando vas por el mundo te das cuenta de que lo que te separa de la gente es poco; ves que debajo están los mismos sueños, las mismas esperanzas, las mismas ilusiones. Esto es lo que más he aprendido viajando."

c) Y para usted, ¿qué significa ser internacional? ¿Y ser provinciano?

4

a) Complete.

el mismo problema	los ________ sueños
la misma situación	las ________ ilusiones

Aquí la situación es la misma.
En nuestro país pasa lo mismo.

Me da lo mismo.	Es ist mir gleich/egal.
Es lo mismo.	Das ist gleich/dasselbe.

b) Ponga en cada caso la traducción que corresponde a "mismo"

sogar
dasselbe
selber
erst heute
noch heute
dieselben
sofort

Acaba de llegar **hoy mismo.**

Ahora mismo lo hago.

Tienes que terminarlo **hoy mismo.**

Yo tomo **lo mismo** que tú.

En España **misma.**

Son siempre **los mismos.**

Lo hago **yo mismo.**

c) ¿Cómo se dice en alemán?

- Voy a llamarte hoy mismo.
- ¿Puede hacerlo usted mismo?
- Hoy mismo me lo ha dicho.
- Vivimos en la misma calle.
- ¿Tienes todavía el mismo jefe?
- Me lo ha dicho el mismo jefe.

5

a) Mire este paisaje. ¿Le recuerda algo? ¿Qué sentimientos le provoca?

b) En esta canción Juan Manuel Serrat describe el paisaje más importante para él. Escuche.

¿Qué elementos del paisaje menciona?
¿Cuándo quiere volver a su tierra?
¿Conoce usted algún paisaje mediterráneo?

Mediterráneo

Quizá porque mi niñez sigue jugando en tu playa
y escondido tras las cañas duerme mi primer amor,
llevo tu luz y olor por dondequiera que vaya
y, amontonado en tu arena, guardo amor, juegos y penas
yo, que en la piel tengo el sabor amargo del llanto eterno
que han vertido en ti cien pueblos, de Algeciras a Estambul,
para que pintes de azul sus largas noches de invierno.
A fuerza de desventuras, tu alma es profunda y oscura.
A tus atardeceres rojos se acostumbraron mis ojos
como el recodo al camino.
Soy cantor, soy embustero, me gusta el juego y el vino,
tengo el alma de marinero.
¿Qué le voy a hacer si yo nací en el Mediterráneo?

Y te acercas y te vas después de besar mi aldea,
jugando con la marea, te vas pensando en volver.
Eres como una mujer, perfumadita de brea,
que se añora y que se quiere, que se conoce y se teme.
Ay, si un día, para mi mal, viene a buscarme la Parca,
empujad al mar mi barca con un Levante otoñal,
y dejad que el temporal desguace sus alas blancas.
Y a mí, enterradme sin duelo, entre la playa y el cielo,
en la ladera de un monte más alto que el horizonte:
quiero tener buena vista.
Mi cuerpo será camino, le daré verde a los pinos,
y amarillo a la genista.
Y cerca del mar, porque yo nací en el Mediterráneo.

la brea —— Teer
la Parca —— la muerte
desguazar —— romper
el duelo —— la tristeza

c) El texto habla muy poéticamente de...

- los recuerdos de la niñez
- la historia antigua de los pueblos del Mediterráneo
- el carácter de los habitantes de esa región
- la marea
- el amor
- la muerte

¿Puede buscar en la canción dónde se habla de cada tema?

d) Y usted, ¿se siente ligado/-a a algún paisaje en especial? Descríbalo.

6

a) ¿Qué echa de menos Antonio Banderas?

Antonio Banderas es un actor español con mucho éxito en el extranjero. Aquí dice cómo se siente cuando no está en España y qué echa de menos.
"Los Ángeles, con su clima cálido y su aire de ciudad costera, me recuerda a Málaga. Pero no es suficiente. Echo de menos España: los telediarios, el Rastro, las cañas y salir con mi amigo Imanol Arias. En realidad, nunca me he ido del todo, y nunca me iré. No quiero pensar ni por un segundo que voy a dejar de trabajar en España. Además, yo me siento muy orgulloso de ser español, porque con lo poquito que tenemos hacemos cosas muy bonitas."

Adaptado de: El País.

b) Banderas habla del telediario. ¿A cuál de las siguientes definiciones corresponde?

• Mercado de objetos usados y curiosos, en tiendas o en puestos callejeros, que se celebra en Madrid cada semana •

▪ Vaso estrecho para beber cerveza de barril ▪

• Diario de información general transmitida a través de la televisión •

•• ¿A qué palabras del texto se refieren las otras definiciones?
•• Cuando usted está en el extranjero, ¿le gusta ver o escuchar las noticias de su país?
•• ¿Suele comprar un periódico de su país? ¿Cuál?

c) ¿Conoce alguna película con Antonio Banderas?

7

¿Ha vivido alguien de la clase en otra ciudad o en el extranjero? ¿Por qué?

8

a) Una entrevista.
Va a escuchar una entrevista con diferentes hispanohablantes que viven fuera de su país. Aquí hay algunas de las frases que dicen. Según usted, ¿a qué país se refieren?

"Para mí fue una cosa tremenda tener que aprender este idioma."
"Lo más difícil para mí fue realmente el invierno, el frío."
"Yo echo de menos el sol porque tenemos más de trescientos días de sol y para mí es desesperante que vivan en esta sombra."
"Para mí, acostumbrarme a los planos del bus y del tren fue algo terrible."
"Tú tienes que organizar todo para el fin de semana ya el viernes o el sábado."

b) Escuche y marque los temas más importantes.
¿Son estos aspectos diferentes en su país?

el clima / el horario / la vida en la calle / la comida
el mar / la vida nocturna / la música / la espontaneidad

c) Escuche otra vez y tome notas.

•• ¿Qué fue lo más difícil al principio para estas personas?
•• ¿Qué echan de menos ahora? ¿Qué es lo que más extrañan?
•• ¿Qué traen los entrevistados de su país?

ex • tra • ñar 1 *tr.-prnl.* [algo, a alguien] Producir sorpresa: *Me extraña mucho que Antonio no haya llegado todavía porque es muy puntual.* **2** *tr.* [algo, a alguien] Notar o sentir la falta de una persona o cosa: *Su hermana se ha ido de casa y la extraña mucho.* => **añorar. 3** [algo] Encontrar rara una cosa por ser nueva: *No he descansado bien porque extraño la cama.*

d) ¿Y usted? ¿Echa algo de menos cuando va al extranjero?

En camino

1

a) Paco, el camionero.
Una revista publicó la siguiente conversación con un joven camionero español nacido en Alemania, que viaja continuamente entre los dos países y dice de sí mismo: "Yo francamente no soy del todo alemán ni del todo español. Soy una mezcla." ¿Qué piensa que va a decir?

Seguramente / Me imagino que / Supongo que — hablará de sus problemas de identidad.

b) Lea ahora el texto y compruebe sus suposiciones.

Paco, el camionero

Conocí a Paco una tarde del mes de marzo, en el área de servicio de Castellón, comunidad de Valencia. Vi a un joven alto, delgado y rubio bajar de un camión con matrícula alemana. Le ofrecí un cigarrillo en alemán.

P: Puede hablarme en español. Gracias, no fumo.

Pensé que mi acento siempre me identificaba como español, y que a los alemanes les gusta practicar mi lengua. Paco pareció adivinar mis pensamientos:

P: No soy alemán. Todo el mundo me confunde en España porque soy rubio y alto y además llevo un camión alemán. Soy español, pero he nacido y crecido en Alemania, en Ratisbona.

Paco hablaba español con ese ligero acento alemán de muchos jóvenes españoles educados en Alemania.

P: Mis padres emigraron a Alemania a comienzos de los 60. Yo nací en 1966. Tengo una hermana mayor, casada con un dentista alemán. En mi casa, con mis padres, se hablaba español, pero mi hermana y yo hablábamos siempre en alemán. No queríamos llamar la atención en la escuela o en la calle. Para nosotros, el alemán es nuestra lengua materna.

¿Y cómo se le ocurrió a Paco ser camionero?

P: A mí no me gusta estudiar, no quería hacer una carrera ni tampoco me gusta estar sentado en una oficina ocho o más horas al día. Así que, cuando me ofrecieron este trabajo, lo acepté enseguida, porque es lo más apropiado para una persona como yo. Mi hermana decidió a los 15 años ser alemana. Yo francamente no soy del todo alemán ni del todo español. Soy una mezcla. En Alemania me siento y me hacen sentir extranjero. No se puede ser alemán llamándose Rodríguez. Y en España soy "el alemán". Cuando éramos niños, mis padres nos hablaban de España como el paraíso perdido. Ni una noche dejaban de escuchar las noticias en español de Radio Múnich. En las vacaciones, mi hermana y yo nos sentíamos extraños en España, con tanta familia y tantos vecinos en el pueblo. Al final no sabes de dónde coño eres. Este trabajo de camionero entre Alemania y España me hace sentirme yo mismo. El camión es mi identidad. Soy una persona siempre en camino, y cada vez me siento más europeo. Frente al volante he aprendido eso de que la Patria es uno mismo.

¿Y vas a estar toda tu vida yendo y viniendo de Alemania a España y de España a Alemania?

P: Hombre, todavía soy joven. Tengo mis ahorros. Algún día me estableceré por mi cuenta, quizás en España.

Adaptado de: ECOS.

c) Con la información del texto, hablen sobre estos temas.

- Paco dice: "Soy una mezcla." ¿Por qué?
- ¿Cómo es su familia?
- ¿Cuál es la actitud de sus padres y de su hermana?
- ¿Se sienten españoles o alemanes?
- ¿Por qué ha elegido Paco este trabajo?

d) Vuelva a leer el texto. ¿Ha entendido las siguientes expresiones?
Con ayuda del contexto, decida cuál es el significado correcto.

llamar la atención:

- ❐ llamar a alguien por teléfono
- ❐ atraer la curiosidad de la gente
- ❐ hablar a alguien en la calle

establecerse por su cuenta:

- ❐ abrir una cuenta en el banco
- ❐ ser independiente
- ❐ abrir su propio negocio

hacer una carrera:

- ❐ correr
- ❐ hacerse famoso
- ❐ estudiar en la universidad

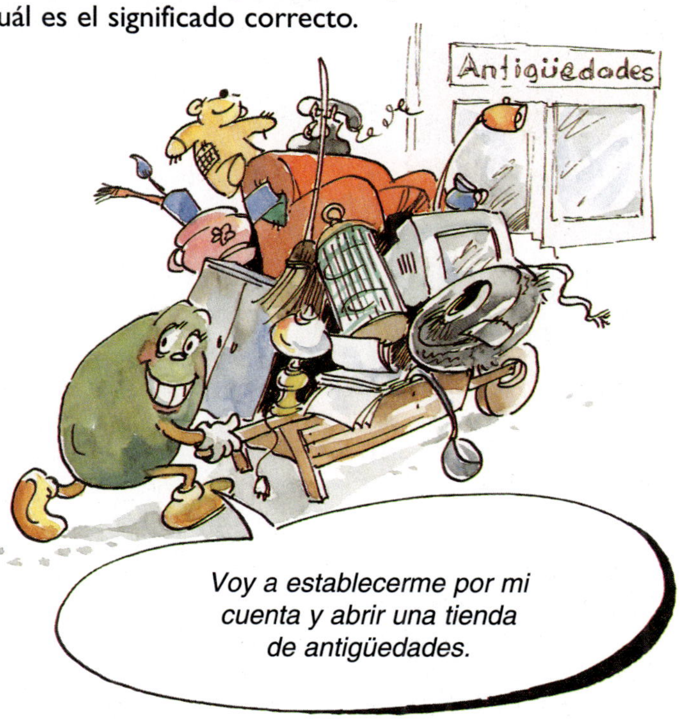

2

a) Esperando a Paco.
Paco tenía que llegar a la distribuidora "Miranda" a las tres. Sus compañeros de trabajo, que lo están esperando para descargar el camión, están nerviosos porque no llega y hacen suposiciones. Escuche y marque las que mencionan.

Piensan que se trata

- de un accidente
- de problemas con el motor
- de que se pinchó una rueda del camión
- de un atasco
- de que se sintió mal
- de problemas en la frontera

b) Mire la transcripción en el anexo y busque las frases que expresan una suposición.

____

____

____

____

¿Se ha dado cuenta? Para expresar suposiciones, podemos usar – además de expresiones como *quizá*, *a lo mejor*, que usted ya conoce – el futuro o el futuro perfecto. Compare:

Er wird wohl im Stau stecken.	**Estará** en un atasco.
Er wird wohl Probleme mit dem Motor gehabt haben.	**Habrá tenido** problemas con el motor.

El futuro perfecto se forma con: ________________ + ________________.

3

a) ¿Qué habrá pasado en estas tres situaciones?

b) Escuche los ruidos y adivine de qué se trata en cada caso.

Recuerde que hay muchas posibilidades para expresar suposiciones.

4

a) Cada uno/-a escribe en un papel una situación desagradable o preocupante.
Por ejemplo, perder el monedero, tener un virus en el ordenador, etc.

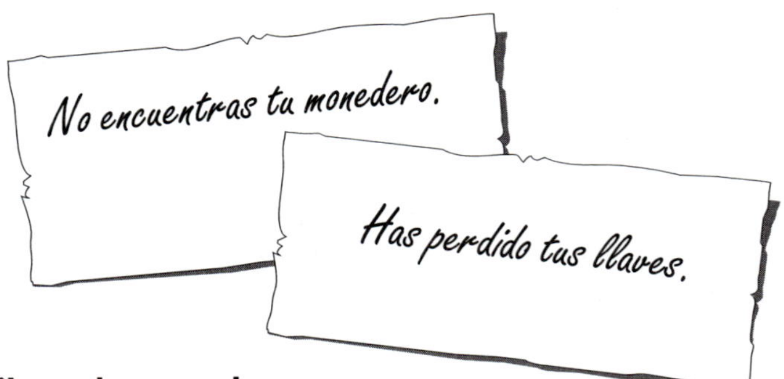

b) El/La profesor/a recoge y redistribuye los papeles.
Según el papel que le ha tocado, cada uno/-a expresa su preocupación. Los otros reaccionan para tranquilizar a su compañero/-a. Pueden utilizar las siguientes expresiones.

Vale, pero seguro que...	No, no creo. Ya verás como...
Bueno, hombre/mujer, tranquilo/-a.	Vamos, no te preocupes.
Vamos, no exageres.	Venga, ¡qué pesimista eres!

MODELO
- ● No encuentro mi monedero. Seguro que me lo habrán robado en el metro.
- ○ No te preocupes, estará en el otro bolso.

Empezar otra vez

1

a) Haga estas preguntas a su compañero/-a y cuente los resultados a la clase.

•• ¿Se ha mudado alguna vez de ciudad?
•• ¿Cómo se adaptó a la nueva situación?
•• ¿Qué hizo para conocer gente?
•• ¿Qué le resultó difícil al principio?
•• ¿Le gustaría vivir toda la vida en el lugar donde nació?

b) ¿Viven muchos extranjeros en su país o en su ciudad?
¿De qué países son? ¿Qué motivos habrán tenido para venir?

2

a) Un motivo concreto: Esther de Graaf. Escuche y conteste las preguntas.

•• ¿Dónde nació?
•• ¿Dónde vivía antes de venir a Europa?
•• ¿Por qué abandonó su país?
•• ¿Dónde vive Esther ahora? ¿Qué hace?

b) Lea el texto y busque las expresiones que corresponden a éstas.

Gewerkschaft / ehemalige DDR / sich gezwungen sehen / Aufenthalt / Exportunternehmen
Mädchenname / eine Maschine bedienen / körperliche Arbeit

Me llamo Esther de Graaf, mi apellido de soltera es Alarcón. Soy chilena y estoy casada con un holandés. Llevo ya varios años en Holanda. Antes había vivido también en la República Democrática Alemana.
Nací en Santiago de Chile, y, bueno, probablemente ustedes sabrán que en los años 70 – exactamente en el año 73 – hubo muchos problemas políticos en Chile. Y como mi padre había sido miembro de un sindicato en la fábrica donde él trabajaba, y mi madre también trabajaba activamente en centros de madres en las poblaciones, se vieron obligados a salir de Chile. Así llegamos a la RDA, la antigua República Democrática Alemana, porque allí nos habían ofrecido residencia. Allí empecé a trabajar en una fábrica. En Chile había trabajado en una empresa exportadora, pero como no sabía la lengua alemana, trabajé de operadora en una fábrica, manejando una máquina. Al principio era lo único que podía hacer: un trabajo manual.
Bueno, después de la unificación alemana empecé a viajar un poco por Europa y en uno de estos viajes conocí a mi marido. Nos conocimos en España, los dos de vacaciones y, bueno, tuve que empezar a aprender también el idioma holandés. Ahora vivo aquí, en Amsterdam, y doy clases de español en dos escuelas de idiomas. Eso es todo, nada más.

c) En este texto aparece el pluscuamperfecto. Busque las formas y complete.

yo	______	
tú	habías	trabajado
usted, él, ella	______	sido
nosotros/-as	habíamos	hecho
vosotros/-as	habíais	
ustedes, ellos, ellas	______	

Wie im Deutschen verwendet man das Plusquamperfekt für Handlungen, die vor einer anderen Handlung in der Vergangenheit liegen.

3

Complete con las formas del pluscuamperfecto.

1. Antes de venir a Holanda, Esther (*vivir*) ____________________ en la RDA.
2. Sus padres tuvieron que salir de Chile porque su padre (*ser*) ____________________ miembro de un sindicato y su madre (*trabajar*) ____________________ en un centro de madres.
3. Como la RDA les (*ofrecer*) ____________________ residencia, se fueron para allá.
4. Esther trabajó como operadora. Sólo podía hacer un trabajo manual, porque no (*aprender*) ____________________ alemán antes de salir de Chile.
5. Cuando vivía en la RDA, Esther todavía no (*conocer*) ____________________ a su marido.

OJO En muchos países de Latinoamérica se usa **acá** en vez de **aquí**, y **allá** en vez de **allí**.

4

a) Lea el currículum de Esther y marque los datos que mencionó en la entrevista.

Datos personales
Nombre y apellidos: Esther Alarcón de Graaf
Fecha y lugar de nacimiento: 10/10/1952 en Santiago de Chile
Estado civil: casada (2 hijos)

Formación escolar y profesional

1958 – 1964	Escuela primaria "Gabriela Mistral"
1965 – 1971	Escuela secundaria y paralelamente Secretariado bilingüe (inglés, francés) en el Instituto Comercial Nº 4

Experiencia profesional

1972 – 1975	Secretaria en la Cuprochilena, S.A., departamento de exportación
1975	Exilio de Chile, llegada a Dresde (RDA)
1976 – 1980	Operadora en la fábrica textil "Vorwärts", Dresde
1980 – 1983	Traductora para los emigrantes cubanos en el Departamento de Asuntos Extranjeros, Dresde
1983 – 1989	Traductora de folletos, correspondencia, instrucciones de manejo de diversas máquinas en la oficina de traducción "Intertext", Dresde
1989 – 1990	Docente de español en la Universidad Popular de Dresde
Desde 1993	Profesora de español en las escuelas "Elsevier Talen" y "Don Quijote", Amsterdam

b) La vida de Esther refleja la historia reciente de Chile. Escuche este reportaje. ¿Qué pasó en Chile en 1973, 1990 y 1993? Tome notas.

c) Relacione estas fechas con la vida de Esther.

MODELO • Antes de la dictadura Esther había trabajado en una empresa exportadora.

d) Y usted, ¿qué había o no había hecho en esos tres años?

5

a) Vamos a inventar historias: complete con el pluscuamperfecto.

1. A Paco le quitaron el carnet de conducir porque ______
2. Como ______, mi jefe me regaló un ramo de flores precioso.
3. Antes de venir a este curso, nunca ______
4. No pude ir a la reunión porque todavía no ______
5. ¡Qué alegría! Hacía mucho tiempo que no ______
6. Yo no creía en los extraterrestres porque nunca ______
7. Llegamos a medianoche porque ______

b) Ayer el señor Gómez tuvo un accidente. ¿Cuáles de sus tareas había terminado y cuáles no cuando pasó el accidente?

Escribir las tareas del día
hacer el informe semanal ✓
reparar la máquina
revisar el extintor ✓
repartir los cascos de seguridad
comprar pilas para la radio ✓
ponerse las botas de seguridad

6

Piense en momentos determinados de su propia vida.
¿Qué había hecho ya y qué no había hecho todavía? Elija algunas de estas alternativas y escriba unas frases en un papel. Luego se recogen y se distribuyen los papeles, y cada uno/-a intenta adivinar quién habrá escrito las frases que le han tocado.

Antes de casarme / divorciarme...	ya...
Antes de venir a este curso...	todavía no...
Antes de conocer España...	hacía mucho tiempo que no...
Antes de vivir en esta ciudad...	nunca...

¿Conoce a una persona que haya vivido en otro país?
¿Qué les gustaría saber? Hagan entre todos una lista de preguntas para una entrevista sobre sus experiencias. Si quieren, pueden hacer esta entrevista a su profesor/a.

Rincón profesional

1

a) Relacione las palabras con los objetos de esta oficina.

1. escritorio
2. archivador
3. pantalla
4. calculadora
5. papelera
6. silla giratoria
7. carpeta
8. teclado
9. perforadora
10. sello
11. armario
12. ordenador
13. teléfono
14. grapadora
15. fotocopiadora
16. tablón de anuncios
17. impresora
18. fax
19. cinta adhesiva

b) Elija un objeto y describa dónde está. Su compañero/-a adivina qué objeto es.

c) Imagine a las personas que trabajan en esta oficina y descríbalas.

d) Cuando usted está sentado/-a en su mesa de trabajo, ¿qué objetos puede ver? ¿Y cuáles puede tocar?

El mundo del trabajo

En esta unidad aprendemos

- cómo describir nuestro trabajo
- algunas conjunciones que se usan con indicativo y subjuntivo
- cómo hablar de cosas irreales
- el imperfecto de subjuntivo
- cómo expresar acuerdo y desacuerdo
- el uso del condicional como "futuro del pasado"

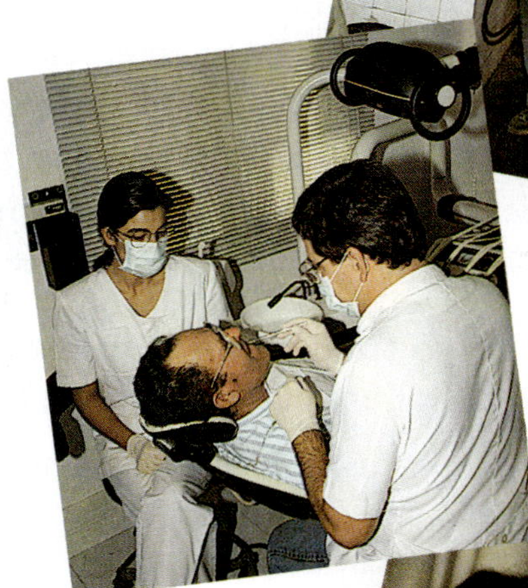

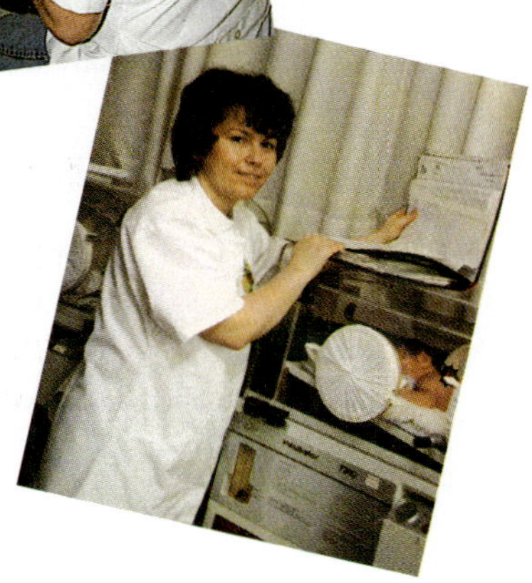

a) ¿Qué profesión tiene usted?
¿Ha deseado alguna vez ser algo diferente? Compare con la estadística.

¿Qué le habría gustado ser?

Lo que soy	37%
Médico/-a, abogado/-a, etc.	20%
Empresario/-a	10%
Deportista	7%
Artista	5%
Científico/-a	4%
Cantante	3%
Político/-a	2%
Actor/Actriz	2%
Otra cosa	5%

El País

b) ¿Qué significa el trabajo para usted?
Compare con la estadística.

¿Qué significa el trabajo?

Ganarse la vida	53%
Realizarse como persona	22%
Una obligación	10%
Hacer lo que a uno le gusta	6%
Prestar un servicio a la sociedad	6%
Ascender socialmente	2%

El País

c) ¿Cuáles de estas actividades considera como trabajo? Comparen sus opiniones.

- ir al supermercado para comprar café y pasteles para la empresa
- preparar el desayuno para la familia
- leer una revista especializada durante las horas de trabajo
- hablar del trabajo durante la comida
- ir a cenar con clientes
- hacer una excursión con los compañeros/-as de la empresa

Trabajo y aptitudes

1

Juzgar por las apariencias.
Decida, según las fotos, cuál sería para usted la persona más apropiada para las tareas que se indican abajo.

- ¿A quién le compraría un coche de segunda mano?
- ¿A quién contrataría para cuidar a sus hijos?
- ¿A quién le confiaría su dinero?
- ¿Quién podría reparar su lavadora?
- ¿A quién puede imaginarse como peluquero/-a?
- ¿Quién podría dedicarse a la agricultura ecológica?

2

a) ¿Quién es quién? Escuche e identifique a las personas de las fotos.

b) ¿Qué aspectos positivos y negativos de su trabajo mencionan?

3

a) ¿Quién ha dicho qué? Relacione estos comentarios con las personas.

- "Aunque ahora trabajo más que nunca, por lo menos soy mi propia jefa."
- "Aunque ahora lleve un pendiente, seguiré trabajando como siempre."
- "Cuando hay alguna dificultad, mis colegas me ayudan."
- "Cuando tenga 80 años, quizá dejaré de trabajar."
- "Mientras le corto el pelo a la clienta, charlamos de todo y de nada."
- "A los clientes no les molesta mi aspecto, mientras reciban un buen servicio."

b) ¿Indicativo o subjuntivo? Complete la regla.
¿Ha notado que algunas de las frases de arriba llevan subjuntivo y otras no?

In Nebensätzen mit *aunque*, *cuando* und *mientras* verwendet man den ________________, wenn der Hauptsatz in der Zukunft steht oder wenn es sich um Möglichkeiten oder Voraussetzungen handelt, die noch nicht eingetreten sind.

	Indicativo	Subjuntivo
aunque	obwohl	selbst wenn
cuando	wenn	sobald
mientras	während	solange

4

Complete con indicativo o subjuntivo.

1. Aunque (*trabajar*) ________ bien, me han trasladado de la recepción a una oficina.
2. Voy a seguir poniéndome los pendientes, aunque mis jefes me (*despedir*) ________.
3. Cuando la clienta (*irse*) ________ a casa, se siente siempre más guapa.
4. Cuando (*dejar*) ________ de trabajar, quizá me dedicaré a viajar por el mundo.
5. Mientras (*hablar*) ________ por teléfono, mi colega atiende a los clientes.
6. Mientras uno se (*tomar*) ________ esas cosas con sentido del humor, los comentarios tontos no importan.

5

Relacione las partes de las frases que corresponden.

Mientras estoy en el trabajo	me gusta mi trabajo.
Mientras esté sin trabajo	te llamaré.
Aunque me piden horas extras	tengo que llevar uniforme.
Aunque me paguen más	salgo un poco antes.
Cuando no tengo mucho trabajo	no aceptaré este puesto.
Cuando salga de la reunión	voy a hacer cursos de formación.

6

a) ¿A qué se dedica usted?
En parejas. Cada uno/-a describe su ocupación o trabajo, mencionando algunos aspectos positivos y otros negativos. Si quieren, pueden tomar notas.

b) Cuente a la clase algo de lo que le ha dicho su compañero/-a.
Trate de utilizar "aunque" o "mientras".

MODELO
- Peter no gana mucho, pero mientras no encuentre otro trabajo, va a seguir allí.
- ○ Beate es ama de casa. Aunque este trabajo no tenga suficiente reconocimiento, es un trabajo duro y muy importante.

7

a) ¿Qué es importante para las siguientes personas?
Haga una lista con las tres características más importantes para algunas de estas profesiones.

un científico – un vendedor – una directora de empresa – una enfermera – un guía de turismo – un padre de familia – una locutora de radio – un soldado – un trabajador social – una artista – un bibliotecario – una médica

ser creativo / cooperativo / sensible / detallista / comunicativo / responsable / entusiasta / flexible
tener intuición / tacto / buena presencia / capacidad de organización / paciencia / autoridad
ser capaz de trabajar en grupo / improvisar / adaptarse / escuchar a los demás / convencer

MODELO
- Un bibliotecario tiene que ser detallista, no hace falta que tenga buena presencia.

b) Comparen los resultados.
Si sus resultados no coinciden con la opinión de sus compañeros/-as, trate de explicar por qué le parecen los más importantes.

8

a) En parejas. Hágale estas preguntas a su compañero/-a y tome notas.

- ¿Para qué cosas tiene facilidad? (trabajos manuales/creativos/técnicos, idiomas, organizar, entrar en contacto con la gente, ...)
- ¿Y para qué piensa que **no** tiene facilidad?
- Dos o tres cosas para las que sus amigos o familiares le consultan.
- ¿Prefiere trabajar solo/-a o en grupo?
- ¿Le gusta tener que ver con gente (niños, adolescentes, adultos, personas mayores)?
- ¿Le gustan los animales?
- ¿Le gusta viajar?
- ¿Le gusta trabajar al aire libre?
- ¿Le atrae el peligro?
- ¿Le molestaría trabajar por las noches?
- ¿Estaría dispuesto/-a a hacer un trabajo voluntario?
- ¿Le molesta el desorden?
- ¿Qué no le gustaría hacer de ninguna manera?

b) Cambien de pareja. Ahora informe a su nuevo/-a compañero/-a sobre lo que sabe del/de la anterior.

c) La profesión ideal.
Imaginen entre los/las dos la profesión ideal para la persona con la que han trabajado en a). Coméntenlo a la clase, los otros reaccionan. Pueden utilizar las siguientes expresiones.

acuerdo	acuerdo parcial	desacuerdo
Tienes razón. Sí, es verdad. Estoy completamente de acuerdo. Buena idea. Me parece muy bien.	En parte sí, pero... Sí, pero no te olvides que... No estaría mal. Puede ser, pero...	¡Qué va! ¡Pero qué dice/s! ¡Ni hablar! No, para nada. De eso, nada.

MODELO
- Julia sería una buena veterinaria porque le gustan los animales.
- ○ No, para nada, es que...

¿Un mundo dividido?

1

Susanita es un personaje de la tira cómica argentina "Mafalda". ¿Qué quiere ser?

* *apechugar con: sich stellen*

Para usted, ¿hay trabajos que son propios de hombres y otros que son propios de mujeres?

2

a) Escuche estas entrevistas con tres mujeres que hablan de su trabajo.
¿Cuáles de los temas mencionan las entrevistadas? Pregunte las palabras que no entienda.

respeto, doble jornada, discriminación, sueldo, funcionario, condiciones de trabajo, calificaciones, contrato de trabajo, horario de trabajo, trabajo de media jornada, responsabilidad.

b) ¿Está usted de acuerdo con Sara?
Piense en ejemplos a favor y en contra de esta opinión y explíquelos a la clase.

"Hay mucha gente que me trata como si una mujer no pudiera ser un buen ingeniero, como si, por definición, no sirviera para una profesión como ésa... Los hombres lo tienen más fácil que nosotras en el mundo del trabajo", dice Sara.

c) Sara utiliza un tiempo nuevo: el imperfecto de subjuntivo.
Se usa siempre después de "como si" y también con todas las expresiones que llevan subjuntivo, cuando están en pasado. Para formarlo, la tercera persona plural del indefinido nos ayuda:

Indefinido:	trabaj – **aron**	escrib – **ieron**	fueron	Verben auf **-er** werden
Imperfecto de subj.	trabaj – **ara**	escrib – **iera**	fuera	wie die auf **-ir** gebildet.

yo	trabaj**ara**	escrib**iera**	tener: tuviera, tuvieras, tuviera...
tú	trabaj**aras**	escrib**ieras**	estar: estuviera, estuvieras...
usted, él, ella	trabaj**ara**	escrib**iera**	ser/ir: fuera, fueras, fuera...
nosotros/-as	trabaj**áramos**	escrib**iéramos**	querer: quisiera, quisieras...
vosotros/-as	trabaj**arais**	escrib**ierais**	haber: hubiera, hubieras, hubiera...
ustedes, ellos, ellas	trabaj**aran**	escrib**ieran**	poner: pusiera, pusieras, pusiera...

OJO En algunos países se prefiere decir trabaj**ase**, trabaj**ases**...; escrib**iese**, escrib**ieses**...

3

a) Vamos a dejar volar nuestra imaginación.
Cada uno/-a elige una de las situaciones siguientes. Después, por turnos, cada uno/-a se mueve según lo que indica su frase y los otros adivinan lo que está haciendo.

Haga como si...

- hablara por un teléfono móvil.
- buscara algún documento muy importante.
- recordara una cosa muy urgente.
- fuera el jefe de la empresa.
- tuviera una entrevista de trabajo y estuviera muy nervioso/-a.
- quisiera ir al baño.
- no conociera a nadie.

b) Vamos a seguir el juego.
Ahora cada uno/-a inventa otra situación y la escribe en un papel. El/La profesor/a redistribuye los papeles. Cada uno/-a representa la situación que le ha tocado, los otros tratan de adivinarla.

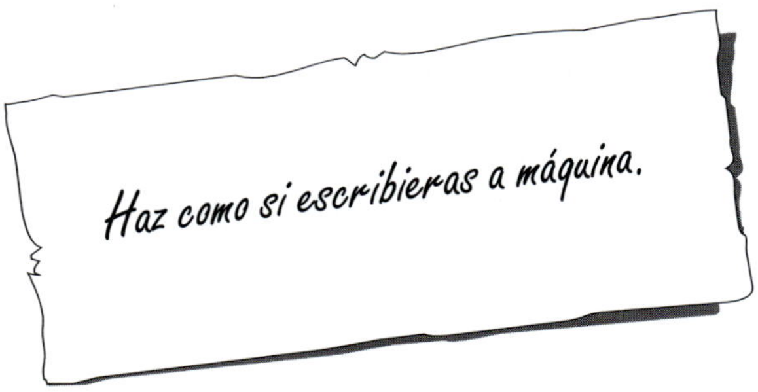

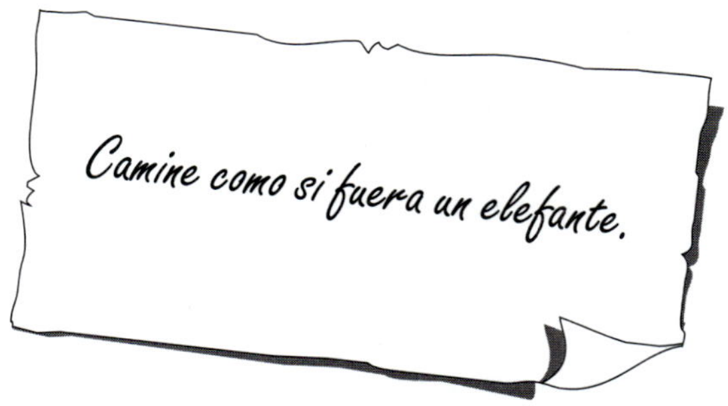

4

a) Complete con el imperfecto de subjuntivo.

1. ¡Venga, no te hagas el tonto, como si tú no lo (*saber*) supieras!
2. Mira a Lidia, me pregunto por qué hace como si no (*conocerme*) __________.
3. ¡Como si (*ser*) __________ fácil!
4. Este niño se porta como si (*ser*) __________ un príncipe. Se pasa la vida pidiendo dinero.
5. ¿Has visto a Luis? Parece como si (*estar*) __________ muy enfermo. ¡Qué mala cara tiene! ¿Verdad?
6. ¡Claro que lo he visto! ¡Como si no (*tener*) __________ ojos en la cara!

b) ¿Puede imaginar un pequeño contexto para cada frase?

5

¿Ha tenido alguna vez una entrevista de trabajo o un examen importante?
¿Qué sentimientos le ha producido? Cuente sus experiencias. Estas expresiones le pueden ayudar.

todo el tiempo

- estaba nervioso/-a
- me sentía inseguro/-a
- tenía miedo
- me dolía el estómago
- estaba pálido/-a

de repente

- me puse nervioso/-a
- me sentí inseguro/-a
- tuve miedo
- tuve ganas de ir al baño
- me puse colorado/-a

6

a) Una entrevista de trabajo.

En una de sus novelas, Rosa Montero describe esta entrevista de trabajo. Lea el texto y luego conteste estas preguntas.

- ¿Cómo se siente Ana Antón durante la entrevista?
- ¿Cómo se puede caracterizar al jefe?
- ¿Piensa usted que Ana va a conseguir el trabajo?
- ¿Por qué el jefe la llama "Anita" en el último párrafo?

- Ahora está cerrada la admisión hasta el año que viene, pero... ¿cómo te llamas, guapa?
- ○ Ana Antón.
- Antón, Antón... Ah, sí... Ah, esto está muy bien. Has tenido buenos resultados en el examen. Yo creo que quizá se pueda hacer algo. Vamos, estoy seguro de que sí se puede...

Ana presintió que en sus palabras se encerraba una especie de exigencia, como si el tipo esperara un comportamiento determinado de ella. Necesitaba mucho este trabajo.

- Es difícil, claro está, porque hay mucha gente esperando un puesto, ¿tú lo sabes, no? Te gustaría entrar en el ministerio, ¿verdad?
- ○ Sí, señor.
- Por supuesto que sí: es un trabajo seguro, puedes ir prosperando rápidamente, una chica lista como tú... y tan joven, además. Porque tú eres muy joven, ¿no es así?
- ○ Diecisiete.
- Diecisiete años, fíjate. Si entras en el ministerio, dentro de diez años, por ejemplo, puedes estar en lo más alto. Puedes ser incluso secretaria del ministro, qué sé yo. ¿No te gustaría?
- ○ Sí, señor.
- Claro que... tu edad también es un inconveniente. Mira toda esta gente que está esperando un puesto. Gente con más edad, con más familia, con responsabilidades. Gente que lleva muchos años esperando. Claro que uno siempre puede pegarle un empujoncito a las listas... y como tú has tenido buenas notas y sabes un poco de francés... ¿no es así?
- ○ Sí, señor.
- Pero no me llames señor, Anita, si ya somos buenos amigos, ¿no? Y tendremos que ser más amigos todavía... porque te vendría bien repasar un poco tu francés, ¿no crees? Mira, me eres simpática. Me pareces una chica lista y quiero ayudarte. Como comprenderás, yo soy un hombre muy ocupado, pero...

b) ¿Puede imaginar cómo sigue la historia?

En parejas, escriban un final y léanlo al grupo.

c) Lea ahora cómo sigue la entrevista en la novela de Rosa Montero.

- No sé si esta tarde... Sí, esta tarde puedo, esta tarde si te viene bien, podríamos quedar para trabajar tu francés un poquito.
- ○ Por la tarde tengo que ir a la academia.
- Bueno... pues cuando salgas.
- ○ No... no puedo, luego voy a casa, termino muy tarde y mis padres no me permiten salir de noche.
- Mira, niña. Para conseguir este trabajo hay que reunir una serie de condiciones que – por lo que veo – es posible que no tengas. Te digo que soy un hombre ocupado, te ofrezco mi ayuda y tú la rechazas. Deberías ser un poco amable conmigo.
- ○ Es que no puedo.
- Está bien. Estoy muy ocupado, niña, y ya he perdido demasiado tiempo contigo. Veo difícil que siendo tan antipática consigas ningún trabajo. Si sale algo ya te avisarán mis secretarias. Buenas tardes.

Ana quería decir algo, encontrar la justa frase que expresara su decepción.

- ¿No me has oído? ¿Qué haces aquí todavía?

Adaptado de: Rosa Montero, Crónica del Desamor (1979)

d) ¿Por qué Ana no consigue el trabajo?

¿Cómo caracterizaría usted lo que está haciendo este hombre?

una entrevista normal / un chantaje / darle una oportunidad para hacer carrera / acoso sexual

7

a) ¿Qué pensaría usted si su colega...?

La clase se divide en dos grupos. Cada grupo reacciona a las preguntas que siguen, el grupo A imaginando que se refieren a un colega hombre, el grupo B, a una colega mujer. Una persona de cada grupo apunta las reacciones en cada una de estas situaciones.

¿Qué pensaría usted si su colega...

- tuviera la foto de su familia encima de su escritorio?
- llenara de papeles su mesa de trabajo?
- estuviera charlando con sus colegas en el pasillo?
- fuera a almorzar con el jefe/la jefa?
- llegara tarde al trabajo?
- se casara?
- se cambiara de trabajo?

MODELO • Quizás echa de menos a sus hijos.

b) Se comparan los resultados de los dos grupos.

¿Hay diferencias? ¿Piensan que estas diferencias se deben al sexo de la persona?

c) Compare con el artículo que está en el anexo (página 149).

¿Le parece justo, actual, adecuado...?

El trabajo del futuro

1

a) Hagan una encuesta en el grupo. ¿Quién de sus compañeros/-as...

- ha realizado siempre el mismo trabajo?
- ha cambiado más de una vez de empresa o de departamento?
- estaría dispuesto/-a a cambiar de ciudad o de país por motivos profesionales?
- hace regularmente cursillos de perfeccionamiento?
- necesita un ordenador?
- habla más de dos idiomas extranjeros?
- tendría ganas de abrir su propio negocio? ¿Cuál?

b) Comenten los resultados.

2

a) El trabajo antes y hoy.
¿Cómo han cambiado las condiciones de trabajo en los últimos 100 años? ¿Puede mencionar algunos cambios relacionados con los siguientes aspectos?

horas de trabajo / sueldo / impuestos / seguro de pensión / seguro de enfermedad
subsidio de desempleo / edad de jubilación / trabajo por turnos / trabajo en cadena
huelga / condiciones de trabajo / vacaciones / sindicatos

b) En todos los campos ha habido un desarrollo cada vez más rápido.
Hoy nos parecen normales algunas cosas que, hace 50 años, nadie habría imaginado posibles. Formule frases según el modelo.

Hoy...

- casi todos tienen un ordenador.
- existen fronteras abiertas entre muchos países.
- se habla de una moneda única para Europa.
- todavía hay inestabilidad política en muchos países.
- mucha gente vive en un estado de bienestar.
- podemos hacer operaciones bancarias por teléfono.
- mucha gente se comunica por fax.
- aumenta el número de divorcios.
- tenemos más conciencia del medio ambiente.
- hay miles de madres solteras.

MODELO • Hace 50 años nadie imaginaba que hoy casi todos tendríamos un ordenador.

Presente	Pasado
Creo que Ana **encontrará** trabajo. **Dice** que **seguirá** buscando.	**Creía** que Ana **encontraría** trabajo. **Dijo** que **seguiría** buscando.

Spricht man in der Vergangenheit über eine – von da aus gesehen – zukünftige Handlung, so verwendet man das Konditional.

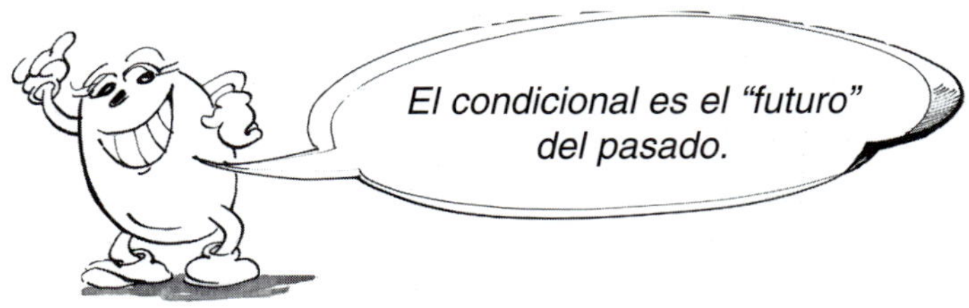

3

Transmita los siguientes mensajes que dejaron ayer sus colegas.

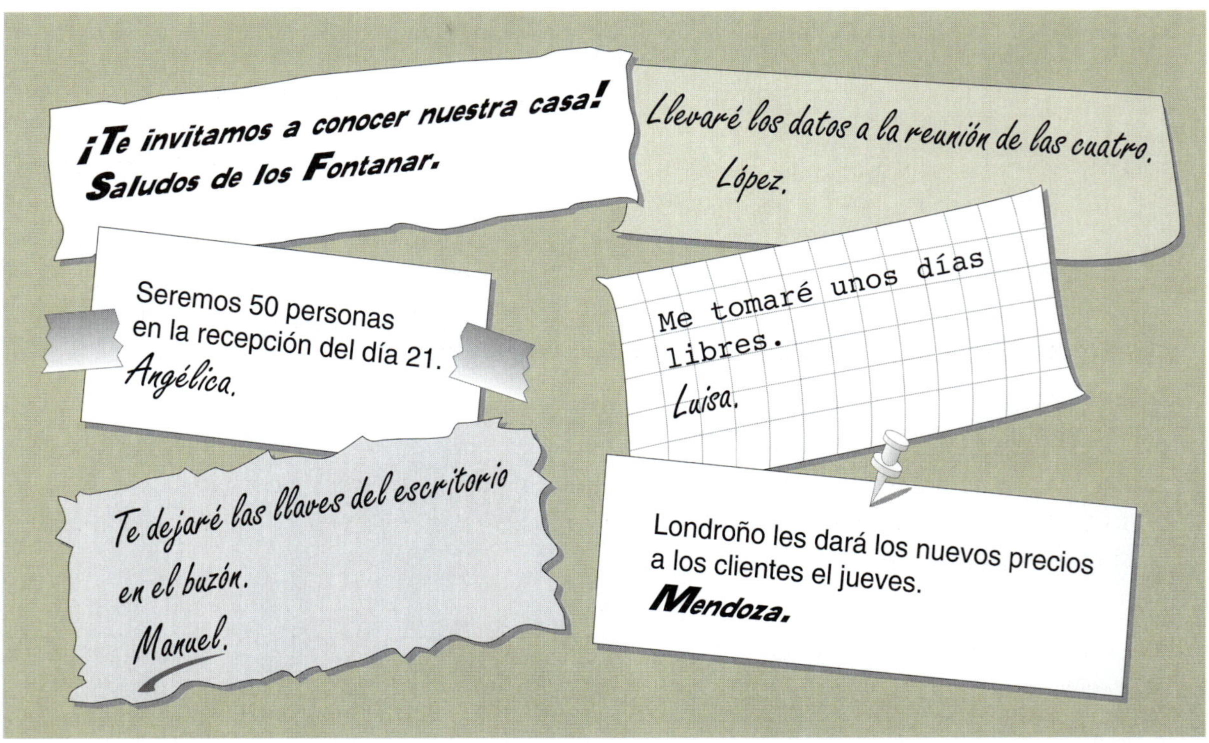

MODELO • Los Fontanar dijeron que me invitarían a conocer su casa.

OJO Recuerde que en habla indirecta cambian la persona, los posesivos, etc.

4

a) ¿Cómo será el mundo del trabajo en el futuro?
Escuche esta entrevista con el ministro de trabajo y marque cuáles de estas frases equivalen a lo que dice.

- ☐ Todo el mundo tendrá trabajo.
- ☐ Los grandes centros de trabajo tienden a desaparecer.
- ☐ Todos los empleados tendrán un horario flexible.
- ☐ Será más común que dos personas compartan un puesto de trabajo.
- ☐ Los trabajadores tendrán que estar dispuestos a una mayor movilidad.
- ☐ Los trabajadores tendrán que pagar solos el seguro de enfermedad, el subsidio de desempleo y la pensión por jubilación.
- ☐ Habrá nuevos huecos de mercado.
- ☐ Ya no habrá servicios a domicilio.
- ☐ El trabajo sí tiene futuro.

b) Según su opinión, ¿en qué aspectos tiene razón el ministro?

c) "Las personas deberán ser más flexibles también," dice el ministro.
¿Qué cualidades necesitan? Coloque estas expresiones en el cuadro.

facilidad para hablar en público – tomar decisiones – dispuesto a viajar – creatividad – flexibilidad – hablar varios idiomas – optimista – conservador – liberal – sensible a las diferencias culturales – espíritu de grupo – individualista – ambicioso – dispuesto a seguir formándose profesionalmente – identificación con la empresa – una visión del futuro – adaptarse

ser	tener	ser capaz de	estar

d) ¿Cuáles de estas cualidades le parecen las más importantes para el futuro?

5

a) Nuevos huecos de mercado: los servicios a domicilio.
¿Utiliza usted algún servicio a domicilio?

b) Montar su propio negocio.
Va a leer un artículo sobre dos jóvenes que han abierto un servicio a domicilio. Marque en el texto de la pág. 90 las siguientes palabras. Luego, con ayuda del contexto, relaciónelas con la traducción correspondiente.

montar / inversiones / contratar / Sociedad Limitada / encargo / cuidar / farmacia de guardia / cuidar / conseguir / planta baja / adquirir / moto de segunda mano / empresario

Erdgeschoss ______	Investitionen ______
Unternehmer ______	gründen ______
Bestellung ______	pflegen ______
gebrauchtes Motorrad ______	einstellen ______
Apothekennotdienst ______	GmbH ______
besorgen ______	bekommen ______

Aspirinas sobre ruedas

Dos jóvenes montan un servicio de farmacia a domicilio en la capital. Hablan de inversiones, de créditos, de que acaban de contratar a tres chicos (motoristas) y a tres chicas (telefonistas) para su empresa: Farmacia a Domicilio. Sociedad Limitada. Valeriano Barreiros (22 años) y Rafael Sueiro (20) están frente a su primera empresa.
En vez de pizza margarita, sus motoristas sirven medicamentos a domicilio. Una llamada telefónica bastará para que un muchacho – "que no lleva uniforme para evitar que le ataquen", explica Rafa – pase por la casa del cliente, vaya después a la farmacia más próxima y vuelva con el encargo. Al precio de los medicamentos habrá que añadir una tarifa fija de 500 pesetas, y ni un duro si el cliente es abonado, es decir, paga cada mes 2600 pesetas.
Hay otros servicios similares, "pero el nuestro es más barato".
Su Farmacia a Domicilio comienza a funcionar justo cuando las farmacias cierran, y los fines de semana, durante las 24 horas. En la oficina hay un gran mapa de Madrid en el que están señaladas las farmacias de guardia. Valeriano y Rafa se conocieron a través de sus novias. Rafa, hijo de médico, sabía lo difícil que es ir a la farmacia de guardia cuando, además, hay que cuidar a un enfermo. Su familia le ha ayudado económicamente para conseguir los créditos necesarios de los bancos.
Se lo contó a Valeriano en enero y han tardado dos meses en alquilar un piso en una planta baja, adquirir las líneas de teléfono, comprar dos motos de segunda mano y contratar a seis jóvenes, aunque no quieren hablar de las condiciones de trabajo de sus empleados. "No pagamos mucho, pero damos expectativas de crecimiento", dicen los dos nuevos empresarios.

Adaptado de: El País

c) Conteste estas preguntas.

- La farmacia a domicilio, ¿le parece una buena idea?
- ¿Qué cualidades tienen estos jóvenes empresarios?
- ¿Usted los llamaría para pedir sus servicios?
- ¿Conocen otros ejemplos de personas que han encontrado huecos de mercado interesantes?

En grupos de tres. Decidan qué negocio les gustaría montar.
Aquí hay algunas ideas, pero ustedes pueden elegir otra diferente.

preparar bocadillos o canapés / organizar fiestas para niños
llevar a los pacientes a sus tratamientos / llevar a pasear los perros de otros

- Hagan una lista de las cosas que necesitarían: personal, muebles, equipo, oficina, etc.
- Escriban un texto para dar a conocer su nuevo negocio en el barrio/en la ciudad.
- Luego, cada pareja presenta su proyecto a la clase.

Rincón profesional

1

a) ¿Qué le pide usted a su trabajo?
Aquí tiene un cuestionario. ¿Qué importancia tienen estos aspectos para usted? Elija los 5 aspectos más importantes para usted y pongales números de 5 (lo más importante) a 1 (lo menos importante).

- ☐ trabajo seguro
- ☐ trabajo interesante y variado
- ☐ viajes de negocios
- ☐ trabajo en equipo
- ☐ jefe/-a competente
- ☐ responsabilidad
- ☐ buen sueldo
- ☐ buen clima de trabajo
- ☐ cerca de casa
- ☐ comedor
- ☐ horario flexible
- ☐ guardería para niños

b) Una estadística.
La clase se divide en dos grupos. En cada grupo se comparan los resultados y se suman las cifras para cada aspecto. ¿Cuáles son los criterios más importantes en el grupo?

c) Cada grupo presenta su resultado.

2

a) Escuche esta entrevista con una señora que habla de su trabajo y tome notas sobre los siguientes aspectos:

Profesión: ____________________
Lugar de trabajo: ____________________
Formación: ____________________
Horario: ____________________
Vacaciones: ____________________

b) En su opinión, ¿qué diría la misma señora sobre estos aspectos?

Un ambiente positivo	☐ es difícil de alcanzar. ☐ permite producir más.
Trabajar en equipo	☐ trae muchos problemas. ☐ enriquece y te da mucho ánimo.
Los hombres tienen trabajos	☐ de más categoría y responsabilidad. ☐ iguales que las mujeres.
En la enseñanza	☐ trabajan más hombres que mujeres. ☐ trabajan más mujeres que hombres.

c) Escuche la segunda parte de la entrevista y compare con sus respuestas.

d) Escuche ahora la última parte y complete.

- •• El trabajo para mí es ...
- •• En el trabajo odio...
- •• En el trabajo disfruto con...
- •• Me pongo nerviosa cuando...
- •• Me gustaría...
- •• No cambiaría...

e) ¿Y usted? Complete los mismos principios de frases espontáneamente con sus ideas.

Revuelto

1

a) ¿Para qué leemos? Pregunte a su compañero/-a...

- si él/ella lee mucho o poco.
- si le gustaría tener más tiempo para leer.
- dónde lee y cómo sería su lugar ideal para leer.
- qué prefiere leer (periódicos, revistas, libros informativos, novelas...).
- qué tipo de textos no le gusta leer.
- para qué lee normalmente, para informarse o para divertirse.
- si habla con alguien de lo que lee o si recomienda sus libros preferidos.

b) Presente una información interesante sobre su compañero/-a al grupo.

2

a) Mire el dibujo. ¿Qué está pasando?

En el texto hay una serie de palabras *en cursiva* que usted probablemente no conoce. Lea el texto sin preocuparse por ellas y póngale un título. Luego decida qué palabras son absolutamente necesarias para entender la historia, cuáles se pueden deducir por el contexto, y cuáles se podrían quitar sin cambiar la historia.

Juan Gelman me contó que una vieja señora *se había batido a paraguazos*, en una calle de París,contra toda *una brigada de obreros municipales*. Los obreros estaban *cazando* palomas cuando ella *emergió* de un Ford *a bigotes*, *blandiendo su paraguas*, y *se lanzó* al ataque. *A mandobles* se abrió paso y *desató las redes* donde las palomas habían sido *atrapadas*. Mientras las palomas se echaban a volar, la señora la *emprendió* contra los obreros, que no *atinaron* más que a protegerse, como pudieron, con los brazos.
Los obreros *balbuceaban disculpas*, que ella *se negaba* a escuchar: no se lo tome así, que son órdenes superiores, que las palomas *están arruinando* la ciudad, que son terrible plaga... Cuando a la furiosa señora se le cansó el brazo y se apoyó en una pared para *tomar aliento*, los obreros se animaron a pedir alguna explicación. Y ella dijo:
– Mi hijo murió y se convirtió en paloma.
Entonces los obreros le propusieron:
– Señora, ¿por qué no se lleva a su hijo y nos deja trabajar en paz?
Los obreros dijeron que tenían mucho que hacer, que había que *atrapar* millones de palomas que andaban por todo París.
– ¡Ah, no! – dijo ella – ¡Eso sí que no!
Y perdiendo la mirada en el vacío, lejos de ellos, lejos de todo, dijo:
– Yo no sé cuál de las palomas es mi hijo. Y si supiera, tampoco me lo llevaría. Porque, ¿qué derecho tengo yo a separarlo de sus amigos?

Eduardo Galeano, "Historias de escritores y fantasmas"

b) ¿Qué ha hecho usted para entender el texto? ¿Qué le ha ayudado?
Haga una valoración de cada aspecto: 5 (me ha ayudado mucho) a 0 (nada).

- ☐ mirar el dibujo que acompaña al texto
- ☐ tener una idea del tema que va a tratar el texto
- ☐ tener en cuenta el tipo de texto (carta, poema, artículo de prensa, cuento...)
- ☐ adivinar el significado de palabras nuevas por el contexto
- ☐ preguntar las palabras nuevas al profesor o a la profesora
- ☐ leer lentamente y mirar cada palabra nueva en el diccionario
- ☐ concentrarse en palabras o informaciones conocidas
- ☐ marcar palabras o frases importantes
- ☐ hacerse preguntas como: *¿Qué...? ¿Quién...? ¿Dónde...? ¿Cuándo...? ¿Por qué...?*
- ☐ otras ideas

c) Compare con sus compañeros/-as.

3

a) Maneras de leer.
La clase se divide en tres grupos. Cada grupo vuelve a uno de estos textos: anécdotas (pág. 14), poema (pág. 25), artículo (pág. 41). ¿Qué puntos de la lista anterior les sirvieron para entender el texto? Cada grupo presenta sus resultados.

b) Mire ahora la página 150 del anexo durante dos minutos.
¿Sobre qué tema trata el texto? ¿Da información sobre el carácter de las personas o sobre su futuro?

¿Ha notado que usted ha realizado la tarea en poco tiempo y sin entender todas las palabras del texto? Es que, cuando leemos – también en nuestra lengua materna – no es necesario que entendamos cada palabra. Siempre leemos por alguna razón: a veces buscamos una información concreta, otras veces queremos enterarnos de algo en general. Solamente en las instrucciones y recetas es importante entender todos los detalles. Así, como no siempre leemos igual, en *Caminos* las tareas que acompañan a los textos, sirven para guiar la lectura y la manera adecuada de leer.

4

a) Medios de transporte. En grupos de tres. Pregunte a sus compañeros/-as...

- si tardan mucho tiempo en llegar a clase.
- si hay una parada de autobús o de tranvía cerca de su casa.
- a qué distancia está.
- si leen el periódico en el autobús o en el metro.
- si tienen que tomar algún medio de transporte para visitar a sus padres o hijos.
- si tienen que subir a un autobús o a un tren para ver a su mejor amigo/-a.
- si tienen que cambiar de autobús o de tranvía para llegar a su lugar de trabajo.

b) Comparen sus respuestas con los otros grupos. ¿Quién vive más lejos?

c) Describa el camino de la estación a su casa.

5

a) Escuche esta canción de Juan Luis Guerra. ¿Qué tipo de música es?

- flamenco
- vals
- merengue
- tango
- blues

> El merengue es un tipo de música caribeña muy popular con un ritmo característico. Otros ejemplos de música tropical son la salsa y la cumbia.

b) Juan Luis Guerra es de la República Dominicana. En la canción aparecen algunas palabras típicas de este país. ¿A cuáles de estas palabras españolas corresponden?

coche – cárcel (comisaría) – detenerse – carnet/permiso de conducir

Bajaba la Tiradentes
en mi **carro** rumbo al mar.
De pronto, un faro intermitente
me hizo señas de **parar**.
Mi **licencia** de conducir
me pidió con ojo febril, qué se le va a hacer.
Tomó en sus manos mil papeles
burocracia elemental.
Total, que para nada sirve
mi registro electoral.
"Su licencia de conducir", me dijo,
"ha vencido en el mes de abril.
Acompáñeme, civil,
al **destacamento**,
o resuelva desde aquí:
cómpreme el silencio
y olvídese de mí."

coche: España, México
auto: Argentina, Chile, Bolivia
carro: Guatemala, Colombia, Perú

c) ¿Cuál es el problema?
¿Qué significa "comprar el silencio"?
¿Qué habrá ocurrido al final?

autobús (dentro de una ciudad): España
camión: México
colectivo: Argentina, Bolivia
micro: Chile, Perú
bus: Guatemala, Colombia

autobús (larga distancia): España, México
micro: Argentina
bus: Chile, Guatemala
flota: Bolivia
ómnibus: Perú
pulman: Colombia

metro: España, México, Chile
subte: Argentina (los demás países no tienen)

d) Mire cómo se llaman estos medios de transporte en diferentes países.
En su país, ¿hay diferentes nombres para los medios de transporte?

6

Ojo por ojo...

Para contar esta historia, la clase se divide en dos grupos. Uno escribe la historia desde el punto de vista del médico y el otro, desde el punto de vista del guardia. Después se leen y se comparan los textos.

den Puls fühlen	tomar el pulso	verschreiben	recetar
abhorchen	auscultar	Rezept	la receta
untersuchen	examinar		

Quino: Quinoterapia.

7

a) El metro de Barcelona.
En parejas. Cada uno/-a explica a su compañero/-a cómo ir a algún sitio de interés. Él/Ella mira el plano y dice dónde se encuentra al final.

MODELO
- Usted está en Drassanes. Tome la línea 3 en dirección de Montbau y baje en la segunda parada. Ahí tiene que trasbordar a la línea 2 en dirección de Sagrada Familia y bajar en la última parada.

b) ¿Conoce alguno de los monumentos?
En el libro de ejercicios va a encontrar más información sobre Barcelona.

8

a) Cambios en la vida.
Va a escuchar una entrevista en la que algunas personas hablan de cambios importantes en su vida. ¿De qué tema habla cada uno/-a? Escuche y tome notas.

Miriam / Olga / Aurora / Ernesto

b) ¿Qué (no) habían hecho las personas de la entrevista antes de venir aquí?

c) Y en su vida, ¿ha habido en algún momento un acontecimiento que haya producido un cambio especial? Cuéntelo.

9

a) Ponga los hilos al globo relacionando los tiempos con los ejemplos.

Aquí tiene la familia de los tiempos compuestos. Estos tiempos se forman todos con el verbo **haber** y el participio del verbo principal. Si quiere formar uno de estos tiempos, solamente tiene que pensar en la forma adecuada de **haber**, el resto queda igual. Así, con un solo verbo, se pueden formar diferentes tiempos.

b) Busque una frase más para cada tiempo.

10

a) Por y para.

¿Recuerda otras expresiones con las preposiciones **por** y **para**?

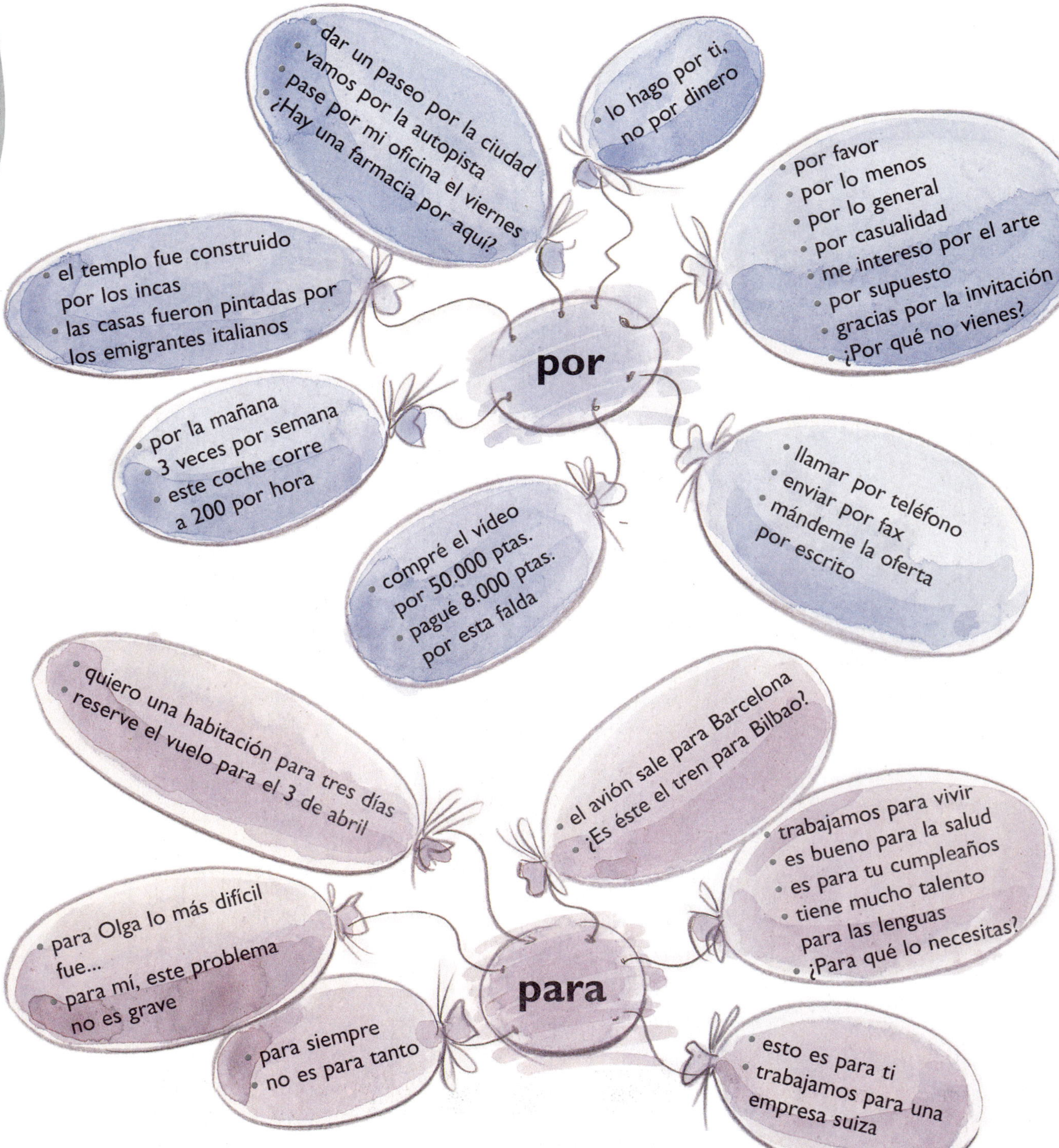

b) ¿Por o para?

Complete estos resúmenes de la entrevista con los latinoamericanos.

1. El venir a otro país sin hablar el idioma fue lo más difícil ______ Olga. Todavía no se atreve a conducir un coche, ______ temor de que, en caso de emergencia, no sepa qué decir ______ defenderse.
2. ______ mucho tiempo, Ernesto había llevado una vida loca, ______ ejemplo iba a las discotecas ______ lo menos tres veces ______ semana. ______ fin conoció a su mujer, de quien se enamoró locamente porque es la mujer perfecta ______ él.

¿Naturaleza intacta?

En esta unidad aprendemos

- los nombres de algunos animales
- cómo describir el carácter de una persona
- cómo hablar del medio ambiente
- cómo hablar de temas ecológicos
- cómo expresar condiciones
- cómo expresar causas y consecuencias

a) ¿Reconoce a estos animales? ¿Dónde viven normalmente?

selva / sabana / bosque / desierto / pampa / zoo

Depósito legal: M-35.310-1988

b) ¿A qué problema se refiere esta historia? ¿Cómo reaccionan Leo y Raad?

El arca de Noé

1

a) ¿Cómo se llaman los animales del arca?
¿Hay palabras que no entienda? Pregúntelas a su profesor/a.

tigre	gallo	llama	caballo	abeja	ratón	burro	tortuga
jirafa	perro	pingüino	cocodrilo	cerdo	cabra	alce	oso
periquito	oveja	pato	vaca	serpiente	mono	mariposa	zorro
pez	gato	camello	lobo	águila	conejo	paloma	ballena

b) Clasifique los animales según estos criterios:

- animales que pueden ser de compañía
- animales que viven en el mar
- animales que muerden o pican
- animales domésticos
- animales peligrosos
- animales con alas, con pico, con cola

c) ¿Se le ocurren otros criterios para clasificar animales?

2

¿Qué animales...

- ha visto en la naturaleza?
- no come o comería usted?
- relaciona con la primavera o con el invierno?
- le dan miedo?

3

a) El horóscopo chino.
El horóscopo chino tiene 12 signos representados por animales, que dependen del año de nacimiento. Busque su signo y lea el texto que le corresponde. Aquí hay algunos, los que faltan están en el anexo.

La rata: 1900, 1912, 1924, 1936, 1948, 1960, 1972, 1984, 1996
Es simpática y alegre, a primera vista parece tranquila, pero puede ser agresiva. A veces es arrogante. Es muy lista y ayuda a los demás, pero sólo si se lo agradecen.

El buey: 1901, 1913, 1925, 1937, 1949, 1961, 1973, 1985, 1997
Es una persona callada, paciente y obstinada. Le gusta estar sola, pero siempre está rodeada de gente porque inspira confianza. Le gusta planear antes de actuar. Es más bien cerrada y prefiere no mostrar sus sentimientos.

El tigre: 1902, 1914, 1926, 1938, 1950, 1962, 1974, 1986, 1998
Es muy inquieto y no se deja dominar. Es cuidadoso frente a lo que no conoce. Sin embargo, no tiene miedo del peligro y es valiente. Como todos los gatos, cambia rápidamente de humor.

El conejo: 1903, 1915, 1927, 1939, 1951, 1963, 1975, 1987, 1999
Es atento y dulce con los demás, por eso tiene muchos amigos. Con ellos es muy abierto, generoso y comprensivo. No es una persona ambiciosa; por lo general, está satisfecho con lo que tiene.

El dragón: 1904, 1916, 1928, 1940, 1952, 1964, 1976, 1988, 2000
Tiene espìritu de líder: es orgulloso, exigente y es capaz de expresarse muy bien. No tiene miedo y es muy impulsivo. Puede ser irritable y brusco con los demás, aunque en el fondo tiene un buen corazón.

b) Marque los adjetivos que describen a las personas de su signo.
Busque las palabras que no entienda en el anexo o pregunte a su profesor/a.

c) En parejas. Cuente a su compañero/-a lo que dice su horóscopo y si usted está de acuerdo o no.

d) ¿Usted cree que los horóscopos, en general, tienen algo de verdad?

4

Vuelva al texto de su horóscopo y subraye las formas de "ser" y "estar".
Luego, entre todos/-as, dicten a su profesor/a los adjetivos que han encontrado en los textos. Él/Ella hace una lista en la pizarra con las expresiones que llevan "ser" y otra con las que llevan "estar".

ser	**estar**
paciente	solo
simpático	rodeado de gente

Normalerweise verwendet man **ser** + Adjektiv, um den Charakter einer Person zu beschreiben. In einigen Fällen verwendet man **estar**, z.B. bei Partizipien oder wenn das Adjektiv eher einen vorübergehenden Zustand zum Ausdruck bringt.

5

a) **Escuche a estas personas que hablan de sus animales. ¿Cuáles mencionan?**

b) **Complete con "ser" o "estar".**

1. Pilar tiene un bóxer. ______ un perro fuerte y quizás algo brusco, pero de carácter ______ dulce y fiel. Además, ______ muy bien educado.
2. Roberto ______ policía. Trabaja con pastores alemanes, porque ______ muy inteligentes y ______ acostumbrados a obedecer.
3. Desde que Salvador ______ jubilado, ______ mucho tiempo en casa. Pero en general ______ de buen humor porque tiene de compañía una pareja de periquitos que ______ listos y muy cariñosos.
4. El gato de los Sánchez ______ marrón, de ojos azules. ______ un animal muy elegante y un poco caprichoso. Para ellos, ______ como un bebé. Siempre ______ acostado en el sofá o en la cama. Como ______ muy sociable, no le gusta ______ solo. ______ el centro de atención de la familia.

OJO
La fiesta **es** en casa de Julia. ¿Dónde **está** la casa de Julia?
Fernando **es** muy simpático. ¡Qué simpático **está** Fernando!

Veranstaltungen werden mit **ser** (*stattfinden*) angegeben, obwohl man für Ortsangaben sonst **estar** verwendet.
Bei ¡**Qué** + Adjektiv + **está/n**...! wird besonders betont, dass es sich um eine subjektive Meinung handelt.

6

a) **En grupos de cuatro. Intercambien sus experiencias. ¿Hay alguien...**

- que tenga alergia a algún animal?
- que sepa el nombre de tres animales famosos del cine o de cómics?
- que tenga un perro u otro animal en casa?
- que cuide el animal de sus vecinos cuando se van de vacaciones?
- que se lleve a su perro o gato de vacaciones?
- que sea miembro de una asociación protectora de animales?
- a quien le haya mordido un perro?

b) **Cada grupo comenta un aspecto interesante a la clase.**

c) **¿Ha tenido alguna experiencia con un animal?**
Piense en una experiencia relacionada con un animal y cuéntela.

La ecología empieza en casa

1

a) Mire el collage. ¿Cuáles de estos electrodomésticos tiene usted en casa?

b) ¿Cuáles de estos electrodomésticos son necesarios para usted? ¿A cuáles renunciaría?
Puede utilizar las expresiones siguientes.

(No) necesito realmente...
Para mí (no) es imprescindible...
(No) me hace mucha falta...
A mí me basta con...
Yo, de verdad, (no) podría vivir sin...

c) Consumo de energía.
Mire otra vez los electrodomésticos del collage. ¿Cuáles son, según usted, los tres que gastan más energía? En grupos de tres, comparen sus resultados.

2

a) Protección del medio ambiente: ¿Qué es lo que hace usted?

- [ ] ahorrar agua

- [ ] ahorrar energía
- [ ] separar la basura: papel, vidrio, plástico, aluminio, productos orgánicos

- [ ] usar detergentes y limpiadores biodegradables
- [ ] evitar los aerosoles (CFC)

- [ ] utilizar los transportes públicos o la bicicleta
- [ ] consumir alimentos "ecológicos"

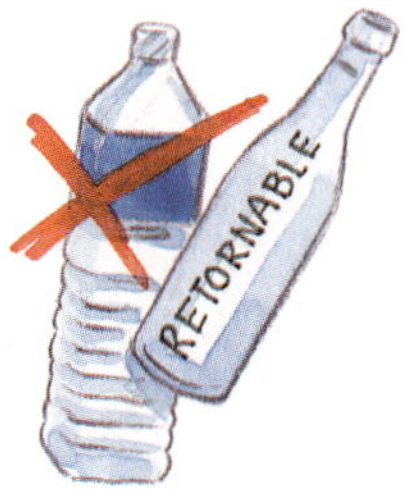

- [ ] comprar bebidas en botellas retornables
- [ ] comprar ropa de materiales naturales
- [ ] usar sólo electrodomésticos de bajo consumo de energía
- [ ] evitar los aparatos con pilas
- [ ] luchar para que se pongan multas por contaminar el medio ambiente
- [ ] ser miembro de una organización ecologista

b) Comparen los resultados en clase. ¿Qué es lo que hace la mayoría de la clase?

c) ¿Piensa usted siempre en el medio ambiente?
En cadena. Mencione dos ejemplos de lo que hace usted, usando estas expresiones de frecuencia.

todos los días / siempre
frecuentemente / a menudo
regularmente
de vez en cuando / a veces
casi nunca

MODELO • Yo separo siempre la basura.

d) ¿Ha cambiado su comportamiento ecológico en los últimos diez años?
¿Qué (no) hacía antes y qué (no) hace ahora? ¿Hay cosas que sigue haciendo igual?
Estas palabras le pueden ayudar. ¿Encuentra la palabra correspondiente en alemán?

productos desechables (de usar y tirar)	Katalysator
compost	Einwegprodukte
fertilizantes	Grundwasser
catalizador	Düngemittel
agua subterránea	Kompost

e) Escuche a estas personas, que hablan sobre problemas ecológicos, y tome notas.

3

a) Ama de casa verde.
Éstos son algunos de los consejos que se han publicado en la guía “Cien consejos para ser una perfecta ama de casa ecológica”. Antes de leer, mire los dibujos. ¿Qué cree que se va a aconsejar a la gente?

b) Lea ahora el artículo. ¿Coincide con sus expectativas?

En la cocina

Al cocinar, tape siempre la ollas.
Si tiene una cocina eléctrica, apáguela algunos minutos antes de terminar de cocinar, para aprovechar el calor de la placa. Utilice la olla exprés, ahorra tiempo y energía. Para usar el lavaplatos y la lavadora, espere hasta que estén llenos.
Evite, en lo posible, las toallas de papel; los trapos de cocina son más ecológicos. Si le sobra comida, guárdela en envases de plástico.
Puede también usar papel de aluminio, siempre y cuando lo utilice varias veces. Evite limpiadores agresivos, a menos que sea absolutamente necesario.

Ahorro de energía

No tenga las luces siempre encendidas, apáguelas al salir de la habitación. Si se rompe una bombilla, sustitúyala por bombillas de ahorro: consumen hasta un 80% menos. Puede ahorrarse hasta un tercio de energía si las ventanas y puertas están bien aisladas. Antes de abrir las ventanas para ventilar una habitación, recuerde apagar la calefacción.

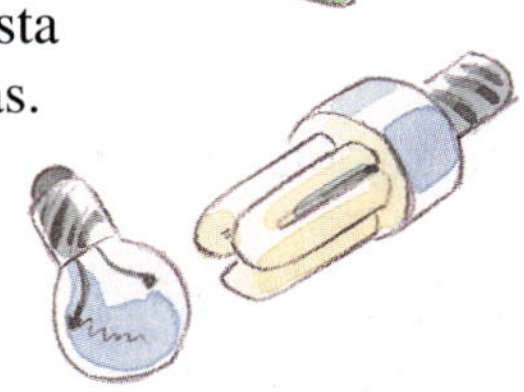

Adaptado de: Cambio 16

c) ¿Hay informaciones nuevas para usted? ¿Puede añadir otros consejos?

d) En grupos. Preparen sus propios consejos ecológicos en cuanto a

la compra / el transporte / la casa

e) Cada grupo presenta sus consejos. Los otros pueden añadir algunos más.

4

Mire otra vez los consejos para la ecología en casa.
¿Cuáles de las expresiones del cuadro van con indicativo y cuáles con subjuntivo? Búsquelas en el texto y complete la regla.

si	+	________________	wenn; falls
a menos que	+	________________	außer wenn; es sei denn, dass
siempre y cuando	+	________________	vorausgesetzt, dass

5

a) **Unas Navidades verdes.**
¿Cómo se imagina usted unas Navidades ecológicas?

b) **En este artículo se dan consejos sobre este tema. Complete el texto.**

Cuando uno piensa en adornos navideños, lo primero que viene a la cabeza es el árbol. Desde luego, un árbol natural es muy bonito siempre y cuando *(tener)* __________ raíz para que usted *(poder)* __________ plantarlo después en el jardín. Si no *(tener)* __________ jardín, también se puede llamar al Ayuntamiento para que *(venir)* ____________ alguien, *(recoger)* __________ el árbol y lo *(plantar)* __________ en el jardín público. Como la mayoría de los árboles naturales que compra la gente no *(tener)* _____________ raíces, terminan en la basura. Por eso, lo mejor es comprar árboles artificiales, no sólo porque así no se *(matar)* __________ a ningún ser vivo, sino también porque *(ser)* __________ más cómodos: no hay que regarlos, duran muchos años y se guardan en cualquier sitio.
Si además del árbol le *(gustar)* __________ poner belén, también puede ser ecológico. Las mejores figuras son las de barro y no las de plástico, ya que así *(estar)* ___________ seguro de que la fabricación se ha hecho respetando el medio ambiente. Si sale de excursión, una buena idea es recoger piedras, ramas, flores secas o piñas para decorar el paisaje del belén, siempre y cuando no *(destruir)* ______________ la naturaleza para obtener los materiales.

Adaptado de: Joven Ciudadano

c) **¿Está usted de acuerdo con lo que dice el artículo?**

6

a) **Mire esta caricatura y coméntela. ¿Le puede poner más etiquetas?**

b) **¿Puede imaginar cómo es la vida diaria de este señor?**
En grupos, escriban un pequeño texto sobre todo lo que hace. Después, comparen.

c) **Si la ecología empieza por uno mismo, ¿cree que usted hace lo suficiente?**

Todo depende de nosotros

1

a) **Escuche estas noticias. ¿Son buenas o malas? ¿A qué foto corresponde cada una?**

b) **Vuelva a escuchar y conteste las preguntas.**

- La Unión Europea concede banderas azules según la limpieza de las playas. ¿Qué lugar tiene España en este concurso?
- Un barco ha perdido petróleo. ¿En qué lugar de España ha sucedido el desastre?

c) **¿A qué fotos se refieren estos comentarios?**

Si no produjéramos tanta basura, no tendríamos el problema de estas "montañas".

Si todos clasificáramos la basura para reciclarla, no necesitaríamos tantos vertederos de basura.

Si no existieran las asociaciones ecologistas, morirían muchos pájaros a causa del petróleo.

Si no fuera por premios como las banderas azules, creo que no se haría nada para mejorar las playas.

Si las compañías controlaran mejor sus barcos, no pasarían accidentes como éste con tanta frecuencia. ¡Es la segunda vez en este año!

Si más gente se hiciera miembro de una asociación ecologista, salvaríamos a las ballenas.

¡Espero que no pongan banderas azules en nuestra playa! Si lo hicieran, vendrían muchos turistas y ya no se podría estar tranquilo.

d) Subraye en los comentarios de la página anterior – con dos colores diferentes – las formas del imperfecto de subjuntivo y las del condicional.
¿En qué parte de la frase se encuentra cada forma? Mire el cuadro y complete la regla.

Nebensatz	Hauptsatz
Si mañana sigue el mal tiempo,	me quedaré en casa todo el día. (möglich)
Si hiciera mal tiempo todo el verano,	no iría a la montaña, sino al Caribe. (unwahrscheinlich)

Wenn eine Bedingung erfüllbar ist, steht nach **si** der Indikativ Präsens, im Hauptsatz Präsens oder Futur. Wenn eine Bedingung als nicht erfüllt oder nicht erfüllbar betrachtet wird, steht nach **si** der ______________; im Hauptsatz steht dann ______________.

2

Si la gente tuviera más conciencia ecológica, no habría tantos escándalos.
Es cierto que muchas cosas están mal, pero no todas. Complete las frases.

1. Hoy tenemos conciencia ecológica. Si no *(tener)* tuviéramos conciencia ecológica, no *(hacer)* haríamos nada por el medio ambiente.
2. Hacemos bastante por el medio ambiente. Si no *(hacer)* __________ tanto, la situación *(ser)* __________ peor.
3. Hay muchas especies de animales que están protegidas. Si no lo *(estar)* __________, seguramente ya no *(existir)* __________.
4. La mayoría de la gente no gasta la energía a lo tonto. Si la *(gastar)* __________ como hace 30 años, ya no *(haber)* __________ reservas.
5. Hoy muchos gobiernos obligan a la industria a usar tecnologías más ecológicas. Si no las *(usar)* __________, los ríos y los mares *(estar)* __________ cada vez más contaminados.
6. Existen muchas asociaciones para proteger el medio ambiente. Si no *(existir)* __________, no se *(poder)* __________ hacer suficiente presión sobre los gobiernos.

3

a) Una cadena. ¿En qué caso participaría usted en una protesta o manifestación?

MODELO ● Yo protestaría si en mi ciudad construyeran una central nuclear.

b) ¿Recuerda usted alguna noticia relacionada con el medio ambiente? ¿Ha pasado algo en su región?

4

a) La destrucción del medio ambiente.

Éstos son algunos problemas relacionados con la destrucción del medio ambiente. ¿Sabe cómo se llaman en su idioma? ¿Cuáles afectan a su país?

deforestación: resultado de quitar o destruir los árboles y plantas de un terreno.

contaminación: destrucción o degradación del medio ambiente o de una parte de él. Hay contaminación del aire, provocada por las emisiones de gases, contaminación del agua, a causa de los desechos industriales, y contaminación de la tierra, ocasionada por los productos químicos (fertilizantes y herbicidas) utilizados en la agricultura.

efecto invernadero: subida de la temperatura de la atmósfera, que se produce como resultado de la contaminación industrial.

especies en peligro de extinción: pérdida o muerte de animales y plantas que pueden desaparecer totalmente del planeta.

agujero de ozono: reducción de la capa protectora en la atmósfera que rodea la tierra y la protege contra la acción del sol.

lluvia ácida: lluvia que tiene un alto contenido de azufre, procedente de la contaminación provocada por ciertas industrias y los gases de escape.

b) Mire estas fotos. ¿Qué problemas representan? ¿Qué habría que hacer para solucionarlos?

c) Escriba un subtítulo para cada foto.

5

a) **¿Qué asocia usted con "Greenpeace"? ¿Qué objetivos tiene esta organización?**

b) **Mire los dibujos. ¿De qué temas hablará el texto?**

Únete a nosotros, únete a Greenpeace

Hoy la ecología es un tema central de nuestra época. Como antes se pensaba menos en esto, ya se ha destruido gran parte del planeta. El reloj avanza y queda poco tiempo, pero aún hay esperanza si actuamos juntos y hacemos oír nuestra voz. Únete a nosotros; algunos de los aspectos que nos preocupan son los siguientes:

Bosques: Son muy importantes para la regulación del clima de la Tierra porque producen oxígeno. Sin embargo, para obtener madera y tierras de cultivo se talan cada año millones de árboles, de ahí que cada vez existan menos bosques. Por eso Greenpeace lucha para conservarlos.

Ballenas: La caza y la pesca exageradas han utilizado técnicas muy destructivas. En consecuencia, muchas especies, por ejemplo las ballenas, están en peligro. Greenpeace lucha para conseguir acuerdos internacionales para controlar la caza y la pesca y para conservar la diversidad biológica

La capa de ozono: Esta capa de gas hace posible la vida en la Tierra porque nos protege de los rayos ultravioleta. Debido al uso de gases contenidos en los aerosoles (por ejemplo los CFCs), la capa de ozono se está reduciendo y en consecuencia, está aumentando el cáncer de la piel. Greenpeace pide una urgente prohibición de la fabricación de estos gases y el empleo de las alternativas ya existentes.

Energía: Muchos de los problemas ecológicos son consecuencia del uso de combustibles como el petróleo, el carbón y el gas. Por tanto, Greenpeace defiende el ahorro de energía y el desarrollo de energías limpias y seguras como, por ejemplo, la energía solar o la del viento.

c) **Relacione.**

1. La desaparición de muchas especies se debe a...
2. Debido al uso excesivo de aerosoles, ...
3. Hoy tenemos más conciencia ecológica. De ahí que...
4. Mucha gente lucha para proteger a las ballenas y otros animales porque...
5. Como la gente tala los árboles para obtener madera y terrenos de cultivo, ...

a. los bosques se han reducido mucho.
b. está desapareciendo la capa de ozono.
c. mucha gente apoye a organizaciones como Greenpeace.
d. la caza y la pesca exageradas.
e. es importante que no desaparezcan.

d) Causas y consecuencias.
¿Qué problemas se mencionan en el texto? ¿Cuáles son las causas y las consecuencias?

Para explicar la causa
Como...
... porque
a causa de
debido a (que)

Para expresar las consecuencias	
en consecuencia	
por eso	
de ahí que	+ subjuntivo
esto hace que	+ subjuntivo

6

¿Qué podemos hacer?
Es improbable que cada uno individualmente pueda cambiar la situación. Pero, si usted tuviera la oportunidad, ¿qué pediría a los gobiernos? En cadena, cada uno/-a formula una petición.

Yo **pediría**
Yo **exigiría** que los gobiernos **hicieran** leyes más estrictas.
Me **gustaría**

7

a) ¿Conoce estas asociaciones?
¿De cuál se haría socio/-a? Formen grupos según sus preferencias y siéntense juntos.

b) Su asociación ha recibido un donativo de un millón de dólares.
¿Qué proyectos favorecerían? Discutan sus ideas en el grupo y presenten los resultados a la clase.

8

Situaciones teóricas: ¿Qué haría usted...

- si fuera presidente o presidenta de su país?
- si fuera una estrella de cine?
- si le ofrecieran un trabajo estupendo a 200 kms de su casa?
- si fuera ministro o ministra de economía?

MODELO • Si fuera una estrella de cine, viviría en Hollywood.

¿Qué animal le gustaría ser? Imagine cómo viviría si fuera ese animal. ¿Cómo le afectarían los problemas ecológicos? Escriba un pequeño texto.

Rincón profesional

1

a) Ayudar a Greenpeace.
En este documento hay una serie de palabras útiles relacionadas con los bancos y pagos. Busque las palabras españolas que corresponden a éstas.

Wohnsitz / Postgiro / Sparkasse / Einzugsermächtigung / Girokonto / Scheck / Filiale
Sparbuch / belasten / Mitglied / Beitrag / Spende / Briefumschlag

DATOS PERSONALES

Nombre ....
Apellidos ....
Domicilio ....
....
Población ....
Provincia .... C.P. ....
Teléfono ....
Profesión ....
Año de nacimiento ....

FORMA DE PAGO

- ☐ **Domiciliación bancaria**
  (Te recomendamos esta forma de pago por ser la más cómoda para ti y para nosotros. En tal caso no te olvides de rellenar la columna inferior)
- ☐ **Talón**
  (A nombre de GREENPEACE ESPAÑA y adjuntando este cupón)
- ☐ **Giro Postal**
  (Si eliges esta forma de pago, te rogamos nos adjuntes el número o fotocopia del resguardo del giro)

DESEO AYUDAR A GREENPEACE COMO:

☐ SOCIO/A
Con una cuota anual de:
- ☐ 5.000 Pts.
- ☐ 7.000 Pts.
- ☐ 10.000 Pts.
- ☐ Otra cantidad (superior a 5.000 Pts.) ....Pts.

☐ SIMPATIZANTE
Con una donación única, sin compromiso posterior de:
- ☐ 5.000 Pts.
- ☐ 7.000 Pts.
- ☐ 10.000 Pts.
- ☐ Otra cantidad ....Pts.

FICHA DE DOMICILIACIÓN BANCARIA

Banco o Caja de Ahorros ....
....
Sucursal o Agencia nº ....
Dirección ....
C.P. ....
Población ....

CÓDIGO CUENTA CLIENTE

BANCO	OFICINA	D.C.	CUENTA

Muy Sr. mío:
Le ruego se sirva cargar en mi Cuenta Corriente/Libreta de Ahorro, y hasta nuevo aviso, los recibos que le sean presentados por la Asociación GREENPEACE España en concepto de cuota a nombre de: ....
.... D.N.I. ....
Nombre y firma (titular)

Rellena este cupón con tus datos y envíanoslo en un sobre cuanto antes. Como socio/a recibirás tu boletín en unos días.

b) Escuche la llamada de una persona que quiere hacerse socia de Greenpeace. ¿Cuál es la forma de pago que elige?

c) Aquí hay algunas expresiones que se usan frecuentemente en el banco. Relacione.

talón o cheque
cheque cruzado
domiciliar
cobrar
cuota

- cantidad de dinero que se paga por pertenecer a una organización
- cheque que lleva en la parte posterior dos líneas e indica quién debe cobrarlo
- documento que sirve para retirar del banco una cantidad de dinero
- autorizar un pago, especialmente a una persona u organización que tiene una cuenta en un banco
- recibir una cantidad de dinero como pago

Comunicación

En esta unidad aprendemos

- diferentes maneras de comunicarse
- cómo hablar de los medios de comunicación
- cómo transmitir mensajes en pasado
- algo sobre la comunicación no-verbal
- cómo aclarar malentendidos
- frases con gerundio e infinitivo

a) **¿Qué quieren decir las personas? ¿Qué significan los símbolos?**

b) **¿Se le ocurren otros ejemplos para comunicarse sin hablar?**

Cómo nos comunicamos

1

a) Medios de comunicación.
¿Tiene alguno de estos aparatos? ¿Qué utiliza en su trabajo y qué en su tiempo libre?

b) Para comunicarse...
En grupos de tres. Uno/-a les hace estas preguntas a sus compañeros/-as y luego comenta lo más interesante de su grupo al resto de la clase.

- ¿Escribe usted cartas o postales? ¿En qué ocasiones? ¿A quién?
- ¿Cuándo fue la última vez que envió un telegrama?
- ¿Utiliza el correo electrónico *(e-mail)*?
- ¿Escribe cartas personales con ordenador? ¿Le molesta que otros lo hagan?
- ¿Ha navegado ya por el Internet?
- ¿Cuántos mandos a distancia tiene? ¿De qué aparatos son?

c) Para informarse...
¿Escucha la radio? ¿Cuándo? ¿Qué tipo de programas? ¿Escucha siempre la misma emisora?

2

a) **Una entrevista.**
Va a escuchar una entrevista con una locutora boliviana de radio. ¿Qué cree que va a decir?

- ☐ La radio juega un papel muy importante en la vida de los bolivianos.
- ☐ Los avances de los otros medios de comunicación van a reducir su importancia.
- ☐ La gente escucha la radio todo el día.
- ☐ Casi todas las familias tienen un televisor.
- ☐ La radio informa a los campesinos de los eventos de las demás comunidades.
- ☐ El Internet está sustituyendo rápidamente la función de la radio.

b) **El papel de la radio.**
Escuche la entrevista y compruebe si coincide con sus respuestas. ¿Juega la radio un papel similar en su país?

3

a) **¿Lee usted el periódico todos los días? ¿Qué secciones le interesan más?**

b) **Lea estos titulares. Luego escuche algunos comentarios y relaciónelos con las noticias.**

○ Los cajeros automáticos también fallan: una avería bloquea los bancos durante el fin de semana.

○ Nuevos recortes en la seguridad social. El seguro paga cada vez menos: ahora no sólo pagaremos los medicamentos, sino también el dentista.

○ El "teletrabajo" llama a la puerta. Cada vez hay más gente que trabaja con el ordenador desde la casa, cambiando el traje por el pijama.

○ Guardias civiles detenidos en Marbella por tráfico de drogas.

c) **Vuelva a escuchar las noticias y marque las expresiones que usan las personas.**

Para presentar una noticia	Para reaccionar
Dicen / Aquí ponen que...	¡Qué desastre!
¿A que no sabes que...?	Y, por si fuera poco, ...
¿Ya has leído que...	Esto es el colmo.
¿Te has enterado de...?	Pues, ¡qué bien!
¡No te lo vas a creer!	¿En serio? ¿De verdad?
Figúrate / Fíjate, ...	¡No me digas! ¡No es posible!

d) **Si quieren, comenten alguna noticia de la última semana.**

4

Algunas noticias.
En parejas. Usted lee estas noticias, su compañero/-a lee las que están en el anexo. Cada uno/-a comenta sus noticias a su compañero/-a. Él/Ella reacciona.

Una buena noticia: los impuestos pagados el año pasado sobrepasan lo previsto. El gobierno devolverá cien mil pts. a cada ciudadano.

Desastre ecológico en la costa del Mar del Norte.
En la mañana del viernes dos barcos chocaron delante de las costas de Rotterdam vertiendo al mar 25 toneladas de champú.

5

a) Los medios más extendidos.
La clase se divide en dos grupos. Un grupo se dedica al tema "teléfono", el otro al tema "televisión". Comenten las siguientes preguntas.

- ¿Qué ventajas tiene para usted un teléfono móvil?
- ¿Qué números sabe de memoria? ¿De quiénes son?
- ¿Cómo reacciona ante un contestador automático?
- ¿Dónde está el teléfono en su casa?
- ¿A partir de qué hora pueden llamarle por teléfono? ¿Y hasta qué hora?

- ¿Ve usted la televisión? ¿Cuántas horas al día, en promedio?
- ¿Hay algún programa de televisión que nunca se pierde?
- ¿Qué canal de la tele ve con más frecuencia?
- ¿Estudia el "Teleprograma" para elegir lo que desea ver?
- ¿Tiene antena parabólica?

b) Cada grupo formula tres preguntas más sobre su tema.

c) Una encuesta en parejas.
Una persona del grupo "teléfono" se sienta con una del grupo "televisión". Cada uno/-a le hace sus preguntas a su compañero/-a. Luego comentan lo más interesante a la clase.

MODELO • Eva llama por teléfono a su madre una vez al mes.

6

a) Una persona ha hecho estas llamadas ¿A qué sitio habrá llamado en cada caso?
Imagine cómo es la persona.

"¿A qué hora salen mañana vuelos para Viena?"

"Ya he preparado el informe."

"¿Dónde está la embajada de Japón?"

"Tengo que recoger un paquete en Correos."

"Busco una traductora para los próximos tres días."

"Busco una canguro."

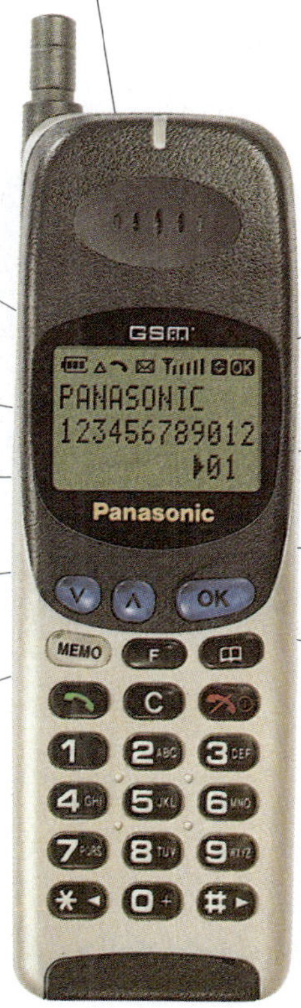

"Me he olvidado de las llaves del coche."

"¿Cuándo empieza la Feria del Libro?"

"Necesito un coche para esta tarde."

"Sólo veo un canal de TV. Necesito un antenista."

Cuando estés en un aprieto, aprieta.

b) Alguien transmite lo que dijo la persona del teléfono.
Lea las siguientes frases y compárelas con las de arriba. Luego complete los ejemplos de la regla.

- Dijo que sólo veía un canal de TV y que necesitaba un antenista.
- Dijo que necesitaba un coche para esa tarde.
- Preguntó cuándo empezaba la Feria del Libro.
- Llamó porque se había olvidado de las llaves del coche.
- Dijo que buscaba una canguro.
- Dijo que ya había preparado el informe.

Verb des Sagens im Präsens/Perfekt	Verb des Sagens im Indefinido/Imperfekt
Dice que **necesita** un antenista. Pregunta cuándo **empieza** la Feria. Dice que ya **ha preparado** el informe.	Dijo que ______________ un antenista. Preguntó cuándo ______________ la Feria. Dijo que ya **había preparado** el informe.

Wenn in der indirekten Rede das Verb des Sagens im Indefinido oder Imperfecto steht, gehen die Verben des Nebensatzes meistens "um eine Zeitstufe zurück".

- Presente → Imperfecto
- Perfecto → Pluscuamperfecto
- Indefinido → Pluscuamperfecto
- Imperfecto → Imperfecto

c) ¿Y qué más dijo?
Algunos mensajes del anuncio **a)** no han sido transmitidos en el ejercicio **b)**. Escríbalos usted.

7

a) **Un café moderno.**
Mire esta caricatura de Quino durante un minuto. Luego, cierre el libro y describa lo que recuerda.

b) **¿Por qué el señor del centro está sonriendo?**

c) **Los avances en los medios de comunicación, ¿son siempre positivos?**
¿Qué ventajas y desventajas ve usted?

En contacto

1

a) Mire estas fotos. ¿Qué relación tienen las personas? ¿Qué están haciendo?

Son { familiares / extraños / conocidos / colegas / pareja / vecinos / amigos }

Están { comentando novedades / peleándose / discutiendo / charlando / cotilleando / flirteando / saludándose / despidiéndose }

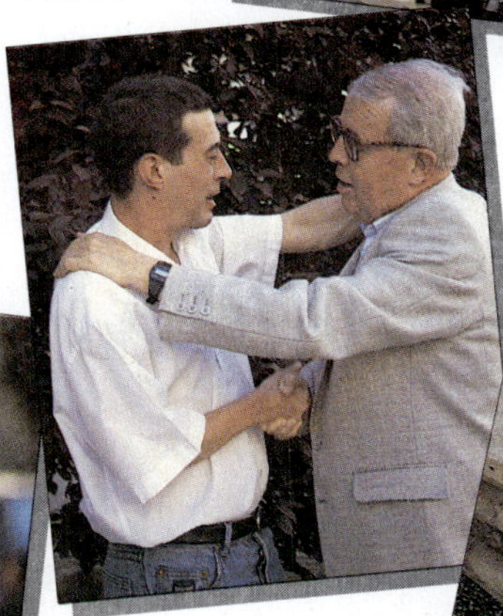

b) ¿La gente actuaría igual en su país?

2

a) ¿Cuáles de las fotos de arriba ilustran este texto?

Al español, por regla general, el silencio lo ahoga. Por eso, al estudiar, cocinar o trabajar solemos tener la radio o la tele puestas y, al esperar, conversamos animadamente con cualquier desconocido. Quizá por esto también hablamos gritando, para que nos entiendan bien, y gesticulamos mucho, para aumentar nuestra expresividad. Como los italianos, tenemos un amplio catálogo de gesticulaciones que forman parte de la comunicación cotidiana en grado tal, que nos hacen pensar que si nos atasen las manos, sería como cortarnos la lengua.

Adaptado de Pere Greenham, El País.

b) ¿Y en su país?

¿Se escucha la radio o se ve la tele todo el día? ¿Se habla con la gente en una cola? ¿Se habla muy fuerte? ¿Se gesticula mucho?

Infinitiv- oder Gerundiumkonstruktionen stehen manchmal für Nebensätze verschiedener Art:

Al trabajar, escuchamos la radio.	Wenn wir arbeiten...
Al sonar el teléfono, corrí a contestarlo.	Als das Telefon klingelte, ...
Hablamos **gritando**.	Wir sprechen, indem/wobei wir schreien.
Teniendo en cuenta...,	Wenn wir in Betracht ziehen, ...

c) Lea estas frases. ¿Cómo traduce las expresiones con gerundio e infinitivo?

1. Al encender la luz, se fundió la bombilla.
2. Elena paga sus estudios trabajando en un bar.
3. ¡Compre este magnífico aparato pagándolo a cómodos plazos!
4. Conociéndote como te conozco, sé que te pasa algo.
5. Al llegar a casa, me encontré con una sorpresa.
6. Hay gente que, al hablar, no gesticula nada.
7. ¿Vamos andando o en coche?
8. Habíamos seguido discutiendo toda la noche.

d) En parejas. Comenten estas preguntas y comparen con otras parejas.

•• ¿Cómo se siente si la gente se le acerca mucho al hablar con usted?
•• ¿Qué sensación le producen las personas que hablan gesticulando mucho?
•• ¿Suele hablar con desconocidos al hacer una cola, al esperar el tranvía o en un tren?
•• ¿De qué se habla en su país para "romper el hielo"?
•• En su país, ¿se le da la mano a otra persona al saludarla? ¿Cuándo se besa?

3

a) En parejas. Lean este diálogo entre vecinas en voz alta.

- ● Clara, ¿a que no sabes a quién vi ayer?
- ○ No, no lo sé.
- ● A Rosario Castro.
- ○ ¿A Rosario, la del segundo? ¡Qué milagro! Como siempre está de viaje...
- ● Sí, y ¿sabes qué me dijo?
- ○ No.
- ● Que se muda el mes que viene.
- ○ ¡Qué sorpresa! ¿Te dijo por qué?
- ● Sí, le han ofrecido un trabajo estupendo en Montevideo, y se va.
- ○ ¿A Montevideo? ¿Tan lejos? Pues si era eso lo que quería, me alegro por ella. ¿Y qué van a hacer con el piso?
- ● Me parece que se lo van a alquilar a una prima de Rosario.
- ○ Otra vez vecinos nuevos. Espero que sean agradables.
- ● Y que no traigan perros, con el bóxer del quinto basta, ¿no?
- ○ Hablando de perros, la perra de mi hermana ha tenido cinco perritos, y mis hijos insisten que tomemos uno.

b) Escuche ahora el diálogo. ¿Hay diferencias entre las dos versiones? ¿De qué tipo?
Mire la transcripción en el anexo y marque las diferencias entre las dos versiones.

Para introducir un tema	Para hacer avanzar una conversación
A propósito... Hablando de...	No, ni idea. ¿Y qué pasó? ¿Y eso? Y que lo diga(s). Cuenta, cuenta.

OJO Para mostrar interés en una conversación normalmente se repiten elementos que la otra persona ha dicho o se hacen pequeños comentarios o preguntas.

Malentendidos

1

a) Cuando nos comunicamos, no transmitimos sólo palabras.
¿Qué porcentaje de la información transmiten, según su opinión, los gestos, el tono de la voz y otros elementos no-verbales? Compare después con el texto.

◯ 15% ◯ 25% ◯ 55% ◯ 80 %

> Según los estudios realizados por el psicólogo Albert Mehrabian, en una conversación normal, el siete por ciento de la información viene dada por el lenguaje verbal, un veinticinco por ciento de la información la facilitan las cualidades de la voz y el cincuenta y cinco por ciento forma parte del lenguaje no-verbal (gestos, distancia, silencios, etc.).
> *Clara*

b) Escuche estos pequeños diálogos. ¿Cómo se sienten las personas?

enfadado/-a / inseguro/-a / deprimido/-a / contento/-a / frustrado/-a

c) En cada diálogo hay un problema de comunicación.
Escuche otra vez y ponga el número del diálogo correspondiente.

- ☐ La colega quería que la otra hiciera las fotocopias.
- ☐ La chica no creyó que su novio tuviera ganas de verla.
- ☐ La madre le pidió a la hija que trajera las patatas crudas.
- ☐ La mujer no quería que la chica la tratara de usted.

d) Complete con ayuda de las frases anteriores.

Quiere que **haga** las fotocopias.	Quería que ______________ las fotocopias.
No cree que su novio **quiera** verla.	No creyó que su novio ____________ verla.

Steht ein Ausdruck, der den Subjuntivo erfordert (z. B. *quiero que, es importante que,* ... vgl. S. 49), im Imperfecto oder Indefinido, so muss das Verb des Nebensatzes im Imperfecto de Subjuntivo stehen.

2

a) Mire las expresiones con subjuntivo de la pág. 49 y escriba tres frases.

b) Intercambie su papel con un/a compañero/-a y ponga las frases que le han tocado en pasado.
Luego cada uno/-a lee las frases y juntos comprueban si son correctas.

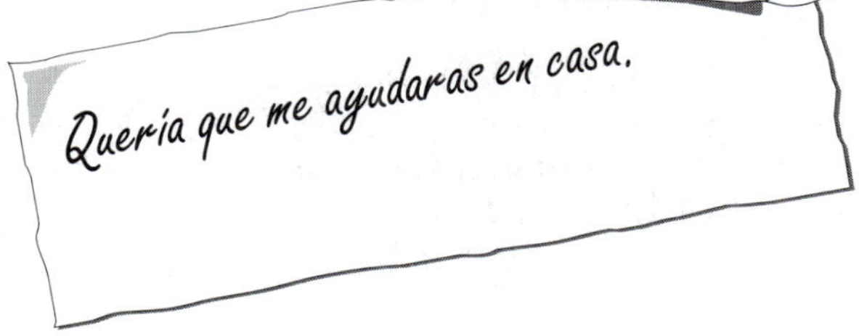

3

a) Complete con presente o imperfecto de subjuntivo.

Antes, los padres no les permitían a los hijos que les *(hablar)* __________ de tú. Exigían que les *(mostrar)* __________ respeto llamándolos "padre" o "madre". Al pasar de los años, las cosas cambiaron: ya era normal que los hijos *(tutear)* __________ no sólo a sus padres, sino incluso a los maestros, especialmente a los jóvenes. Ellos querían, con esa actitud, que los chicos los *(tratar)* __________ como amigos. La familiaridad no hizo que *(perderse)* __________ el respeto. Incluso, en muchos casos, la relación más estrecha entre profesores y alumnos les ayudó a tener más interés por las asignaturas de la clase.
Hoy es usual que los profesores de los institutos *(tutear)* __________ a sus alumnos, y también es frecuente que los profesores de las universidades lo *(hacer)* __________. Entre colegas, el hecho de que todos *(hablarse)* __________ de tú crea un ambiente de trabajo más agradable. Sin embargo, hay casos en que la gente prefiere mantener cierta distancia. Aunque éstas son algunas observaciones generales, el tuteo varía de país a país, y no puede decirse que *(existir)* __________ reglas fijas para el tuteo en los países hispanohablantes.

b) En este texto aparecen expresiones que usted quizás no sabía que llevan subjuntivo. Vuelva a la página 49 y complete la lista.

c) Vuelva a leer el texto y haga dos listas: ¿Qué era usual antes y qué ha cambiado?

d) ¿Hay reglas para el tuteo o el tratamiento de usted en su país? ¿Ha cambiado el uso en los últimos años?

4

Mire esta caricatura.
¿Cómo se llama al padre, a la madre y a los abuelos en su país? ¿Hay una forma familiar?

5

a) Malentendidos.
Las personas de los diálogos en **1b)** han utilizado algunas expresiones para indicar y aclarar un problema en la comunicación. Aquí hay otras. ¿Qué significan?

Para aclarar	Para reformular
Yo (no) había entendido que... Quería decir que... Yo no he dicho que... ¿No ibas a hacerlo tú? Quizá no me he explicado bien.	O sea que... En otras palabras... Mejor dicho... Es decir... Me explico, es que...

OJO No he dicho que **compres** patatas fritas.
He dicho que el sábado ya **tengo** un compromiso.

b) En parejas. Aquí tiene algunas situaciones en las que ha habido un malentendido.
¿Cómo podrían seguir los diálogos?

1. La secretaria tenía que copiar un documento importante, pero se lo ha enviado por correo a un cliente.

- ¿Dónde están las fotocopias?
- ○ ¿Qué fotocopias?
- Yo le dije que ______________________________
- ○ ______________________________

2. Usted quería recoger a un amigo en el aeropuerto a las 10. Son las 9, y él llama, sorprendido porque nadie pasó a buscarlo.

- Hola, soy Arturo. ¿No querías venir a buscarme?
- ○ ______________________________

3. Usted ha quedado con un amigo y lleva media hora esperándolo. Llama por teléfono para ver qué pasó, y descubre que su amigo lo había entendido mal.

- Oye, llevo media hora esperándote. ¿Dónde te has metido?
- ○ ______________________________

4. El mecánico del taller le prometió su coche para las 5 de la tarde. Usted tiene un viaje urgente mañana por la mañana, y ahora resulta que el coche está listo a las 5, pero de mañana.

- Lo siento, pero su coche estará listo mañana a las 5. En eso quedamos.
- ○ ______________________________

5. En un restaurante, un cliente ha reclamado, diciendo que el pescado estaba malo. El camarero le sirve otro, pero el cliente dice que quería un bistec.

- ¡Cómo! ¿Otra merluza?
- ○ ______________________________

6

a) También hay malentendidos culturales.
Cuando viajamos o vivimos en otro país, también puede haber malentendidos porque no conocemos la otra cultura. Piensen en un ejemplo.

b) Lean estos textos. ¿Cuál es el problema en cada uno?

Yo creo que los venezolanos usan el "no" de otra manera que nosotros. Cuando nosotros decimos que no queremos hacer algo, lo decimos y ya está. Aquí te dicen que sí, que "quizá", "un día de éstos", y luego no pasa nada. Tal vez lo hagan para no herir tus sentimientos, pero a mí eso me da falsas esperanzas y me irrita. Yo prefiero las cosas directas.
Anne, alemana

A nosotros en Chile no nos gustan los silencios cuando estamos con los amigos. Los noruegos, en cambio, no tienen ningún problema con eso. Pueden estar muy a gusto callados. En un principio, esa situación era horrible para mí, me angustiaba y me sentía obligada a llenar todos esos silencios.
Tatiana, chilena

A mí con frecuencia la gente aquí me tutea. Yo creo que es porque se me nota que soy extranjero y piensan que no entiendo su lengua. Quizá piensen que la forma de tú es más fácil que la de usted. Algunos incluso usan infinitivos cuando me hablan. ¿Pensarán que me hacen un favor?
Samuel, cubano

c) ¿Y usted?
En estas situaciones puede haber diferencias culturales.

- ¿Usted dice claramente que no cuando no quiere (hacer) algo?
- ¿Invita a una persona que no conoce bien a venir a su casa?
- En un restaurante, ¿se sienta a una mesa con personas que no conoce?
- ¿Habla de manera diferente cuando habla con personas que no dominan su idioma?
- ¿Se siente a gusto si pasa largo rato callado con sus amigos?

7

Asociaciones culturales.
Las velas son importantes en muchas culturas. Éstas son algunas ideas que los españoles asocian con ellas. Y en su país, ¿qué se asocia con las velas?

cementerio
muertos
iglesia

procesiones
se fue la luz
cena romántica

Seguramente alguna vez ha tenido un malentendido. Cuéntelo. Su compañero/-a muestra interés.

Rincón profesional

1

a) Los avances en los medios de comunicación no garantizan que todo funcione.
Lea el siguiente texto y busque las palabras que correspondan a:

Bildschirm / Diskette / Festplatte / Speicher / Taste / Tastatur / Datei

Igual que todas las tardes, había conectado el ordenador, donde tengo guardado casi todo el trabajo de este tiempo, libros y cartas, prácticamente todo, todas las palabras que caben en la memoria formidable que hay dentro de él, y en la que yo ingreso pulsando ciertas teclas que para mí, son exactamente igual que el abracadabra o el ábrete sésamo de los cuentos antiguos. Había encendido el ordenador con la confianza de los que viven diariamente entre máquinas. Había abierto un archivo y empezado a trabajar, cuando me levanté en busca de algo, un vaso de agua o un café. Volví a sentarme un minuto más tarde y las cuatro o cinco líneas que llevaba escritas habían desaparecido. La pantalla del ordenador estaba apagada. En un segundo de estupor me encontré sin nada. Levanté el teclado, como los conductores inexpertos levantan el capó de un coche averiado sin la menor esperanza de averiguar lo que no entienden. Saqué el disco duro y lo miré: lo que hasta un segundo antes había contenido casi todas las palabras escritas por mí en los últimos cuatro años era sólo un objeto cuadrado y metálico, de color gris. El pánico formuló enseguida las peores posibilidades del desastre. Lo peor de todo no era la incertidumbre, lo peor de todo era que yo no pudiera hacer absolutamente nada: esa impotencia. Entonces recordé algo con un sobresalto de esperanza: ¿no había copiado parte del libro en un disquete? Encontré el disquete, lo introduje en otro ordenador: allí estaban casi todos mis capítulos, pero ahora yo sabía lo frágiles que eran, la facilidad con que podían perderse otra vez.

Adaptado de: Antonio Muñoz Molina, "Una isla de tinta".

b) ¿Le ha pasado alguna vez algo así? ¿Ha perdido algo importante, su diario, sus llaves o un documento? ¿Cómo se solucionó el problema?

2

a) Para interpretar estadísticas nos pueden servir las siguientes palabras.

la mitad
un cuarto
un tercio (la tercera parte)
dos tercios
el doble
el triple
la mayor parte

b) Mire las estadísticas y complete estas frases.

1. ____________ es el país con la mayor densidad de ordenadores.
2. El país con la menor densidad es ____________.
3. Comparado con Francia, ____________ tiene la mitad de ordenadores.
4. ____________ tiene prácticamente el doble de teléfonos que Rusia.
5. Portugal tiene menos de la tercera parte de ordenadores que ____________.

Equipamiento multimedia en España

	DENSIDAD TELEFÓNICA	DENSIDAD TELEVISIÓN	DENSIDAD PC
EE UU	59,5	79	29,7
Francia	54,7	58	14,0
Alemania	48,3	55	14,4
Japón	47,8	64	12,0
Reino Unido	48,9	45	15,1
España	**37,1**	**42**	**7,0**
Portugal	35,0	25	5,0
Rusia	16,2	38	1,0
México	9,2	20	2,2

Densidad referida a cada 100 habitantes. *Datos: El País.*

Otras expresiones útiles para hablar de estadísticas:

En comparación con...		aumentado.
Comparado con...	la cifra ha	permanecido igual.
A diferencia de...		disminuido.

c) Haga dos preguntas a sus compañeros/-as sobre la estadística.

Ideales y tradiciones

En esta unidad aprendemos

- algo sobre tradiciones, supersticiones e ideales
- algo sobre la Semana Santa
- cómo dar consejos usando el imperfecto de subjuntivo
- cómo hablar de medicina alternativa
- frases irreales del pasado
- diferentes traducciones de “werden”

a) ¿Qué fotos tienen relación con las supersticiones?

MODELO • El... trae buena/mala suerte.

b) ¿Qué cosas traen buena o mala suerte en su país?

c) ¿Con qué temas relaciona usted las demás fotos?

Rituales

1

a) ¿Qué se hace en su país...

- en Navidad?
- en Nochevieja?
- en Carnavales?
- el 1 de mayo?
- el 1 de noviembre?
- el día de San Martín (11 de noviembre)?
- el Jueves y el Viernes Santo?
- el Domingo de Pascua?

disfrazarse
poner un adorno o símbolo especial
participar en un desfile o una manifestación
ir al cementerio
comer ganso
esconder huevos
salir con faroles
encender velas ...

b) ¿Sigue usted alguna de estas tradiciones?

2

a) La Semana Santa en España.
Una de las fiestas más importantes en el mundo del español es la Semana Santa. Aquí tiene las definiciones de algunos elementos importantes.

Cofradía: Asociación de personas que se encargan de organizar las procesiones de Semana Santa.
Saeta: Copla de carácter religioso que se canta en las procesiones de Semana Santa.
Pasos: Esculturas que escenifican la Pasión de Jesucristo en las diferentes etapas (o "pasos").

b) Lea esta guía de la Semana Santa.
¿A qué lugares se refieren las fotos de la página 128?

Bombos y golpes de tambor, espectaculares procesiones y desfiles, saetas que expresan el sentir de un pueblo ante la Pasión y muerte de Cristo... En España la Semana Santa se celebra de una manera muy especial.

Las procesiones de Semana Santa representan las diferentes escenas – o "pasos" – de la Pasión de Cristo. Empiezan el Domingo de Ramos y siguen durante toda la semana siguiente, para terminar el Domingo de Pascua o Resurrección. No todas las procesiones son iguales. Por una parte dependen del día: las del Domingo de Ramos y de Resurrección son festivas, las del Viernes Santo tienen un ambiente solemne y triste. Por otra parte, dependen de la región. Mientras en Castilla-León las procesiones son sencillas, las de Andalucía y Murcia son más lujosas y dramáticas. Pero, a pesar de las diferencias, todas comparten una gran emoción. En el sur de España, al pasar la procesión, algunos espectadores cantan espontáneamente saetas a la Virgen. Con estos cantos quieren expresar el dolor del pueblo por la muerte de Cristo y por el sufrimiento de su madre.

En cada ciudad hay varias cofradías, que trabajan todo el año organizando las procesiones y cuidando los pasos. Todas rivalizan entre sí para que "su" procesión sea la mejor. Algunos pasos son piezas de museo y sólo salen a la calle en Semana Santa. Los más venerados son transportados a hombros por los miembros de la cofradía. Para ellos es un honor poder llevarlo. Por ejemplo, el Paso de la Esperanza, en Málaga, es uno de los más venerados en esta ciudad, y se necesitan hasta 260 personas para transportar las casi seis toneladas que pesa.

La procesión más antigua de España es la de la Vera Cruz en Zamora, que se celebra desde el siglo XII. En otras regiones, además de las procesiones, se celebra la Semana Santa haciendo sonar miles de tambores. Por ejemplo en Calanda, un pueblo aragonés, los tambores suenan 24 horas ininterrumpidamente en señal de duelo por la muerte del Señor. En Cataluña hay representaciones teatrales de la Pasión. Por ejemplo en Cervera (Lérida) prácticamente todo el pueblo participa de alguna manera en éstas. En Vergés (Gerona) también hay una extraña tradición: allí, el Jueves Santo se baila la Danza de la Muerte.

c) En parejas, preparen dos preguntas sobre el texto. Luego se contestan entre todos/-as.

d) En su país, ¿hay también procesiones? ¿En qué ocasiones?

3

Escuche a estos latinoamericanos que hablan de la Semana Santa en su país.
¿Se celebra la Semana Santa en Latinoamérica igual que en España?
¿Qué aspectos se mencionan de los diferentes países?

Colombia	Perú	Argentina	Chile

4

a) Muchos rituales y supersticiones tienen su origen en la religión, en la mitología o en la historia.

Una cadena: ¿Es usted una persona supersticiosa? ¿Puede mencionar un ejemplo?

pasar por debajo de una escalera / el número 13 / tocar madera / levantarse con el pie izquierdo

b) Aquí tiene el origen de algunas supersticiones. Relacione con los ejemplos de arriba.

1. Proviene de la Última Cena, en la que estaban reunidos Jesús y sus doce apóstoles. De ahí que el número trece sea de mala suerte y se trate de evitar trece a la mesa.
2. Aparentemente proviene de la mitología celta, en la que el movimiento del sol se identifica con la derecha, y la izquierda con la noche, y éstos a su vez con el bien y el mal.
3. Según algunos antropólogos, el triángulo que forma la escalera con la pared y el suelo se identificaba con la Santísima Trinidad, y formaba un espacio sagrado que no se debía romper.
4. Probablemente se refiere a tocar la cruz de Cristo para ponerse bajo su protección.

Datos: El País

c) ¿Conoce otros ejemplos de supersticiones?

d) En su experiencia, ¿se ha cumplido alguna vez una superstición?

5

a) Lea estos comentarios. ¿A qué ritual se refieren?

un nacimiento / una boda / una muerte

Sería conveniente que llevaras algo prestado. Si quieres, yo te dejo unos pendientes muy bonitos que te irán bien.

Yo te aconsejaría que fueras al velatorio o, por lo menos, que llamaras por teléfono a la familia para darles el pésame. Si no, pueden ofenderse.

Yo te recomendaría que le pusieras el nombre de su padre, es igualito que él cuando nació.

b) Marque en los comentarios las formas del imperfecto de subjuntivo. ¿Cuál es el infinitivo en cada caso?

OJO Stehen Verben, die Subjuntivo erfordern, im Konditional, so steht das Verb des Nebensatzes (que-Satz) im Imperfecto de subjuntivo, z.B. wenn man höfliche Ratschläge gibt.

6

a) Los rituales forman parte esencial de todas las culturas. Lea este cuestionario que ha rellenado una estudiante española.

1. Cuando nace un bebé

- [x] se le regala algo de oro para protegerlo.
- [x] se le regala ropa o juguetes.
- [x] se le llevan flores a la madre.

2. El primer día de la escuela

- [ ] se hace una fiesta.
- [ ] se les regala algo a los/las niños/-as.
- [x] no se hace nada especial.

3. Cuando alguien se casa

- [x] poco antes se celebra una despedida de soltero/-a.
- [ ] los amigos secuestran a la novia, y el novio tiene que buscarla.
- [x] la novia tira el ramo de flores a sus amigas.

4. Trae buena suerte en una boda

- [x] echarles arroz a los novios.
- [x] que la novia lleve algo nuevo, algo viejo, algo prestado, algo azul.
- [x] que el novio no vea a la novia antes de la ceremonia.

5. Cuando alguien se cambia de casa

- [x] se le regala algo para la casa.
- [ ] se le lleva pan y sal para traer suerte.
- [x] se hace una fiesta de inauguración.

6. Cuando alguien se muere

- [ ] se envían tarjetas de luto a los conocidos.
- [x] se visita a la familia para dar el pésame.
- [x] se vela al muerto la noche antes del entierro.

b) Y en su país, ¿qué se hace en estas ocasiones?

7

¿Qué le recomendaría a su compañero/-a hispanohablante si fuera

a una boda / a un entierro / a visitar a un enfermo en el hospital

MODELO ● Si fueras a una boda, sería conveniente que te pusieras ropa formal.

- •• informarse si tienen listas de regalos en una tienda
- •• ponerse ropa formal
- •• vestirse de negro
- •• no perderse la despedida de soltero
- •• ir a la iglesia
- •• llevar platos y tazas para romper, pero no vasos
- •• no regalar cuchillos
- •• (no) dar dinero
- •• no presentarse sin avisar
- •• informarse si tiene que pagar la noche en un hotel
- •• no quedarse más de media hora
- •• no llevar flores que huelan mucho
- •• no llevar joyas ni abrigos de piel
- •• informarse de lo que puede tomar el enfermo
- •• llevarle libros, revistas o crucigramas
- •• darle una propina a la enfermera
- •• encargar flores a una floristería
- •• mandar una tarjeta

Buscando el equilibrio

1

Mire este escaparate.
¿Tiene usted alguna de estas cosas?
¿Qué le interesaría tener?

2

a) Lea este texto. ¿Hay algo en el escaparate que se refiera a los temas del texto?

El ser humano siempre ha buscado respuestas a sus preguntas existenciales. Hay personas que las encuentran en la religión, otras las buscan en otros campos como el tarot, la astrología, la meditación, las filosofías orientales, etc.
La búsqueda de la espiritualidad, como contraste al materialismo de la sociedad actual, es otro anhelo común del ser humano. En esta búsqueda se recurre muchas veces a métodos alternativos, que ven al ser humano como un todo: un cuerpo, un alma, un espíritu, que busca la armonía con el universo.
Algunos ejemplos son la reflexología, la homeopatía, la acupuntura, la aromaterapia y el curanderismo.

b) Busquen en el texto los métodos alternativos que utilizan...

- los efectos de aromas y perfumes.
- agujas para curar enfermedades.
- masaje en la planta del pie.
- cantidades muy pequeñas de ciertas sustancias, que en una dosis mayor producirían la misma enfermedad que se está curando.

3

¿Tiene usted alguna experiencia con estos métodos o conoce a alguien que...

- vaya regularmente a que le den un masaje?
- compre aceites aromáticos, amuletos u otros productos esotéricos?
- haya consultado a un médico homeópata o naturista?
- sepa las características de su signo del zodíaco?
- haya ido a que le lean el tarot o la mano?
- practique yoga o algún tipo de meditación?

4

a) Lea los comentarios de estas personas.
¿Qué experiencias han tenido con la medicina alternativa?

Analía: Si no hubiera ido a un médico naturista, nunca me habría curado de mis dolores de cabeza. Ya había consultado todos los médicos posibles. Por fin, un amigo me recomendó que fuera a un médico naturista. Bueno, esto fue mi salvación, me curó mediante masajes y técnicas de relajación.

Laura: Mi hija tenía un problema de alergia. Hasta entonces, los médicos sólo le habían recetado cortisona, pero la niña no mejoraba. Por suerte, una amiga me aconsejó que consultara a un homeópata y con el tratamiento que le recetó, la alergia de mi hija ha mejorado mucho.

Rodrigo: Yo tenía unos dolores de espalda terribles, ya no podía trabajar. Había pasado por todo tipo de clínicas, pero sin resultado; hasta que un día decidí probar la acupuntura. Al principio me daba terror, pero no fue tan horrible... y lo mejor es que funcionó. Si no lo hubiera hecho, me habrían tenido que operar.

Jaime: A mí los médicos me dijeron que me iba a morir en pocos meses. Como última esperanza fui a ver a un curandero y, aunque parezca increíble, él me curó. Si no lo hubiera visitado, probablemente ya no estaría vivo.

b) ¿Qué habría pasado si no hubieran probado estos tratamientos? Relacione.

Si la hija de Laura no hubiera ido a ver a un homeópata,
Si Analía no hubiera consultado a un médico naturista,
Si Rodrigo no hubiera probado la acupuntura,
Si Jaime no hubiera consultado a un curandero,

se habría muerto.
habría sufrido una operación.
no se habría curado de sus migrañas.
habría tenido que usar cortisona.

c) Complete el cuadro y traduzca el ejemplo.

	haber	+	participio	haber	+	participio
	________			habría		
	hubieras			habrías		
Si no	hubiera		dormido,	________		visto el accidente.
	________			habríamos		
	hubierais			habríais		
	hubieran			________		

5

¿Qué habría pasado si...? Transforme las siguientes frases según el modelo.

MODELO • Si hubiéramos encontrado una casa con jardín, nos habríamos mudado.

1. Como no encontramos una casa con jardín, no nos mudamos.
2. Como ya no tenía tiempo, no seguí en el curso.
3. Como os regalaron las entradas, fuisteis al concierto de Carreras.
4. Como no hablaba inglés, Jorge no consiguió el puesto de director.
5. Como no teníamos el número, no os llamamos.
6. Como cenamos demasiado tarde, no fuimos al cine.

6

a) La mejor medicina.
¿Reconoce a esta persona? Si no, mire la página 31.

b) Escuche y conteste estas preguntas.

- ¿Qué profesiones tiene esta persona?
- ¿Por qué se hizo curandero?

c) Escuche la segunda parte de la entrevista y tome notas.

- ¿Qué remedios usan los curanderos para curar enfermedades?
- ¿Qué otras características tiene la medicina andina?

7

Éstas son otras afirmaciones del profesor Mamani.
Está usted de acuerdo con lo que dice? Discutan en pequeños grupos y luego, presenten los resultados a la clase.

- La medicina tiene un efecto sobre el ser humano, pero también tiene mucho efecto lo que piensa el ser humano sobre la medicina.
- Siempre se busca que el paciente primeramente comprenda la razón de su enfermedad. No se trata de cortar la enfermedad, sino se trata de cortar la raíz.
- Para que un médico aprenda los métodos de los curanderos, en primer lugar, debe bajar de su pedestal de médico, porque los médicos creen saberlo todo, pero realmente hay que ser humilde en esto.
- Para distinguir a un charlatán de un curandero, hay que distinguir un aspecto fundamental: el curandero tiene una formación espiritual.

8

a) Todos conocemos remedios naturales para curar pequeñas enfermedades.
Lea este extracto de la novela "Como agua para chocolate" de la autora mexicana Laura Esquivel. ¿De qué problema se trata? ¿Cómo lo cura Tita?

> Tita ordenó a Chencha que trajera claras de huevo batidas con aceite y bastantes papas crudas bien machacadas. Éstos eran los mejores métodos que conocía contra las quemaduras. Las claras de huevo se ponen sobre la parte dañada, renovando la aplicación cada vez que se sequen. Después hay que poner papas crudas machacadas para reducir la inflamación y calmar el dolor.
>
> *Laura Esquivel: Como agua para chocolate.*

b) ¿Conocen otros remedios para este problema?

c) Usted, ¿usa plantas medicinales u otros remedios?
En grupos. Escriban una receta casera para uno de estos problemas y preséntenla a la clase.

picaduras de abeja/mosquito
quemaduras de sol
resfriado
fiebre

Si te duelen los oídos, cuece una cebolla, pártela en trozos y ponla en un pañuelo de algodón. Entonces aplica este emplasto a la oreja hasta que la cebolla se enfríe.

Un modelo para la vida

1

a) **¿Ha admirado alguna vez a alguna persona? ¿Por qué?**

b) **¿Han cambiado sus "héroes" o "heroínas" con la edad?**

2

a) **Muchas personas piensan que estos personajes son héroes. ¿Sabe cómo se llaman? ¿Son héroes también para usted?**

Madre Teresa / Mijail Gorbachov / Juana de Arco / Ché Guevara / Mahatma Ghandi
John Lennon / Albert Schweizer / Dalai Lama / Stephen Hawkins

b) **En la vida cotidiana también hay héroes. ¿Conoce alguno?**

3

a) ¿A qué personajes de la página anterior se refieren estas frases?

1. Dedicó su vida al trabajo humanitario y se hizo misionero en África, donde fundó el famoso "hospital del trópico".
2. Músico famoso de rock que fue asesinado por un fanático en 1981.
3. Ayudó al ejército francés a luchar contra los ingleses en el siglo XV. Fue quemada viva; después de su muerte, se convirtió en santa patrona de su país.
4. Presidente de la entonces Unión Soviética, se transformó en el líder de una política de apertura que tuvo consecuencias importantes para toda Europa.
5. Político cubano asesinado en Bolivia en 1967. Desde los años 60 se convirtió en un símbolo de los movimientos revolucionarios.

b) Marque en las frases las expresiones que significan "werden".

Dem deutschen "werden" entsprechen im Spanischen verschiedene Ausdrücke:

Quiere **ser** padrino de un niño en la India.	Funktion, Beruf
ponerse nervioso, enfermo, oscuro	Änderung der Stimmung, Aussehen, Zustand
hacerse jesuita, rico, famoso, viejo	Veränderung, Entwicklung, Funktion
convertirse en / **transformarse** en	Verwandlung
fue asesinado	Passiv

OJO volverse loco – verrückt werden
Bei manchen reflexiven Verben ist die Bedeutung "werden" enthalten:
enfadar**se**: *wütend werden*; curar**se**: *gesund werden*.

4

a) Va a leer un artículo sobre un programa de ayuda para la India. ¿Qué actividades realizan los programas de ayuda para el desarrollo?

b) Una vida ejemplar.
Lea este artículo sobre Vicente Ferrer y ponga los datos biográficos en el orden correcto.

- ☐ Se hace jesuita.
- ☐ Recibe varios premios.
- ☐ Participa en la Guerra Civil.
- ☐ Funda una asociación para el desarrollo rural.
- ☐ Lo readmiten en la India.
- ☐ Se convierte en misionero en la India.
- ☐ Nace en Barcelona.
- ☐ Se casa.
- ☐ Lo expulsan de la India.
- ☐ Abandona la orden.
- ☐ Lo proponen para el Premio Nobel de la Paz.

San Vicente Ferrer: La cruzada humanitaria de un español en la India

Tiene nombre de santo y vida de héroe: Vicente Ferrer, catalán y ex jesuita, ha dedicado 44 años de su vida a los más desafortunados. Su organización fue fundada por Ferrer en 1969 y tiene su oficina central en Anantapur, en el sur de la India. Desde allí coordina sus proyectos: hospitales, escuelas de oficios, talleres de rehabilitación y ortopedia, una colonia de casas con energía solar, muchas plantas de biogás, programas para minusválidos, un Banco para la Mujer. Gracias a sus programas, hoy crecen árboles y se cultiva mango o papaya en esta región extremadamente seca.

Vicente Ferrer nació en Barcelona hace 76 años. Volvió del frente republicano de la Guerra Civil a los 19 años sin haber disparado nunca, porque "no quería matar a nadie". En aquella época, una noche, tuvo una visión. Pensaba en su vida cuando todo a su alrededor se hizo oscuro, pero al final había una luz. Decidió que era la luz de Dios y quiso seguirla. Así se hizo jesuita y en 1952 se convirtió en misionero en la India.

A los 38 años lo enviaron a otra misión, donde su antecesor lo recibió con las palabras "Es inútil, Ferrer. Aquí no nos quieren. Márchese por donde ha venido." Pero se quedó para construir hospitales y escuelas, y llevar granos y semillas a los alrededores. Conoció a su compañero Ángel Montalvo, y juntos formaron un equipo extraordinario. Los dos hacían de todo para conseguir dinero: pedían de casa en casa, llamaban a personas y a organizaciones, incluso actuaban en hoteles y restaurantes como los cómicos Laurel y Hardy.

Muchos pensaron que Vicente Ferrer se había vuelto loco: "Siempre está soñando", decían, mientras él seguía trabajando en su ambicioso proyecto.

Surgieron las presiones: los jesuitas, los políticos nacionalistas y radicales, los bancos que lo veían como competidor porque prestaba dinero sin cobrar intereses. Así que en 1968, fue expulsado de la India. Miles de personas protestaron. Se organizó un comité internacional; incluso propusieron a Ferrer para el Premio Nobel de la Paz. Ante tantas protestas el gobierno hindú le permitió quedarse.

Sin embargo, los jesuitas decidieron cambiarlo de puesto. Ferrer se negó: toda su vida estaba en la India. Entonces lo presionaron tanto que dejó la orden. Un año más tarde, se casó con Ana Perry, una periodista inglesa que se había hecho voluntaria en la organización. "Fuimos muy criticados, sobre todo por los círculos católicos," afirma Ana. El boicoteo fue total. Ninguno de los 22 Estados Indios quería recibirlos. Finalmente los aceptaron en una de las zonas más pobres del país. Cuando llegaron a Anantapur, no tenían absolutamente nada. Entonces, Vicente Ferrer encontró en la pared un papel que decía: "Espera un milagro." Y él decidió no esperarlo, sino llevarlo a cabo. Con el tiempo, Ferrer ha conseguido no sólo el apoyo del Gobierno de la India y de Unicef, sino también varios premios.

Adaptado de: El País Semanal.

c) **Conteste estas preguntas.**

- ¿Por qué se hizo jesuita Vicente Ferrer?
- ¿Y por qué dejó la orden?
- ¿Por qué pensaban muchos que Ferrer se había vuelto loco?
- ¿Cómo conoció a su mujer?

d) **¿Qué aspecto de la vida de Ferrer le ha impresionado?**

e) **¿Conoce a alguien que haga un trabajo voluntario para ayudar a los demás?**

5

En dos grupos. Cada grupo lee una parte del texto y busca las diferentes expresiones españolas que corresponden a "werden". Luego los dos grupos juntos hacen una lista.

6

En parejas. Elija las tres preguntas que más le interesen y pregunte a su compañero/-a...

1. si hay cosas que le vuelven loco/-a.
2. qué cosas le ponen triste/de buen humor.
3. qué significa para él/ella hacerse viejo/-a.
4. en qué ocasiones se pone colorado/-a.
5. cuándo se enfadó de verdad por última vez.
6. si se ha convertido en lo que quería ser de niño/-a.
7. qué situaciones le ponen nervioso/-a.
8. si le gustaría hacerse famoso/-a.
9. cómo piensa que una persona puede hacerse rica rápidamente.
10. adónde iría si decidiera dejarlo todo y volverse trotamundos.

7

Sólo le pido a Dios.

Esta canción ha sido desde hace años parte del repertorio de intérpretes tan conocidos como la argentina Mercedes Sosa. Es casi como un himno latinoamericano, en el que se habla del idealismo que debemos conservar a pesar de todo lo malo que pueda pasarnos: la guerra, el exilio, el destino, la soledad.
Escuche y ponga las frases en el orden correcto.

Sólo le pido a Dios que ► la guerra / lo injusto ► no me sea indiferente.

○ Es un monstruo grande y pisa fuerte toda la pobre inocencia de la gente.	pisar – *niedertreten*
○ Que la *reseca* muerte no me encuentre vacía y sola, sin haber hecho lo suficiente.	reseco/-a – *vertrocknet*
○ Que no me *abofeteen* la otra mejilla después de que una *garra* me *arañó* esta suerte.	abofetear – *ohrfeigen* garra – *Klaue*; arañar – *zerkratzen*

Si usted quisiera romper con su vida actual, ¿qué haría? ¿Qué habría sido de su vida si hubiera tomado decisiones que no tomó?
Escriba un pequeño texto para una revista. Su profesor/a recoge los textos y los reparte. Cada uno/-a lee el texto que le ha tocado. Los otros/-as adivinan quién lo ha escrito.

Rincón profesional

1

a) ¿Cómo decirlo? Hay maneras distintas de decir las cosas.
Recuerde que en español, en el mundo del trabajo, ser muy directo se considera descortés.
Mire las siguientes expresiones y relacione las que tienen la misma información.

No sé.
No es posible.
Ahora mismo no se lo puedo decir, pero voy a tratar de enterarme.
Vamos a ver que puedo hacer.
No podemos enviar la mercancía antes del 15.
Lamentablemente nos es imposible enviar la mercancía.
Llame por favor a la empresa Intersal.
¿Podría usted consultar el asunto con la empresa Intersal?

b) Más amable, por favor.
Esta llamada telefónica no es adecuada para el trabajo.
En parejas, cambien el diálogo y represéntenlo a la clase.

- ● Diga.
- ○ ¿Está el señor Barillas?
- ● ¿Quién habla?
- ○ Isabel García.
- ● Un momento... El señor Barillas no puede ponerse. ¿Qué desea?
- ○ Es por la reunión del jueves. Quiero decirle a qué hora es.
- ● ¿A qué hora es?
- ○ A las once.
- ● Bueno.
- ○ Si no puede, que me llame.
- ● Sí.
- ○ Gracias, adiós.
- ● Adiós.

c) Escuche ahora el siguiente diálogo y compare.

2

El clima del trabajo es muy importante.
Aquí tiene algunas situaciones conflictivas en el trabajo. ¿Qué haría usted en estas situaciones?
Hagan propuestas en pequeños grupos.

MODELO ● Al colega del perro le diría que lo dejara en casa porque me da miedo.

- Un/a colega llega al trabajo con un perro gigante.
- Un/a colega pasa el tiempo hablando por teléfono con su novio/-a.
- Un/a colega sigue fumando a pesar de las protestas de sus compañeros/-as.
- Su jefe/jefa siempre viene con trabajos extras cinco minutos antes de salir.
- Su jefe/jefa no saluda a nadie.
- En el trabajo se forman grupos que rivalizan entre ellos para ganar la simpatía del jefe/de la jefa.

Revuelto

1

a) ¿Conoce bien a su compañero/-a?
Formen parejas. Cada uno/-a contesta (por escrito) este cuestionario como piensa que contestaría su compañero/-a.

- ¿Le gusta hablar por teléfono?
- ¿Habla usted con muchas personas diferentes durante el día?
- ¿Cuántas veces se reúne con sus amigos/-as para charlar con ellos/ellas?
- ¿Dice usted siempre lo que piensa? ¿En qué caso no?
- ¿Le es fácil hablar delante de mucha gente?
- ¿Sabe contar chistes?
- ¿Hay situaciones en las que prefiere no hablar?
- ¿Le molesta cuando le interrumpen mientras está hablando?
- En una fiesta, ¿le gusta más hablar con gente que ya conoce, o aprovecha para conocer a gente nueva?
- En una conversación, ¿prefiere escuchar, o le gusta más hablar?
- Si recibe una buena noticia, ¿tiene ganas de contarla a otras personas?

b) ¿Su compañero/-a le conoce bien?
Cada uno/-a lee lo que ha puesto su compañero/-a. ¿Ha contestado realmente como lo habría hecho usted? En parejas, comparen y comenten los resultados.

c) ¿Y en español?
Lea otra vez el cuestionario. ¿Cambiarían sus respuestas a la hora de hablar español? ¿Cuáles cambiarían y cuáles no?

MODELO ● A mí me cuesta mucho hablar español por teléfono.

2

a) Estrategias de comunicación.
Aquí hay algunas frases que nos pueden ayudar para comunicarnos en español. Marque las que le parezcan más útiles y clasifíquelas en las tres categorías mencionadas en la página 141.

Perdone, ¿podría repetirlo?

¿Puede hablar más alto?
Es que se oye muy mal.

Lo siento, pero no lo entendí,
¿me lo explica otra vez?

¿Puede hablar más lento?

No he cogido el chiste.

¿Cómo ha dicho? ¿La calle Trafalgar?

Era el martes a las nueve, ¿no?

La primera a la derecha, ¿verdad?

¿Vamos en autobús
o en “Straßenbahn”?

Este aparato que sirve para...

Este animal que hace "muhhh..."

Es como un bolígrafo, pero que se puede borrar.

1. Cuando no entiendo lo que me dicen:

____
____
____
____
____

2. Cuando quiero comprobar que he entendido bien, puedo

repetir la información: ______________________
resumir la información: ______________________

3. Cuando no puedo expresarme como me gustaría, puedo

usar una palabra de mi idioma: ______________________
dar una definición: ______________________
hacer un gesto o un ruido: ______________________
usar palabras del mismo campo: ______________________

Éstos son elementos que dan la sensación de fluidez:

repetir el tema	palabras de "relleno"	comentarios sobre el tema	ampliar el tema
o sea más bien dicho en otras palabras	pues, bueno, entonces ¿ves? ¿sabe usted? algo así	eso es muy interesante de verdad ¡No me digas!	pensándolo bien es que como por ejemplo

b) En parejas. Elijan uno de estos temas y hablen durante un minuto usando algunas de las expresiones anteriores.

- el medio ambiente
- tradiciones y fiestas
- los medios de comunicación
- la superstición
- la medicina alternativa
- una persona extraordinaria

c) ¿Cómo les fue? ¿Les pareció largo el minuto? Comenten sus experiencias.

d) Vamos a cambiar de tema.
Una cadena. Uno empieza con un tema que le gusta. Los demás van tomando algún elemento y lo siguen como nuevo tema.

MODELO
- ● A mí me gusta esquiar en invierno.
- ○ Hablando de invierno, el último fue horroroso, ¿no?
- ■ Pues a propósito de algo horroroso: me robaron la cartera en el metro.
- □ Ah, ¡qué barbaridad! Pero hablando del metro, ¿saben que...?

3

a) El lenguaje no-verbal.
Alguien de la clase hace un gesto. Los/Las compañeros/-as tienen que explicar el significado de este gesto a un/a hispanohablante.

4

a) ¿A quién tutea usted? ¿A quién nunca tutearía? ¿Qué pasaría si usted tuteara...

a su jefe o jefa? / a una vendedora? / a un camarero? / a su médico/-a?

b) Lea este texto y tome notas: ¿A quién se trata de tú? ¿A quién de usted?

En Latinoamérica no se usa la forma *vosotros* como en España, aunque se conoce y se aprende en la escuela. Aparece escrita en la literatura y se escucha en el teatro clásico o en los textos de la iglesia.

Por lo general, los latinoamericanos se hablan de *usted* o de *tú*. El *usted* se usa para dirigirse a las personas que uno no conoce bien, para personas mayores como señal de respeto o en situaciones formales. En general, en Latinoamérica se suele ser más formal que en España. En las relaciones de trabajo se tutea menos y se usan más fórmulas de cortesía. Por ejemplo, en México y Centroamérica son usuales frases que los españoles considerarían un poco exageradas, como "para servirle" o "a sus órdenes". En cambio, a algunos latinoamericanos los españoles pueden parecerles demasiado directos.

En el trato informal y familiar se tutea, también entre colegas. Los profesores normalmente tutean a los alumnos jóvenes.

En el plural sólo hay una forma tanto para *tú* como para *usted*: el plural de los dos es *ustedes*, es decir, no se distingue entre una forma familiar y una formal. No hay distinción, por ejemplo, entre"Señores López / Pancho y Graciela, vengan ustedes para acá".

Pero eso no es todo. Una forma especial es el *vos* que sustituye a la forma *tú* en algunos países de Latinoamérica como Argentina, Uruguay y otros. Sin embargo, el *vos* no se usa de manera igual en todos.

Otro aspecto del castellano en Latinoamérica es que, en algunos países, se dice *usted* también en situaciones de confianza o de gran intimidad. Así no es contradicción que un padre diga a su hija – o un esposo a su esposa – "Venga, déme un beso...". Esto puede parecer extraño a otros hispanohablantes que asocian la forma de *usted* con distancia y formalidad.

Evidentemente, somos tantos hispanohablantes en tantos países distintos, que es normal que haya pequeñas diferencias. Pero de todas formas en el mundo del español todos y todas se entienden, y nos sentimos orgullosos de poseer una lengua común tan universal.

c) Escuche a algunos latinoamericanos y marque las frases correctas.

- ☐ En Latinoamérica no se usa la forma *vosotros*.
- ☐ En Argentina se usa *vos* en lugar de *tú*.
- ☐ La forma verbal que corresponde a *vos* es diferente.
- ☐ En Uruguay no existe el *tú*, se usa sólo el *vos*.
- ☐ En Bolivia no existe el *vos*.
- ☐ En Costa Rica el *vos* tiene un valor despectivo.
- ☐ En Chile el *usted* tiene un valor afectivo.
- ☐ En Colombia se habla de *usted* entre hermanos.

5

a) Verbos con diferentes significados.
¿Se acuerda que estos tres verbos pueden corresponder a "werden" en alemán? Pero también tienen otros significados. ¿Cómo se traduce **poner(se)**, **hacer(se)** y **volver(se)** en cada caso?

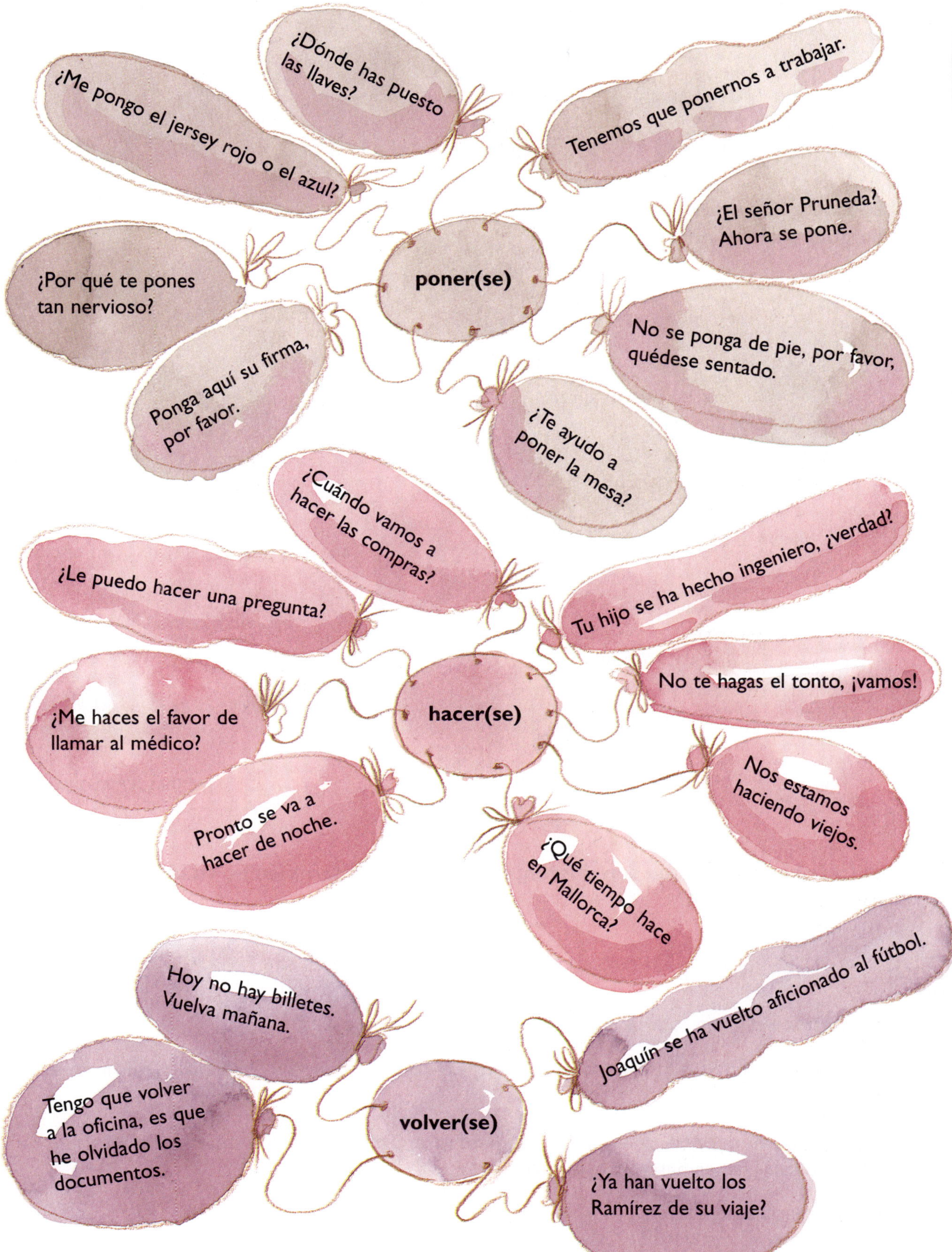

b) ¿Puede poner un ejemplo más en cada globo?

6

a) ¿Es usted listo como un zorro?
En todos los idiomas hay expresiones con animales. Muchas sirven para describir el carácter de una persona. ¿Qué expresiones se asocian en su país con estos animales?

b) Complete estas expresiones idiomáticas españolas. ¿Cuáles son iguales en su lengua? ¿Cuáles diferentes?

estar loco como una ...

ser listo como un ...

ser la ... de la familia

llevarse como ... y ...

ser un ... de pelea

ser más pesado que una ... en brazos

ser una ...

aburrirse como una ostra

tener vista de ...

ser más lento que una ...

c) Las expresiones que son diferentes, ¿se traducen también en su lengua por medio de animales?

7

a) ¿Conoce alguna fábula o algún cuento de animales?

b) Va a escuchar un cuento en el que aparecen una zorra y un lobo. ¿Quién cree que va a ganar?

c) Escuche el cuento. ¿Ha ganado al final el animal que usted había pensado?
¿Cuál de estas frases describe la moraleja del cuento?

La inteligencia siempre gana.
Siempre gana el más fuerte.
No hay fuerza más grande que el instinto de supervivencia.

d) ¿Dónde están estos elementos en el dibujo?

- el lobo
- la zorra
- la luna
- el queso

e) Escuche otra vez y conteste las preguntas.

- ¿Quién quería comerse a quién?
- ¿Qué era el queso prometido?
- Al final, ¿quién fue el tonto y quién el inteligente?
- ¿Puede contar una fábula u otro cuento de animales?

8

Caminante no hay camino. Lea este extracto de un poema de Antonio Machado.

Caminante son tus huellas (1)
el camino y nada más;
caminante, no hay camino
se hace camino al andar.
Al andar se hace camino
y al volver la vista atrás
se ve la senda (2) *que nunca*
se ha de volver a pisar (3).

(1) Spuren

(2) Weg

(3) betreten

En los dos tomos de *Caminos* hemos empezado a contruir con ustedes el camino que supone aprender un idioma. Le hemos presentado países del mundo del español, fiestas y costumbres, gramática y vocabulario, y creemos que usted habrá dejado en el libro las huellas de su trabajo.
Todas estas etapas le habrán ayudado a recorrer el interesante camino que es aprender una lengua. Sin embargo, querido/-a caminante, no ha llegado al final. El camino de aprender un idioma nunca termina.
Esperamos que usted siga caminando por la senda que empezó con *Caminos*.
Piense que cada vez que lea en español, cada vez que vea una película o escuche la radio, cada vez que viaje por el mundo del español estará haciendo camino. Como dijo el poeta: "Se hace camino al andar."

9

Un Juego.
En pequeños grupos, sigan las huellas de Olivia, y si llegan a una casilla, contesten las preguntas.

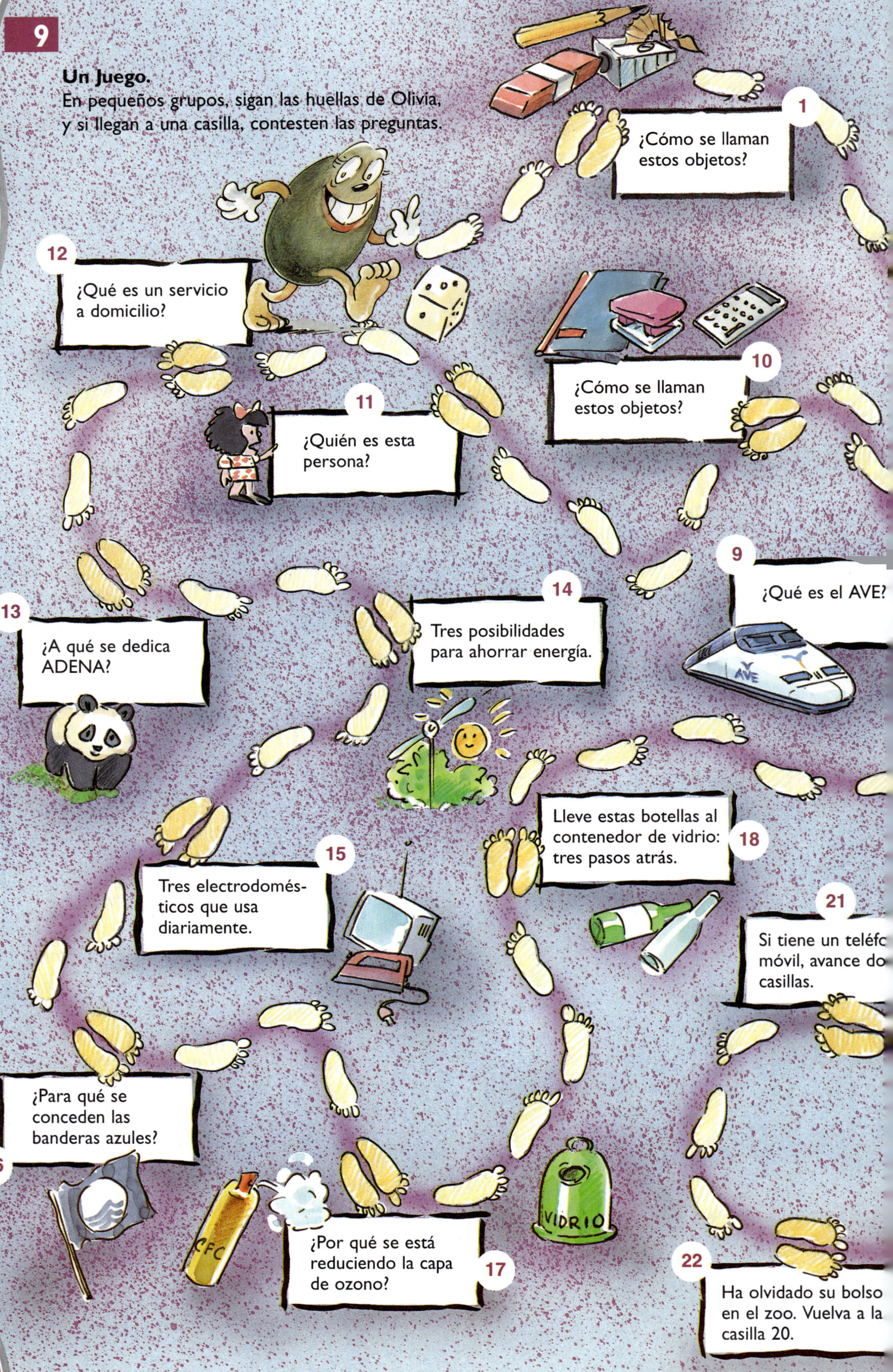

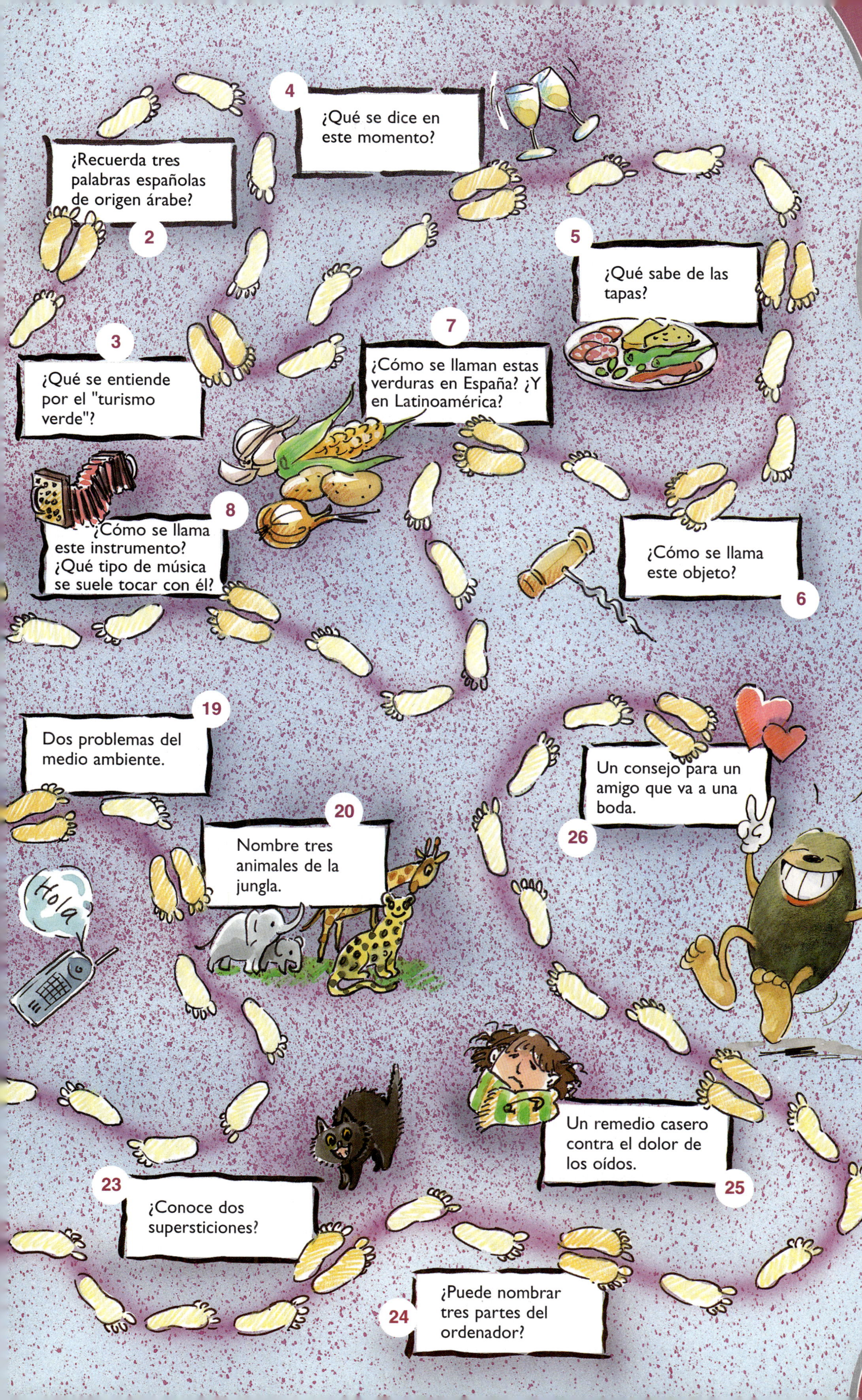
2
¿Recuerda tres palabras españolas de origen árabe?
3
¿Qué se entiende por el "turismo verde"?
4
¿Qué se dice en este momento?
5
¿Qué sabe de las tapas?
6
¿Cómo se llama este objeto?
7
¿Cómo se llaman estas verduras en España? ¿Y en Latinoamérica?
8
¿Cómo se llama este instrumento? ¿Qué tipo de música se suele tocar con él?
19
Dos problemas del medio ambiente.
20
Nombre tres animales de la jungla.
Hola
23
¿Conoce dos supersticiones?
24
¿Puede nombrar tres partes del ordenador?
25
Un remedio casero contra el dolor de los oídos.
26
Un consejo para un amigo que va a una boda.

Unidad 1 B 7

Hola, Ana:
Llegué a Passau hace dos semanas. Mis compañeros de piso son muy simpáticos, pero tengo muchos problemas para entender a Peter, que tiene un acento bávaro bastante fuerte. A Astrid la entiendo mucho mejor. A propósito de no entender nada: te digo que los alemanes deben tener fijación mental con los cerdos. Cuando alguien ha tenido suerte, dicen "da hast du Schwein gehabt", lo que significa: "has tenido cerdo".
Además, aquí, cuando quieren decir "me importa un rábano", dicen "das ist mir Wurst" ("me importa una salchicha"). Y el otro día me pasó algo graciosísimo: Tienes que saber que en el sur de Alemania, la gente se saluda y se despide diciendo "Servus", y como Peter tiene un acento tan raro, pues yo entendía siempre "sehr Wurst" ("mucha salchicha"), hasta que hace unos días lo vi escrito. ¡Qué risa! Ya me parecía que eso de saludarse diciendo "mucha salchicha" era demasiado raro...

Un cordial saludo

Juana

Unidad 2 B 1

Unidad 3 C 3

La dieta mediterránea

Algunos estudios actuales han relacionado la dieta "pobre" de los países mediterráneos con una larga vida. Sin embargo, no está realmente demostrado que la dieta sea el factor más importante. Por ejemplo, el estilo de vida de los países mediterráneos podría ser un factor igualmente importante: la siesta y la sobremesa, que reflejan una manera de tomar la vida con más calma.
No es verdad que la solución a todas las enfermedades se encuentre solamente en la dieta. En otros países, quizás más industrializados, muchas veces la vida supone más estrés. Además, el tipo de trabajo suele ser diferente. Por el clima y por la importancia de la agricultura, en los países del sur la gente pasa más tiempo al aire libre.
Otro factor importante es que el efecto de la dieta depende de la edad. No es cierto que consumir leche, carne roja y mantequilla sea malo para todas las edades. Los jovenes, por ejemplo, necesitan muchas proteínas en la edad del crecimiento, y es evidente que las generaciones jóvenes de hoy están mejor alimentadas que las de sus padres.
El argumento más grave se refiere al vino: en estas teorías, se dice que es muy saludable beber vino en dosis moderadas. Sin embargo, está demostrado que el consumo y el abuso del alcohol es un problema muy serio, y no sólo de salud. Incluso en pequeñas cantidades, el efecto del alcohol puede ser fatal y llevar al alcoholismo.

Unidad 5 A 1

La ciudad del poema es Nueva York.

Unidad 5 A 3

Ciudades favoritas de los alemanes para vivir:
1. Múnich, 2. Hamburgo, 3. Coblenza, 4. Friburgo, 5. Lübeck

Unidad 7 B 7

Hombre y mujer, cuando de trabajo se trata

Tiene colocada encima de su mesa las fotos de su esposo/-a y de sus hijos.
él: Es un hombre responsable que se preocupa por su familia.
ella: Su familia tiene prioridad sobre su carrera.

Su escritorio está lleno de papeles.
él: Se nota que es una persona ocupada, siempre trabajando.
ella: Es una desordenada.

Está hablando con sus compañeros de trabajo.
él: Seguro que están discutiendo nuevos proyectos.
ella: Seguro que está cotilleando.

Salió a almorzar con el jefe.
él: Su prestigio aumenta.
ella: Debe tener un "affaire".

Se va a casar.
él: Eso le estabilizará.
ella: Pronto tendrá un hijo y dejará el trabajo.

Va a tener un hijo.
él: Necesitará un aumento de sueldo.
ella: Le costará a la empresa la maternidad.

Va a hacer un viaje de negocios.
él: Es conveniente para su carrera.
ella: ¿Qué opina su marido?

Se va. Tiene un trabajo mejor.
él: Hace bien en aprovechar la oportunidad.
ella. No se puede confiar en las mujeres.

Faltó al trabajo por enfermedad.
él: Debe estar muy mal.
ella: Tendrá un resfriado.

Los domingos de ABC.

Unidad 9 A **3**

La serpiente: 1905, 1917, 1929, 1941, 1953, 1965, 1977, 1989, 2001
Tiene una personalidad muy atractiva, pero a veces egocéntrica. Tiene mucha fantasía. Sigue lo que le dice su intuición a la hora de tomar decisiones. Sin embargo, no es demasiado constante y abandona pronto las cosas.

El caballo: 1906, 1918, 1930, 1942, 1954, 1966, 1978, 1990, 2002
Es muy rápido e impulsivo, pero pierde fácilmente el interés cuando encuentra dificultades en su camino. Tiene talento para muchas cosas, pero le falta confianza en sí mismo. En sus sentimientos es normalmente reservado, pero a veces puede ser explosivo.

La cabra: 1907, 1919, 1931, 1943, 1955, 1967, 1979, 1991, 2003
Es elegante y tranquila, pero a veces caprichosa. Se adapta a los demás hasta olvidar sus propios intereses. Lucha contra la injusticia, pero está en contra de la violencia.

El mono: 1908, 1920, 1932, 1944, 1956, 1968, 1980, 1992, 2004
Siempre está de buen humor y es un compañero muy agradable, pero inconstante y nervioso: siempre quiere hacerlo todo a la vez.

El gallo: 1909, 1921, 1933, 1945, 1957, 1969, 1981, 1993, 2005
Es sincero y muy franco, a veces demasiado directo. Es una persona metódica y ordenada que odia la improvisación.

El perro: 1910, 1922, 1934, 1946, 1958, 1970, 1982, 1994, 2006
Le gusta la compañía, no soporta estar solo. Es muy fiel a sus amigos y se puede contar con él. Es obstinado y pesimista. Las cuestiones de dinero le interesan poco.

El cerdo: 1911, 1923, 1935, 1947, 1959, 1971, 1983, 1995, 2007
Es una persona muy amable, pero impaciente. Cree lo que le dicen los demás y por eso, a veces, algunos se aprovechan de él. Es inteligente y tiene talento artístico. Es muy sociable.

Unidad 10 A **4**

Debido al gran interés, la Universidad Popular ha decidido sustituir los cursos de español por cursos de japonés.

Deportes: el mundo del tenis está de luto. El número uno del tenis mundial ha decidido abandonar su profesión. En una entrevista declaró que ha comprado una granja en la Selva Negra, donde quiere dedicarse a la agricultura ecológica.

Grammatik nach Lektionen

Dieser Grammatikanhang liefert Ihnen eine Zusammenfassung des Stoffs jeder Lektion. Er enthält nicht nur die Grammatikregeln im engeren Sinn, sondern auch die wichtigsten Redemittel zu jedem Thema – kurz, alles was innerhalb der Lektionen durch Kästchen hervorgehoben ist. Die Erklärungen sind ausführlicher als in den Lektionen selber, viele Beispiele sind ins Deutsche übersetzt.

Sie können diesen Grammatikanhang benutzen, wenn Sie sich einen Überblick über den Lernstoff einer Lektion verschaffen wollen oder wenn Sie eine ausführlichere Erklärung suchen. Sie finden hier die vollständigen Kästchen und Regeln, die innerhalb der Lektion zum Ausfüllen gedacht sind, und können damit die Lösung nachschlagen, wenn Sie mal eine Stunde versäumt haben.

Da dieser Grammatikanhang zum Lernen gedacht ist, sind die Phänomene in der Reihenfolge aufgeführt, in der sie in **Caminos 2** auftreten. Als Ergänzung und zum Nachschlagen gibt es ein Grammatikheft (Klett-Nr. 514896), das die grammatischen Inhalte von **Caminos 1** und **2** umfasst und das nach systematischen Gesichtspunkten geordnet ist; dort stehen z. B. alle Informationen über das Verb an einer Stelle, die über das Adjektiv an einer anderen Stelle usw.

Erläuterung der grammatischen Bezeichnungen

Adjektiv	*Eigenschaftswort*	adjetivo
Adverb	*Umstandswort*	adverbio
Akkusativ	*Wenfall, 4. Fall*	acusativo
Akkusativobjekt	*direktes Objekt*	objeto directo
Akzent	*Betonungszeichen*	acento
Artikel	*Geschlechtswort*	artículo
Dativ	*Wemfall, 3. Fall*	dativo
Dativobjekt	*indirektes Objekt*	objeto indirecto
Demonstrativpronomen	*hinweisendes Fürwort*	demostrativo
Diminutiv	*Verkleinerungsform*	diminutivo
Diphthong	*Doppellaut*	diptongo
feminin	*weiblich*	femenino
Futur I	*Zukunft*	futuro
Futur II	*vollendete Zukunft*	futuro perfecto
Gerundium	*(bildet mit estar die Verlaufsform)*	gerundio
Hilfsverb		verbo auxiliar
Imperativ	*Befehlsform*	imperativo
Imperfekt	*unvollendete Vergangenheit*	(pretérito) imperfecto
Indefinido	*historische Vergangenheit*	(preterito) indefinido
Indefinitpronomen	*unbestimmtes Fürwort*	pronombre indefinido
Indikativ	*Wirklichkeitsform*	indicativo
Infinitiv	*Grundform des Verbs*	infinitivo
Intonation	*Satzmelodie*	entonación
Kardinalzahl	*Grundzahl*	número cardinal
Komparativ	*Vergleichsform, 1. Steigerungsstufe*	comparativo
Konditional	*Bedingungsform*	condicional
Konditionalsatz	*Bedingungssatz*	oración condicional
Konjugation	*Beugung des Verbs*	conjugación
konjugieren	*ein Verb beugen*	conjugar
Konjunktion	*Bindewort*	conjunción, nexo

Konjunktiv	*Möglichkeitsform*	subjuntivo
Konjunktiv Perfekt		perfecto de subjuntivo
Konjunktiv Präsens	*Möglichkeitsform der Gegenwart*	presente de subjuntivo
Konjunktiv Imperfekt	*Möglichkeitsform der Vergangenheit*	imperfecto de subjuntivo
Konsonant	*Mitlaut*	consonante
maskulin	*männlich*	masculino
Negation	*Verneinung*	negación
Neutrum	*sächliches Geschlecht*	neutro
Objekt	*Ergänzung*	objeto
Objektpronomen	*Fürwort, das ein Objekt ersetzt*	pronombre objeto
Ordinalzahl	*Ordnungszahl*	número ordinal
Orthographie	*Rechtschreibung*	ortografía
Partizip Perfekt	*Mittelwort der Vergangenheit*	participio perfecto
Passiv	*Leideform*	voz pasiva
Perfekt	*vollendete Gegenwart*	(pretérito) perfecto
Periphrase	*Umschreibung*	perífrasis
Personalpronomen	*persönliches Fürwort*	pronombre personal
Plural	*Mehrzahl*	plural
Plusquamperfekt	*vollendete Vergangenheit*	pluscuamperfecto
Possessivpronomen	*besitzanzeigendes Fürwort*	posesivo
Präfix	*Vorsilbe*	prefijo
Präposition	*Verhältniswort*	preposición
Präsens	*Gegenwart*	presente
Präteritum	*s. Imperfekt*	
Pronomen	*Fürwort*	pronombre
reflexives Verb	*rückbezügliches Zeitwort*	verbo reflexivo
Reflexivpronomen	*rückbezügliches Fürwort*	pronombre reflexivo
Relativpronomen	*bezügliches Fürwort*	pronombre relativo
Relativsatz	*durch ein Relativpronomen eingeleiteter Nebensatz*	oración de relativo
Singular	*Einzahl*	singular
Stamm	*Grundform des Verbs ohne Endung*	raíz
Subjekt	Satzgegenstand	sujeto
Subjektpronomen	*Fürwort, das ein Subjekt ersetzt*	pronombre sujeto
Substantiv	*Hauptwort, Nomen*	sustantivo
Suffix	*Nachsilbe*	sufijo
Superlativ	*Höchststufe bei der Steigerung*	superlativo
unpersönliches Verb	*Zeitwort ohne persönl. Subjekt*	verbo impersonal
Verb	*Zeitwort, Tätigkeitswort*	verbo
verbale Periphrase	*Umschreibung mit Hilfe eines Verbs*	perífrasis verbal
Vokal	*Selbstlaut*	vocal

Unidad 1

Wie man über Erinnerungen spricht

Esta foto **me recuerda** mis vacaciones.	*Dieses Foto erinnert mich an meine Ferien.*
Ese chico **me recuerda a** mi hijo.	*Dieser Junge erinnert mich an meinen Sohn.*
Este plato **me hace pensar en** uno que probé en Marruecos.	*Dieses Gericht erinnert mich an eines, das ich in Marokko probiert habe.*

OJO **Recordar algo a alguien** heißt *"jemanden an etwas erinnern"*. **Recordar** und **acordarse de** bedeuten beide *"sich erinnern"*, wobei **recordar** eine etwas vagere Erinnerung zum Ausdruck bringt.

Esta foto **me recuerda** a Juan.	*Dieses Foto erinnert mich an Juan.*
No **recuerdo** a Juan.	*Ich kann mich nicht mehr an Juan erinnern.*
Me **acuerdo de** Juan.	*Ich erinnere mich an Juan.*

Der Gebrauch der Vergangenheitszeiten

Beachten Sie beim Erzählen den Gebrauch der Vergangenheitszeiten:

Hintergrund, Umstände: Imperfecto	Handlung: Indefinido
Cuando **estaba** de vacaciones, *Als ich im Urlaub war,*	**comí** una paella deliciosa. *habe ich eine köstliche Paella gegessen.*
Cuando **vivía** en Argentina, *Als ich in Argentinien lebte,*	**aprendí** a bailar el tango. *lernte ich Tango tanzen.*

Wie man jemanden vorstellt und darauf reagiert

Para presentar a alguien		Para reaccionar	
Te presento a Carlos.	*Ich stelle dir Carlos vor.*	Encantado/-a.	*Angenehm.*
¿Conoce al señor Peña?	*Kennen Sie Herrn Peña?*	Mucho gusto.	*Sehr erfreut.*
Ésta es la señora Pérez.	*Das ist Frau Pérez.*	Bienvenida al curso.	*Willkommen im Kurs.*
Éste es Luis, un amigo.	*Das ist Luis, ein Freund.*	Bienvenido.	*Willkommen.*

•• Wie im Deutschen hat das Verb **presentar** ein direktes und ein indirektes Objekt. Da die Präposition **a** sowohl auf das indirekte Objekt als auch auf das direkte Objekt bei Personen hinweisen kann, könnte es manchmal zu Doppeldeutigkeiten kommen. Normalerweise werden Missverständnisse aber durch den Kontext ausgeschlossen.

Te **presento a** Carlos. *Ich stelle dir Carlos vor. / Ich stelle dich Carlos vor.*

•• **Encantado/-a**, und **bienvenido/-a/-os/-as** sind Adjektive und richten sich in Geschlecht und Zahl nach der Person, auf die sie sich beziehen (**encantado/-a** bezieht sich auf den Sprecher, **bienvenido/-a/-os/-as** auf die Person/en, die man willkommen heißt).

•• **Mucho gusto** ist unveränderlich.

Die Verkleinerungs- und Vergrößerungsformen

Es gibt im Spanischen die Möglichkeit, an Substantive, aber auch an Adjektive und Adverbien, Nachsilben anzuhängen, die ihnen eine leicht veränderte Bedeutung verleihen.

•• Die häufigsten Suffixe der Verkleinerung sind folgende, wobei zu beachten ist, ob das Wort auf Vokal oder Konsonant endet.

Endung auf Vokal	Endung auf Konsonant
-ito / -ita: libr**ito**, tarjet**ita** **-illo / -illa**: libr**illo**, mes**illa**	**-cito / -cita**: amor**cito**, Carmen**cita** **-ecillo / -ecilla**: pec**ecillo**

•• Das Suffix **-ito / -ita** kann "klein", "zart", oder "lieb" bedeuten, es kann aber auch die Bedeutung des Grundwortes verstärken.

Tenemos una **casita chiquitita**. — *Wir haben ein sehr kleines Häuschen.*
Elenita, **ahorita** voy. — *Liebe Elena, ich komme sofort.*
¡Ven, pero **rapidito**! — *Komm, aber schnellstens!*
¡**Toditos** los hombres son egoístas! — *Absolut alle Männer sind Egoisten!*
Elena es un poco **gordita**. — *Elsa ist ein bisschen pummelig.*

•• Das Suffix **-illo / -illa** bedeutet "klein", "süß", aber es kann auch einen negativen Beigeschmack haben.

Pepe es un **chiquillo** muy simpático. — *Pepe ist ein nettes Bürschchen.*
Éste es un **librillo** sin importancia. — *Es ist ein unwichtiges Büchlein.*

•• Manche Substantive, Adjektive und Adverbien können auch in der Vergrößerungsform gebraucht werden. Die Bedeutung dieser Formen bezieht sich nicht nur auf die Größe eines Gegenstandes oder einer Person; mit ihnen kann man oftmals ein Adverb oder Adjektiv ersetzen und eine emotionelle Haltung ausdrücken. Oft haben diese Suffixe eine abwertende Nuance oder bekräftigen den Sinn des Wortes. Die Endungen sind: **-ote/-ota**, **-azo/-aza**, **-ón/-ona**, **-zote/-zota**:

Luis es un **hombrón**. — *Luis ist ein großer Mann.*
¡Qué **casona**! — *Was für ein großes Haus!*
¡Qué **manazas**! — *Was für Riesenhände!*
Nacho es un típico **solterón**. — *Nacho ist ein typischer ewiger Junggeselle.*
Luis está con sus **amigotes**. — *Luis ist bei seinen Kumpeln.*

Verbale Periphrasen: Beginn, Fortsetzung und Veränderung einer Handlung

Im Spanischen gibt es viele verbale Konstruktionen mit Infinitiv oder Gerundium, die im Deutschen meistens durch ein Adverb wiedergegeben werden. Sie kennen z. B. schon die Konstruktion **estar + Gerundium**, mit der man angibt, was **gerade** geschieht:

Anita **está comiendo** un helado. — *Anita isst gerade ein Eis.*

Weitere wichtige verbale Periphrasen sind:

Mit Infinitiv

- empezar a hacer algo *(beginnen, etwas zu tun)* — Elena **ha empezado a hacer** una dieta.
- volver a hacer algo *(etwas wieder tun)* — Silvia **vuelve a llegar** tarde.
- dejar de hacer algo *(aufhören, etwas zu tun)* — Paco **ha dejado** de fumar.
- acabar de hacer algo *(etwas gerade getan haben)* — Eva **acaba de comprarse** un teléfono móvil.

Mit Gerundium

- llevar ... haciendo algo *(etwas schon seit ... tun)* — Ana **lleva** 10 años **estudiando** español.
- seguir haciendo algo *(etwas immer noch tun)* — Antonio **sigue usando** corbatas originales.

Wie man um etwas bittet und darauf reagiert

Para pedir objetos o favores	Para reaccionar
¿Me das el lápiz, por favor? *Gibst Du mir bitte den Bleistift?*	Sí, claro, tómalo. *Ja, sicher, nimm es/ihn.*
¿Puedes dejarme el diccionario, por favor? *Kannst Du mir bitte das Wörterbuch leihen?*	Lo siento, es que lo necesito ahora. *Tut mir leid, ich brauche es jetzt.*
¿Te importa pasarme las tijeras? *Macht es dir etwas aus, mir die Schere zu reichen?*	Por supuesto, ahora mismo. *Selbstverständlich, sofort.*
¿Podrías abrir la ventana? *Könntest Du das Fenster öffnen?*	Mira, es que yo tengo un poco de frío. *(Nun,) mir ist ein bisschen kalt.*
¿Le importaría cerrar la ventana? *Hätten Sie etwas dagegen, das Fenster zu schließen?*	No faltaba más. *Aber selbstverständlich.*
¿Me hace el favor de cerrar la puerta? *Tun Sie mir den Gefallen, die Tür zu schließen?*	Con mucho gusto. *Ja, gerne. (Mit Vergnügen.)*
¿Sería tan amable de pasarme la regla? *Wären Sie so nett, mir das Lineal zu reichen?*	Sí, ¡cómo no! Aquí la tiene. *Ja, selbstverständlich! Hier bitte.*

•• Es gibt viele Möglichkeiten, eine Bitte zu äußern. Als Faustregel gilt: Konditional ist höflicher als Präsens oder Imperativ, und je länger der Satz, desto höflicher.

•• **dejar** *(lassen, erlauben)* hat in Spanien auch die Bedeutung "ausleihen". In Lateinamerika benutzt man häufiger das Verb **prestar**.

Die Substantivierung durch "lo"

Mit **lo** kann man aus Adjektiven Substantive machen. Dadurch erhalten sie eine allgemeine oder abstrakte Bedeutung. Bei den Superlativen steht **más** / **menos** zwischen **lo** und dem Adjektiv.

lo difícil	*das Schwierige*	lo bonito	*das Schöne*
lo más difícil	*das Schwierigste*	lo interesante	*das Interessante*
lo menos difícil	*das am wenigsten Schwierige*	lo mejor	*das Beste*

Wie Adjektive lassen sich auch andere Wortarten substantivieren:

Possessivpronomen	**Lo mío** es la gramática.	*Die Grammatik ist mein Lieblingsthema.*
Indefinitpronomen	**Lo demás** es muy fácil.	*Der Rest ist sehr einfach.*
Ordnungszahlen	**Lo primero** es la salud.	*Das Wichtigste ist die Gesundheit.*
Partizipien	Me gusta practicar **lo aprendido**.	*Ich mag es, das Gelernte zu üben.*
Adverbien	Me sorprende **lo rápido** que habla.	*Es überrascht mich, wie schnell er spricht.*

•• **Lo de** wird im Spanischen als Ersatz für Ausdrücke wie **la idea de**, **el plan de** usw. verwendet. Es gibt keine genaue Entsprechung im Deutschen.

Lo de ir mañana al cine no me gusta.	*Es gefällt mir nicht, morgen ins Kino zu gehen.*
Lo de separar a los niños de las niñas en la escuela es una tontería.	*Die Jungen von den Mädchen in der Schule zu trennen ist eine Dummheit.*
Lo del teatro es una buena idea.	*Das mit dem Theater ist eine gute Idee.*

•• **Lo que** entspricht dem deutschen Relativpronomen "(das), was".

Lo que necesitas son unas vacaciones.	*Das, was du brauchst, sind Ferien.*
Dígame todo **lo que** sabe.	*Sagen Sie mir all das, was Sie wissen.*

Der Subjuntivo

Der Subjuntivo unterscheidet sich wesentlich vom deutschen Konjunktiv und steht meistens in Nebensätzen.
Während der Indikativ (Wirklichkeitsform) gebraucht wird, einen tatsächlichen Sachverlauf zu schildern, kann der Sprecher/die Sprecherin mit dem Subjuntivo (Möglichkeitsform) eine persönliche Haltung oder Meinung zum Ausdruck bringen.

En nuestra escuela los alumnos **trabajan** juntos.	*In unserer Schule arbeiten die Schüler zusammen.*
Es importante que los alumnos **trabajen** juntos.	*Es ist wichtig, dass die Schüler zusammen arbeiten.*

Der Subjuntivo der regelmäßigen Verben

Die Konjugation ist beinahe gleich wie die des Indikativ Präsens. Es werden nur die für jede Verbgruppe charakteristischen Vokale ausgetauscht: Verben auf **-ar** erhalten den Vokal **-e**, Verben auf **-er** und **-ir** erhalten den Vokal **-a** in der Endung. Somit sind die Endungen für die Verben auf **-er** und **-ir** gleich. Die erste und die dritte Person Singular des **Presente de subjuntivo** kennen Sie schon, denn sie ist identisch mit der Imperativform von **usted**.

	Verben auf -ar	**Verben auf -er**	**Verben auf -ir**
yo	trabaj**e**	aprend**a**	exist**a**
tú	trabaj**es**	aprend**as**	exist**as**
él, ella, usted	trabaj**e**	aprend**a**	exist**a**
nosotros/-as	trabaj**emos**	aprend**amos**	exist**amos**
vosotros/-as	trabaj**éis**	aprend**áis**	exist**áis**
ellos/-as, ustedes	trabaj**en**	aprend**an**	exist**an**

Der Subjuntivo der Verben der Gruppen e > ie, o > ue und e > i

Die Verben, die im Indikativ ihren Stammvokal ändern, tun dies auch im Presente de subjuntivo: Verben der Gruppe **e > ie** und **o > ue** ändern den Stammvokal in den gleichen Personen wie im Indikativ, Verben der Gruppe **e > i** in allen Personen.

	empezar: e > ie	**poder: o > ue**	**pedir: e > i**
yo	emp**ie**ce	p**ue**da	p**i**da
tú	emp**ie**ces	p**ue**das	p**i**das
él, ella, usted	emp**ie**ce	p**ue**da	p**i**da
nosotros/-as	empecemos	podamos	p**i**damos
vosotros/-as	empecéis	podáis	p**i**dáis
ellos/-as, ustedes	emp**ie**cen	p**ue**dan	p**i**dan

•• Bei einigen Verben ändert sich die Rechtschreibung, damit die Aussprache erhalten bleibt:

empe**z**ar > empie**c**e, empie**c**es...
expli**c**ar > expli**qu**e, expli**qu**es...
lle**g**ar > lle**gu**e, lle**gu**es...
corre**g**ir > corri**j**a, corri**j**as...

Der Gebrauch des Subjuntivo nach unpersönlichen Ausdrücken

Im Laufe von *Caminos 2* werden Sie die wichtigsten Anwendungen des Subjuntivo kennenlernen. Eine davon sehen Sie hier: Es handelt sich um Sätze, die mit unpersönlichen Ausdrücken + **que** eingeleitet werden. Nach diesen Ausdrücken steht das Verb des Nebensatzes im **Subjuntivo**:

Es fundamental *(von grundlegender Bedeutung)* **que** los niños **aprendan** idiomas muy pronto.
Es importante *(wichtig)* **que** los chicos y las chicas **se acostumbren** a convivir.
Es necesario *(notwendig)* **que** los pequeños **pasen** su niñez sin estrés.
Es increíble *(unglaublich)* **que** se **vuelva** a separar a los chicos de las chicas.
Es una pena *(schade)* **que** no **existan** más escuelas como ésa.

OJO Diese Regel gilt, wenn der Nebensatz ein eigenes Subjekt hat, ansonsten steht der Infinitiv. Vergleichen Sie:

Es importante que **los niños aprendan** idiomas. **Es importante aprender** idiomas.

Wie man eine Meinung ausdrückt

Nach Verben der Meinungsäußerung steht normalerweise der Indikativ. Werden diese Verben aber verneint, folgt im Nebensatz der Subjuntivo.

Indicativo	Subjuntivo
Yo **creo** *(Ich glaube)* que los niños cuando son pequeños **aprenden** mejor un idioma.	Yo **no creo** *(Ich glaube nicht)* que los niños de cuatro años **aprendan** mejor un idioma.
Pienso *(Ich denke)* que todos **podemos** aprender de nuestros errores.	**No pienso** *(Ich denke nicht)* que los niños **puedan** aprender de sus errores.
Opino *(Ich meine)* que los chicos **estudian** mejor bajo presión.	Yo **no opino** *(Ich meine nicht)* que los chicos **estudien** mejor bajo presión.
En mi opinión, *(Meiner Meinung nach)* mucha gente **estudia** y **trabaja** mejor bajo presión.	

OJO Der Subjuntivo wird nur dann verwendet, wenn **no** vor dem Verb der Meinungsäußerung steht. Vergleichen Sie die folgenden Sätze:

Creo que el profesor no **explica** bien. **No creo** que el profesor **explique** bien.

Die spanischen Wörter arabischen Ursprungs

Als die Araber im Jahr 711 nach Spanien kamen und innerhalb von zwei Jahren die ganze Halbinsel besetzten (mit Ausnahme des Nordens), waren sie ein hochzivilisiertes Volk und besaßen eine viel raffiniertere Kultur als die Ureinwohner. Einige "Luxusartikel" der damaligen Zeit, wie Teppiche (**alfombras**) oder Kissen (**almohadas**), waren für sie normal. Die Araber waren gewandte Ärzte und benutzten Stoffe, die in Spanien noch unbekannt waren, wie z.B. **alcohol**. In der Landwirtschaft führten sie wichtige Produkte ein: Mandeln (**almendras**), Baumwolle (**algodón**), Zucker (**azúcar**), Orangen (**naranjas**) usw.
Viele der Wörter, die arabischen Ursprungs sind, beginnen mit **al-**: Das entspricht dem arabischen Artikel und ist im Spanischen zum festen Bestandteil des Wortes geworden.
Ein interessantes Wort aus dem Arabischen ist **¡ojalá!**, das ursprünglich *So möge Allah!* bedeutete und heute noch in der Bedeutung *hoffentlich!* verwendet wird.

Unidad 2

Der Presente de subjuntivo weiterer unregelmäßiger Verben

Verben, deren erste Person im Indikativ Präsens unregelmäßig ist, bilden alle Personen des Subjuntivo ausgehend von dieser unregelmäßigen Form.

	tener	**hacer**	**ofrecer**	**traer**
Presente de indicativo 1ª persona (yo)	ten**g**o	ha**g**o	ofre**zc**o	trai**g**o
yo	ten**g**a	ha**g**a	ofre**zc**a	trai**g**a
tú	ten**g**as	ha**g**as	ofre**zc**as	trai**g**as
él, ella, usted	ten**g**a	ha**g**a	ofre**zc**a	trai**g**a
nosotros/-as	ten**g**amos	ha**g**amos	ofre**zc**amos	trai**g**amos
vosotros/-as	ten**g**áis	ha**g**áis	ofre**zc**áis	trai**g**áis
ellos/-as, ustedes	ten**g**an	ha**g**an	ofre**zc**an	trai**g**an

Ebenso alle weiteren Verben dieser Gruppen, z. B.:
conocer > cono**zc**a; traducir > tradu**zc**a; poner > pon**g**a; salir > sal**g**a; decir > di**g**a; venir > ven**g**a; construir > constru**y**a; oír > oi**g**a.

Weitere unregelmäßige Formen des Subjuntivo:

	ir	**ser**	**estar**	**dar**	**saber**
yo	vaya	sea	esté	dé	sepa
tú	vayas	seas	estés	dés	sepas
él, ella, usted	vaya	sea	esté	dé	sepa
nosotros/-as	vayamos	seamos	estemos	demos	sepamos
vosotros/-as	vayáis	seáis	estéis	deis	sepáis
ellos/-as, ustedes	vayan	sean	estén	den	sepan

OJO hay ⟹ **haya**

Der Subjuntivo nach Verben des Wünschens und Forderns

Will man einen Wunsch oder eine Forderung ausdrücken (z.B. mit Verben wie **querer**, **pedir**, **desear**, **exigir**), so steht das Verb des Nebensatzes dann im Subjuntivo, wenn Haupt- und Nebensatz verschiedene Subjekte haben. Wenn aber Haupt- und Nebensatz dasselbe Subjekt haben, so verwendet man den Infinitiv.

Los turistas **desean descansar**. — *Die Touristen möchten sich ausruhen.*
Los turistas desean que **la playa esté** limpia. — *Die Touristen wünschen, dass der Strand sauber ist.*

OJO Man kann den Subjuntivo auch in Hauptsätzen verwenden, z.B. um einen Wunsch zu äußern. Der Satz wird dann durch Wörter wie **que** *(mögest du...)* oder **ojalá** *(hoffentlich)* eingeleitet:

¡**Que tengas** buen viaje! — *Gute Reise! (wörtlich: Mögest du eine gute Reise haben!)*
¡**Ojalá haga** buen tiempo! — *Hoffentlich ist gutes Wetter!*

Wie man einem anderen die Entscheidung überlässt

Wenn man einem anderen die Entscheidung überlassen will, so verwendet man den Subjuntivo. In diesem Fall drückt der Subjuntivo eine offene Möglichkeit aus.

Vamos	**adonde**	**quieras**.	*Wir fahren,*	*wohin*	*du willst.*
Salimos	**cuando**	lo **digas** tú.	*Wir gehen aus,*	*wann*	*du es sagst.*
Lo hacemos	**como**	te **guste** a ti.	*Wir machen es,*	*wie*	*es dir gefällt.*
Cenamos	**con quien**	te **apetezca**.	*Wir essen,*	*mit wem*	*du magst.*
Lleva	**la** maleta **que**	**quieras**.	*Nimm*	*den Koffer, der*	*dir gefällt.*
Deja	**lo que**	no **necesites**.	*Lass*	*das, was*	*du nicht brauchst.*

•• Ebenso drücken Sätze, in denen der Subjuntivo verdoppelt wird, eine offene Wahl aus, z. B.:

Sea como sea, vamos a Mallorca. — *Wie dem auch sei, wir fahren nach Mallorca.*
Cueste lo que cueste,... — *Wieviel es auch kosten mag,...*

Die vier Himmelsrichtungen

Está	**en el** norte *(im Norden)* **en el** sur *(im Süden)* **en el** este *(im Osten)* **en el** oeste *(im Westen)* **en el** centro *(im Zentrum)*	de España. de Europa. del país.	Está	**al** norte *(nördlich)* **al** sur *(südlich)* **al** este *(östlich)* **al** oeste *(westlich)* **al** noreste *(nordöstlich)*	de Madrid. de la montaña. del bosque.

OJO Geografische Angaben können auch ohne Ergänzung stehen. Diese ist aber aus dem vorangegangenen Gespräch bereits bekannt und sozusagen "inbegriffen":

Madrid está **en el centro** (del país). La Sierra Guadarrama está **al norte** (de Madrid).

Wie man reklamiert

Para presentar un problema	
Quisiera pedirle un favor.	*Ich möchte Sie um ein Gefallen bitten.*
Si me hace el favor...	*Wenn Sie mir den Gefallen tun...*
Tenemos un problema.	*Wir haben ein Problem.*
¿No tendría otra habitación? ¡Hay mucho ruido!	*Hätten Sie kein anderes Zimmer? Es ist sehr laut!*
¿Cómo es posible que no haya toallas?	*Wie ist es möglich, dass es keine Handtücher gibt?*
¿Y qué voy a hacer ahora?	*Und was soll ich jetzt tun?*

Para reaccionar	
Ahora mismo me encargo de eso.	*Ich werde mich sofort darum kümmern.*
No se preocupe, aquí tiene.	*Keine Sorge, hier bitte.*
Tranquilícese. Lo único que puedo hacer es...	*Beruhigen Sie sich. Das einzige, was ich tun kann, ist...*
Lo lamento, de verdad, pero...	*Ich bedauere es wirklich, aber...*
Vamos a ver qué se puede hacer.	*Mal sehen, was man tun kann.*

Das Partizip Perfekt als Adjektiv

Wie Sie schon wissen, dient das Partizip Perfekt zur Bildung zusammengesetzter Zeiten, z.B. des Perfekts. In dieser Funktion steht es immer mit dem Hilfsverb **haber**, endet auf **-o** und ist unveränderlich.
Das Partizip Perfekt kann auch wie ein Adjektiv verwendet werden. Es richtet sich dann in Geschlecht und Zahl nach dem Substantiv, auf das es sich bezieht. Häufig steht es dabei in Verbindung mit dem Verb **estar** und drückt das Ergebnis einer Handlung aus (daher nennt man es auch "Zustandspassiv").

Partizip Perfekt als Verbform	Partizip Perfekt als Adjektiv
Pero, ¿es que han desconectad**o** el teléfono? *Aber haben sie das Telefon abgestellt?*	El teléfono está desconectad**o**. *Das Telefon ist abgestellt / nicht angeschlossen.*
¿Has abiert**o** la ventana? *Hast du das Fenster geöffnet?*	La ventana está abiert**a**. *Das Fenster ist geöffnet / offen.*
¿Quién ha rot**o** los platos? *Wer hat die Teller zerbrochen?*	Los platos están rot**os**. *Die Teller sind zerbrochen / kaputt.*
¿Por qué no has hech**o** las camas? *Warum hast du die Betten nicht gemacht?*	Las camas no están hech**as**. *Die Betten sind nicht gemacht.*

OJO Einige Formen des Partizip Perfekt sind unregelmäßig. Viele kennen Sie schon:

abrir **abierto**	romper **roto**	hacer **hecho**	escribir **escrito**	decir **dicho**	poner **puesto**	ser **sido**	volver **vuelto**	ver **visto**

Der Subjuntivo nach Verben der Gefühlsäußerung

Nach Verben der Gefühlsäußerung verwendet man den Subjuntivo:

Me alegro (de) que **tengas** tiempo. — *Ich freue mich, dass du Zeit hast.*
Siento mucho que Enrique **esté** enfermo. — *Es tut mir sehr leid, dass Enrique krank ist.*

•• Viele dieser Verben, wie **alegrar**, **interesar**, **molestar** oder **preocupar**, werden oft in "unpersönlichen" Wendungen gebraucht. In diesem Fall verlangen sie den doppelten Dativ. Diese Verdoppelung ist in der dritten Person recht häufig; in der ersten und zweiten wird sie dagegen nur dann benutzt, wenn man etwas hervorheben will.

Al alcalde	**le** alegra *(Es freut ihn...)* **le** gusta *(Es gefällt ihm...)* **le** interesa *(Es interessiert ihn...)* **le** preocupa *(Es macht ihm Sorgen...)* **le** molesta *(Es stört ihn...)* **le** enfada *(Es ärgert ihn...)*	el turismo. tener muchos turistas. que haya tantos turistas. que vengan muchos turistas.

•• Auch bei den Verben der Gefühlsäußerung wird der Subjuntivo nur dann verwendet, wenn Haupt- und Nebensatz verschiedene Subjekte haben. Vergleichen Sie:

Me gusta ir en tren. — *Es gefällt mir, mit dem Zug zu fahren.*
Me molesta que **los trenes estén** tan llenos. — *Es stört mich, dass die Züge so voll sind.*

Der Subjuntivo in der formellen Korrespondenz

In formellen Briefen werden Verben wie **rogar**, **agradecer** und einige andere mit dem Subjuntivo ohne **que** verwendet:

Les **rogamos** nos **expliquen** la causa del retraso. — *Wir bitten Sie, uns den Grund der Verspätung zu erklären.*
Les **agradeceríamos** nos **comuniquen** cómo piensan arreglar el asunto. — *Wir wären Ihnen dankbar, wenn Sie uns mitteilen würden, wie Sie die Sache zu regeln gedenken.*

Unidad 3

Wie man Einladungen annimmt und ablehnt

Aceptar una invitación	
¡Sí que voy a ir!	*Ja, sicher werde ich kommen!*
Claro que voy, gracias por la invitación.	*Klar komme ich, danke für die Einladung.*
Por supuesto que voy a la fiesta de Irene.	*Selbstverständlich gehe ich zur Feier von Irene.*
Seguro que vamos a tu fiesta.	*Sicher kommen wir zu deinem Fest.*
Contad conmigo.	*Rechnet mit mir.*
Voy con mucho gusto.	*Ich komme sehr gerne.*

Rechazar una invitación	
Lo siento mucho, pero es que...	*Es tut mir sehr leid, aber...*
Qué pena, pero es que...	*Wie schade, aber...*
Me gustaría ir, pero...	*Ich würde gerne kommen, aber...*
Nos encantaría ir, pero...	*Wir würden sehr gerne kommen, aber...*
Gracias de todos modos.	*Trotzdem vielen Dank.*
Otra vez será.	*(Vielleicht) ein anderes Mal.*

Wenn man eine Einladung ablehnt, gibt man immer den Grund an, sonst gilt es als unhöflich.

¡Contad conmigo! – der Imperativ in der zweiten Person Plural

Bei **¡Contad conmigo!** wird der Imperativ der zweiten Person Plural (vosotros/-as) verwendet. Er wird gebildet, in dem man das **-r** des Infinitivs durch ein **-d** ersetzt.

invitar	>	invita**d**	Invitad a Laura.	*Ladet Laura ein.*
traer	>	trae**d**	Traed la tortilla.	*Bringt die Tortilla her.*
venir	>	veni**d**	Venid el sábado.	*Kommt am Samstag.*

•• Bei reflexiven Verben entfällt das **-d**, und das Reflexivpronomen **os** wird direkt angehängt: **sentarse > sentaos**.

•• In der Umgangssprache wird der Imperativ von **vosotros** häufig durch den Infinitiv mit oder ohne die Präposition **a** ersetzt:

Niños, ¡**venir** aquí! *Kinder, kommt her!* ¡**A dormir** todos! *Alle ab ins Bett!*

Wie man Aussagen anderer wiedergibt: die indirekte Rede

Die indirekte Rede dient dazu, die Worte einer dritten, meistens nicht anwesenden Person wiederzugeben.

•• Handelt es sich um eine Aussage, so wird die indirekte Rede von Verben des Mitteilens, z.B. **decir / comentar + que** eingeleitet. Wenn mehrere Aussagen wiedergegeben werden, wird **que** jedes Mal wiederholt:

"Vuestra casa es preciosa.
Me gusta mucho."

Juan **ha dicho que** nuestra casa es preciosa y **que** le gusta mucho.

•• Will man eine Frage wiedergeben, die kein Fragewort enthält, so wird die indirekte Rede von Verben des Fragens (**preguntar**, **querer saber**) + **si** eingeleitet.

"¿Vais mañana a la fiesta?" — Juan **ha preguntado si** vamos mañana a la fiesta.

•• Falls eine Frage von einem Fragewort (**cuándo**, **dónde**, **quién**) eingeleitet wird, bleibt dieses auch in der indirekten Rede erhalten.

"¿Cuándo tienes tiempo?" — Mi madre quiere **saber cuándo** tengo tiempo.

OJO Auch im Spanischen ändern sich – genauso wie im Deutschen – in der indirekten Rede die Person des Verbs und die Pronomen (Objekt-, Possessiv-, Demonstrativpronomen usw.), indem sie dem Gesichtspunkt des jeweiligen Sprechers angepasst werden.

Direkte Rede	Indirekte Rede
¿**Vais** a la fiesta?	Juan me ha preguntado si **vamos** a la fiesta.
Vuestra casa es preciosa,	Juan me ha dicho que **nuestra** casa es preciosa,
me gusta muchísimo.	y que **le** gusta muchísimo.
Es exactamente lo que **yo estoy** buscando.	Dice que es exactamente lo que **él está** buscando.
La **mía** no es tan moderna.	Ha comentado que la **suya** no es tan moderna.
¡**Tengo** algo que contar**te**!	Me ha dicho que **tiene** algo que contar**me**.

Auch die "Richtung" einiger Verben (**llevar**, **traer**, **ir**, **venir**) sowie die Ortsangaben (**aquí**, **allí**) werden in der indirekten Rede der Sichtweise des Sprechers angepasst.

Direkte Rede	Indirekte Rede
No puedo **ir** el sábado a **tu** casa.	Mario dice que no puede **venir** el sábado a **mi** casa.
¿Puede **traerme** los documentos?	Tu jefa pide que **le lleves** los documentos.
Seguro que tengo las copas **aquí**.	Tu hermana asegura que tiene las copas **allí**.
¿Recuerdas a **ese** chico?	Me ha preguntado si recuerdo a **aquel** chico.

OJO Außer den Formen des Demonstrativpronomens, die Sie bereits in *Caminos 1* gelernt haben (**este/-a/-os/-as** und **ese/-a/-os/-as**), gibt es im Spanischen eine dritte Form: **aquel**, **aquella**, **aquellos**, **aquellas**. Man verwendet diese Form für Dinge und Personen, die sich weder in der Nähe des Sprechers noch des Angesprochenen, sondern weiter weg befinden.

Der Subjuntivo in der indirekten Rede

Wird in der direkten Rede eine Bitte oder Aufforderung durch den Imperativ geäußert, so wird sie in der indirekten Rede durch den Subjuntivo wiedergegeben. Im Deutschen benutzt man in diesem Fall das Verb "sollen".

Direkte Rede	Indirekte Rede
Llámame.	Sara te pide que **la llames**.
Recoge las copas.	Tu hermana ha dicho que **recojas** las copas.
Prepara los documentos.	Tu jefa ha dicho que **prepares** los documentos.
Acompáñame al dentista.	Tu madre pide que **la acompañes** al dentista.

Laísmo

Normalerweise gilt das Pronomen für das indirekte Objekt **le / les** für beide Geschlechter. Eine Variante, die hauptsächlich in Madrid und der umgebenden Region vorkommt, ist der sogenannte "Laísmo": **la** wird als indirektes Objekt benutzt, wenn es sich um weibliche Personen handelt:

A Sara **la** escribo a veces. (statt: ... **le** escribo a veces.)

Daher hört man bei einigen Verben beide Formen, je nachdem ob der/die Sprecher/in das Objekt als direktes oder indirektes empfindet.

Tu mamá dice que **le** / **la** avises.

Wie man etwas zu essen / trinken anbietet und darauf reagiert

Para ofrecer algo	Para reaccionar
¿Te apetece un poco de vino? *Hast du Lust auf etwas Wein?*	Sí, gracias. *Ja, bitte.*
¿Cuál prefieres? *Welchen magst du lieber?*	El blanco, por favor. *Den weißen, bitte.*
¿Qué tomáis? Tengo ... *Was nehmt ihr? Ich habe ...*	Para mí, un martini, por favor. *Für mich einen Martini, bitte.*
Y tú, ¿qué quieres? *Und du, was möchtest du?*	Yo lo mismo, pero sin hielo. *Ich das Gleiche, aber ohne Eis.*
¿Qué os sirvo? *Was soll ich euch geben?*	Para mí sólo un poquito. *Für mich nur ein bisschen.*
¿Un poco más de tortilla? *Noch etwas Tortilla?*	No, gracias, de verdad. Ya estoy satisfecho/-a. *Nein, danke, wirklich nicht. Ich bin schon satt.*
¿De verdad que no quieres...? *Möchtest du wirklich nicht...?*	No, gracias, no puedo más. *Nein, danke, ich kann nicht mehr.*

¿Qué? – ¿Cuál/Cuáles?

Qué *(was)* wird verwendet, um zwischen verschiedenen Sachen auszuwählen.
Cuál/Cuáles *(welche/r/s)* wird verwendet, um zwischen verschiedenen Sorten einer Sache auszuwählen.

Tengo vino y cerveza. ¿**Qué** quieres?
Hay sardinas y calamares. ¿**Qué** prefieres?

Tengo martini rojo y blanco. ¿**Cuál** prefieres?
Tenemos aceitunas negras y rellenas. ¿**Cuáles** te gustan más?

Wie man Hilfe anbietet und darauf reagiert

Para ofrecer ayuda	Para reaccionar: positivamente	negativamente
¿Te ayudo? *Soll ich dir helfen?*	Sí, gracias, muy amable. *Ja, danke, sehr nett (von dir).*	No, no hace falta. *Nein, es ist nicht nötig.*
¿Quieres que te ayude? *Möchtest du, dass ich dir helfe?*	Si no es molestia. *Wenn es keine Mühe macht.*	No te molestes. *Mach dir keine Umstände.*

Der Subjuntivo nach Ausdrücken der Verwunderung

Nach Wendungen, die eine Verwunderung zum Ausdruck bringen, verwendet man den Subjuntivo.

Me sorprende	*(Es überrascht mich)*	
Me extraña	*(Es wundert mich)*	que los españoles **cenen** tan tarde.
Me parece raro	*(Ich finde es seltsam)*	

Ist das Subjekt im Haupt- und Nebensatz identisch, steht auch hier der Infinitiv. Vergleichen Sie:

Me sorprende **tener** tanto sueño.	*Es überrascht mich, dass ich so müde bin.*
Me sorprende que **Anita tenga** tanto sueño.	*Es überrascht mich, dass Anita so müde ist.*

Zeitenfolge bei "no sabía que"

Nach **no sabía que** folgt meistens Imperfekt, auch wenn die Tatsache, objektiv gesehen, noch besteht. In der Umgangssprache verwendet man aber auch Präsens:

Los españoles **beben** agua del grifo.	No sabía que los españoles **bebían/beben** agua del grifo.

Einige Ausdrücke der Wahrscheinlichkeit

Sie haben bereits gelernt, dass die Verben der Meinungsaüßerung (**creo**, **pienso**) den Subjuntivo nach sich ziehen, wenn sie verneint werden. Diese Regel gilt auch für Verben und Ausdrücke, die eine gewisse Wahrscheinlichkeit äußern.

Indicativo		
Supongo	*(Ich vermute)*	
Es cierto	*(Es ist sicher)*	
Es verdad	*(Es ist wahr)*	que comen demasiado.
Es evidente	*(Es ist klar)*	
Está demostrado	*(Es ist bewiesen)*	

Subjuntivo		
No supongo	*(Ich vermute nicht)*	
No es cierto	*(Es ist nicht sicher)*	
No es verdad	*(Es ist nicht wahr)*	que **coman** demasiado.
No es evidente	*(Es ist nicht klar)*	
No está demostrado	*(Es ist nicht bewiesen)*	

Wendungen für Raucher und Nichtraucher

Raucher	
¿Fumas? ¿Te apetece un cigarrillo?	*Rauchst du? Möchtest du eine Zigarette?*
¿Tienes un cigarrillo?	*Hast du eine Zigarette?*
¿Tienes fuego? ¿Me das fuego?	*Hast du Feuer? Gibst du mir Feuer?*
¿Aquí está permitido fumar?	*Ist es erlaubt hier zu rauchen?*
¿Le molesta si fumo?	*Stört es Sie, wenn ich rauche?*

Nichtraucher	
No fumo, gracias.	*Ich rauche nicht, danke.*
He dejado de fumar.	*Ich habe aufgehört zu rauchen.*
¿Podrías fumar en el balcón, por favor?	*Könntest du bitte auf dem Balkon rauchen?*
Disculpe, pero a mí me molesta el humo.	*Entschuldigen Sie, aber der Rauch stört mich.*
No, no hay problema, fume.	*Nein, kein Problem, rauchen Sie nur.*

Das Futur

Beim Futur werden die Endungen – ebenso wie beim Konditional – direkt an den Infinitiv angehängt. Die Endungen sind für alle Konjugationsgruppen gleich, auch bei unregelmäßigen Verben.

	Futur	tomar	ser
yo	**-é**	tomar**é**	ser**é**
tú	**-ás**	tomar**ás**	ser**ás**
él, ella, usted	Infinitiv + **-á**	tomar**á**	ser**á**
nosotros/-as	**-emos**	tomar**emos**	ser**emos**
vosotros/-as	**-éis**	tomar**éis**	ser**éis**
ellos/-as, ustedes	**-án**	tomar**án**	ser**án**

Bei Verben mit unregelmäßigem Stamm ist dieser der gleiche wie im Konditional:

Infinitiv	Konditional	Futur	poder	Ebenso:
decir	diría	**dir – é**	**podré**	
hacer	haría	**har – ás**	**podrás**	saber > **sabré**
salir	saldría	**saldr – á**	**podrá**	querer > **querré**
poner	pondría	**pondr – emos**	**podremos**	hay > **habrá**
tener	tendría	**tendr – éis**	**podréis**	
venir	vendría	**vendr – án**	**podrán**	

Wie man über zukünftige Ereignisse spricht

•• Man verwendet das Futur, um über zukünftige Ereignisse zu sprechen:

La fiesta **será** el próximo sábado. *Das Fest wird am kommenden Samstag stattfinden.*

•• Mit dem Futur kann man auch die Folgen einer Situation oder einer Handlungsweise ausdrücken:

Si sigues fumando, **te pondrás** enfermo. *Wenn du weiterhin rauchst, wirst du krank.*

•• Wenn eine klare Zeitbestimmung der Zukunft angegeben wird, kann – ebenso wie im Deutschen – eine zukünftige Handlung auch durch das Präsens ausgedrückt werden:

La fiesta **es** el próximo sábado. *Das Fest ist am kommenden Samstag.*

•• Oft wird **ir a + Infinitiv** als Futurumschreibung verwendet, besonders wenn die Handlung als unmittelbar empfunden wird (nahe Zukunft). In vielen Regionen ist diese die bevorzugte Form, und das Futur wird als formeller empfunden:

La fiesta **va a ser** mañana. *Das Fest wird morgen sein.*

•• Sie kennen bereits die Konstruktion **ir a + Infinitiv**, um über Absichten zu sprechen:

Voy a hacer deporte a partir de mañana. *Von morgen an werde ich Sport treiben.*

Leísmo

Sie kennen bereits das direkte Objektpronomen **lo/los**. In einigen Regionen Spaniens (nicht aber in Lateinamerika!) verwendet man für männliche Personen (oder wenn Frauen und Männer gemeint sind) die Formen **le/les**. Dieses Phänomen heißt "Leísmo".

Llamo por teléfono **a Juan**.
Le / lo llamo hoy mismo.

Leo hoy **el libro**.
Lo leo porque tengo tiempo.

In der formellen bzw. geschriebenen Sprache ist diese Variante auch in anderen Regionen sehr verbreitet:

Estimados señores y señoras: Tenemos el gusto de invitar**les**...

Unidad 4

Der Gebrauch des Subjuntivo

Im Laufe der ersten Lektionen von *Caminos* 2 haben Sie verschiedene Anwendungen des Subjuntivo kennengelernt. Hier werden sie noch einmal zusammengefasst.

Wünsche und Forderungen	
Queremos que traigáis una paella. **Espero que te vaya bien** en tu viaje. ¡**Ojalá que** no **llueva** mañana!	*Wir wollen, dass ihr eine Paella mitbringt.* *Ich hoffe, es wird dir gut gehen auf deiner Reise.* *Hoffentlich wird es morgen nicht regnen.*
Wiedergabe von Bitten und Befehlen anderer	
Tu madre **ha dicho que** después la **llames**. No **os he pedido que** me **ayudéis**.	*Deine Mutter hat gesagt, du sollst sie später anrufen.* *Ich habe euch nicht gebeten, mir zu helfen.*
Gefühle und Empfindungen	
Se alegrarán de que los **visitéis**. **Siento que** no **puedas** venir. ¡**Qué bien que** te **compres** una moto! ¡**Qué pena que** no **estés** aquí conmigo!	*Sie werden sich freuen, wenn ihr sie besucht.* *Es tut mir leid, dass du nicht kommen kannst.* *Wie schön, dass du ein Motorrad kaufst!* *Wie schade, dass du nicht hier bei mir bist!*
Unpersönliche Ausdrücke (Äußerungen von Wünschen, Gefühlen, Verwunderung oder Zweifeln)	
Es necesario que hagáis esto. **Es importante que** el curso **continúe**. **Es conveniente que** usted **mande** un cheque. **No me gusta que** la gente **fume** en mi casa. **Me preocupa que** Nieves no me escriba. ¿**Te parece raro que** mi novio **cocine**?	*Es ist notwendig, dass ihr das tut.* *Es ist wichtig, dass der Kurs fortgesetzt wird.* *Es ist besser, wenn Sie einen Scheck schicken.* *Es gefällt mir nicht, wenn die Leute in meinem Haus rauchen.* *Es bereitet mir Sorgen, dass Nieves mir nicht schreibt.* *Kommt es dir komisch vor, dass mein Freund kocht?*
Unsicherheit und Zweifel, verneinte Verben des Glaubens	
¿**Dudas que** yo **tenga** suficiente dinero? **No creo que** Jorge **llegue** a tiempo. **No es verdad que seamos** vegetarianos. **No está demostrado que** unas bacterias **produzcan** un infarto de corazón.	*Zweifelst du daran, dass ich genug Geld habe?* *Ich glaube nicht, dass Jorge rechtzeitig kommt.* *Es stimmt nicht, dass wir Vegetarier sind.* *Es ist nicht bewiesen, dass manche Bakterien einen Herzinfarkt verursachen.*
Einige Konjunktionen	
Escríbelo **para que** lo **recuerdes** mejor. Gloria siempre viene **sin que** la **llamen**. Voy a trabajar **hasta que termine** el informe.	*Schreib es auf, damit du es besser behältst.* *Gloria kommt immer, ohne gerufen zu werden.* *Ich werde arbeiten, bis ich den Bericht fertig habe.*

Wann Infinitiv und wann Subjuntivo?

Ob man Infinitiv oder Subjuntivo verwendet, hängt davon ab, ob Haupt- und Nebensatz das gleiche Subjekt haben oder nicht. Bei unpersönlichen Ausdrücken muss man sich dagegen fragen, ob die Aussage allgemeine Gültigkeit hat oder nicht.

Infinitiv	Subjuntivo
Quiero **bailar**.	Quiero que (tú) **bailes**.
Siento no **poder** ir.	Siento que (tú) no **puedas** venir.
Me gusta **cantar**.	Me gusta que Rocío **cante**.
Voy al campo para **descansar**.	Voy al campo para que nadie me **moleste**.
Es necesario **comer** más verduras.	Es necesario que (tú) **comas** más verduras.

Ungefähre Uhrzeitangabe

En Bolivia las salteñas se comen **a eso de las once** *(ungefähr um elf)*.
En España se come a mediodía **entre las dos y las cuatro** *(zwischen zwei und vier Uhr)*.
Servimos la botana *(Häppchen)* **sobre la una** *(gegen eins)*.
Nos vemos **a la una y pico** *(kurz nach eins)*.
Te voy a llamar mañana **hacia las ocho** *(gegen acht)*.

Der Gebrauch der Präposition "a"

Richtung	Voy **a** España de vacaciones. Este tren, ¿va **a** Madrid? Vosotros, ¿**a**dónde vais?
Ortsangaben	Mi casa está **a** la izquierda del parque, **al** lado de la panadería, frente **a** una pequeña plaza.
indirektes Objekt	¿Qué le regalamos **a** José? Tuvimos que cambiarle el motor **al** coche. **A** mí el pescado no me gusta nada.
direktes Objekt, wenn eine bestimmte Person gemeint ist	Tenemos que llamar **al** médico. ¿Han visto **a** Pepa?
Uhrzeit	• ¿**A** qué hora abre el banco? ○ **A** las nueve. Abre de nueve **a** doce.
Entfernung	De Madrid **a** Los Ángeles son doce horas en avión. Mi trabajo está **a** dos kilómetros de casa.
Zubereitungsart	¿Quiere los calamares **a** la plancha o **a** la romana?
Art und Weise	Los peregrinos iban **a** pie o **a** caballo. Este jersey está hecho **a** mano.
nach bestimmten Verben	Niños, ¿**jugamos a** las cartas o **al** fútbol? Patricia ha **empezado a** hacer yoga. ¿Qué **vais a** hacer este sábado?
in bestimmten Wendungen	**A veces** comemos con mis suegros. **A ver**, ¿cuánto es? **A lo mejor** haremos una excursión al Amazonas.

Der Gebrauch der Präposition "de"

Herkunft, Ursprung	Soy **de** Málaga. Lidia me ha traído un vino **de** Rioja.
Zugehörigkeit, Besitz	Joaquín es un buen amigo **de** Carlos. Hoy puedo usar el coche **de** mi hermano.
Material	¿Me da una bolsa **de** plástico, por favor? ¡Claudia llevaba una cadena **de** oro preciosa!
Mengenangabe	Para mí, sólo un vaso **de** agua, por favor. Me pone un kilo **de** tomates.
Inhalt	La escuela ofrece un curso **de** japonés. Hoy sólo he comido un bocadillo **de** jamón.
Tageszeit, Dauer	Son las diez **de** la noche, señores. **De** diez a once escucharemos música clásica.
Identifikation von Personen	Manolo es el chico **de** la barba, la niña **del** jersey rojo es su hija mayor.
mit anderen Präpositionen	Después **de** esta reunión vamos al restaurante enfrente **del** puerto.
Vergleiche mit Zahlen und Mengen	Esta maleta pesa más **de** 30 kilos. Olga tiene más **de** 50 años pero parece más joven.
nach bestimmten Verben	Qué suerte que me llames ahora, **acabo de** llegar. Pero hijo, ¿vas a **dejar de** hacer ruido? ¿Te **acuerdas de** Pals, el pueblo medieval?
in bestimmten Wendungen	• Gracias. ○ **De nada**. ¿**De verdad** no os apetece un cóctel? **De niño** no comía carne.

Gebrauch der Präposition "en"

Ortsangaben	Yo quisiera vivir **en** la Costa Brava. Tu libro está **en** la mesa. ¿Por qué os habéis quedado **en** casa?
Verkehrsmittel	• ¿Vais **en** coche? ○ No, preferimos ir **en** avión.
Zeitangaben	Conocí a Rodolfo **en** 1996, **en** verano.
bei Sprachen	¿Se lo digo **en** alemán o **en** español?
nach bestimmten Verben	**Entramos en** el bar y pedimos dos cervezas. Siempre estamos **pensando en** vosotras.
in bestimmten Wendungen	• Verena se divorcia. ○ ¿**En serio**? • **En todo caso**, se va a separar; **en realidad** nunca ha funcionado ese matrimonio.

Unidad 5

Wie man eine Rangfolge angibt

En primer lugar En segundo, tercer lugar En último lugar	*(erstens, in erster Linie)* *(zweitens, drittens)* *(zu guter Letzt)*	tiene que haber una oferta cultural amplia.
Sobre todo Por lo menos Como mínimo	*(vor allem)* *(zumindest)* *(wenigstens)*	tiene que haber guarderías y colegios.

Der Subjuntivo in Relativsätzen

Vivimos en una ciudad... ... que no **tiene** parques. ... que no **ofrece** muchas actividades. ... donde no **nos sentimos** seguros.	In Relativsätzen wird der **Indicativo** benutzt, wenn das Substantiv, auf das sich der Relativsatz bezieht, etwas Reelles bzw. Bekanntes bezeichnet.
Todos queremos una ciudad... ... que **tenga** muchos parques. ... que **ofrezca** actividades culturales. ... donde **nos sintamos** seguros.	In Relativsätzen wird der **Subjuntivo** benutzt, wenn das Substantiv, auf das sich der Relativsatz bezieht, etwas Unbekanntes bzw. (noch) nicht Existierendes bezeichnet.

Wie man Verbesserungsvorschläge macht

Se debería cerrar el centro para el tráfico. **Habría que** construir más escuelas. **Se deberían** mejorar los transportes públicos. **Haría falta** una mejor oferta cultural. **Harían falta** más aparcamientos.	*Man müsste die Stadtmitte für den Verkehr schließen.* *Man müsste mehr Schulen bauen.* *Man müsste die öffentlichen Verkehrsmittel verbessern.* *Es wäre ein besseres Kulturangebot notwendig.* *Es wären mehr Parkhäuser notwendig.*

Relativpronomen

- Das meistgebrauchte Relativpronomen ist **que**. Es kann sich auf Personen und Sachen beziehen und ist unveränderlich. Es entspricht den deutschen Relativpronomen *der, die, das* und *den*.

  Buenos Aires es una ciudad **que** se conoce por el tango.
  Ernesto es un argentino **que** vive fuera de su país.

- Wird der Relativsatz durch eine Präposition eingeführt, so steht vor dem Relativpronomen **que** der Artikel. Dieser richtet sich in Geschlecht und Zahl nach dem vorhergehenden Substantiv.

  Es la ciudad **en la que** nació el tango.
  Los barrios **de los que** habla Ernesto están en el puerto.
  Es la música **por la que** se conoce a Buenos Aires.

- **Donde/adonde** wird in Verbindung mit Orten benutzt und ist auch unveränderlich.

  Es un sitio **donde** se puede vivir intensamente día y noche.
  Es el barrio **adonde** llegaron los barcos.

- **Quien/quienes** wird nur für Personen verwendet; es wird meistens mit Präposition ohne Artikel gebraucht.

  El amigo **con quien** viajé a Madrid es argentino.

Das Perfecto de Subjuntivo

	haber	Partizip
yo	haya	tomado
tú	hayas	podido
él, ella, usted	haya	venido
nosotros/-as	hayamos	puesto
vosotros/-as	hayáis	escrito
ellos/-as, ustedes	hayan	dicho

Das Perfecto de Subjuntivo bildet man mit dem Subjuntivo von **haber** und dem Partizip Perfekt. Es wird verwendet, wenn nach einem Subjuntivo-Auslöser eine Aussage steht, die sich auf die unmittelbare Vergangenheit bezieht.

¡Espero que no **haya sido** nada grave! — *Hoffentlich ist es nichts Schlimmes gewesen!*
No creo que **haya habido** mucho tráfico. — *Ich glaube nicht, dass es viel Verkehr gegeben hat.*

Wie man emotionale Reaktionen ausdrückt

Ausdrücke der Erleichterung		Ausdrücke der Gleichgültigkeit	
¡Por fin!	*Endlich!*	Me da igual.	*Das ist mir egal.*
¡Menos mal!	*Gott sei Dank!*	Otra vez será.	*Dann eben ein anderes Mal.*
¡Qué suerte!	*Welch ein Glück!*		

Ausdrücke des Ärgers und Unmuts			
¿Cómo es que...?	*Und wieso...?*	¡Qué mala pata!	*Was für ein Pech!*
Y ahora, ¿qué hago?	*Und was mache ich nun?*	¡Qué rabia!	*Wie ärgerlich!*
¡Lo que faltaba!	*Das hat gerade noch gefehlt!*	¡Qué envidia!	*Beneidenswert!*

Ausdrücke der Bekräftigung			
Por supuesto.	*Selbstverständlich.*	Enseguida.	*Sofort.*
¡Cómo no!	*Aber klar!*	¡Claro que sí!	*Ja, natürlich!*

Wie man Vermutungen ausdrückt

Nach Adverbien, die eine Vermutung ausdrücken, wie **quizá(s)**, **tal vez**, **probablemente**, können sowohl der Indikativ wie auch der Subjuntivo stehen. Die Verwendung des einen oder des anderen hängt von dem Gesichtspunkt des Sprechers ab, d.h. von dem Wahrscheinlichkeitsgrad, den er in seiner Vermutung sieht. Nach **a lo mejor** steht dagegen immer der Indikativ.

A lo mejor no **tiene** ganas de venir.
Tal vez tiene / tenga un compromiso.
Quizás lo **ha / haya** olvidado.
Probablemente está / esté en un atasco.

Imperfekt – Indefinido – Perfekt

Das Imperfekt verwendet man für:	
eine wiederholte Handlung oder eine Gewohnheit in der Vergangenheit.	Los veranos los **pasábamos** en Galicia. Siempre **aparcaba** en el mismo sitio.
eine Situation in der Vergangenheit.	En el centro **había** mucho tráfico.

einen Vorgang, der noch andauert, als ein neuer einsetzt (der neue Vorgang steht dann im Indefinido).	Como **tenía** prisa, aparqué en un lugar prohibido. **Eran** las seis cuando salí de casa.

Das Indefinido verwendet man für:	
Handlungen oder Ereignisse aus der Vergangenheit, die der/die Sprecher/in als abgeschlossen betrachtet.	Una vez **se llevó** la grúa mi coche. El año pasado **estuve** una semana en Barcelona.
eine wiederholte Handlung oder Gewohnheit, die in einem Zeitraum stattfand, den man als abgeschlossen betrachtet.	Durante todo el verano, **aparqué** siempre en ese sitio.
den Beginn oder das Ende einer Handlung.	En verano **empezó** el curso de natación.
einen Vorgang, der neu einsetzt, während ein anderer noch andauert.	Como tenía prisa, **aparqué** en un lugar prohibido.

Das Perfekt verwendet man für:	
ein vergangenes Ereignis innerhalb eines Zeitraums, der vom Sprecher noch nicht als abgeschlossen betrachtet wird.	Esta mañana **he visto** un accidente.
ein vergangenes Ereignis, bei dem der Zeitpunkt keine Rolle spielt.	Nunca me **ha pasado** nada parecido. ¿**Has estado** alguna vez en Argentina?

OJO Die Verwendung der Vergangenheitszeiten hängt mehr von dem ab, was der Sprecher sagen möchte, als von der objektiven Zeit, wann etwas geschehen ist.

La voz pasiva

Das Passiv wird mit dem Verb **ser**, das in den verschiedenen Zeiten stehen kann, und dem Partitip Perfekt gebildet. Dieses richtet sich in Geschlecht und Zahl nach dem Subjekt. Der Urheber der Handlung wird mit **por** angegeben:

El barrio de la Boca **es visitado por** muchos turistas.
La calle "Caminitos" **ha sido transformada** en un museo abierto.
Las casas de La Boca **fueron pintadas** de muchos colores **por** los inmigrantes italianos.

•• Das Passiv wird im Spanischen selten benutzt. Sätze, die auf Deutsch im Passiv stehen, werden im Spanischen meist durch folgende Konstruktionen wiedergegeben:

1. das unpersönliche **se**:	La calle "Caminitos" **se ha transformado** en un museo abierto.
2. die 3. Person Plural:	**Pintaron** las casas de muchos colores.
3. uno bei reflexiven Verben:	**Uno se despierta** con ese ruido.

•• Die Konstruktion **estar** + Partizip Perfekt wird auch Zustandspassiv genannt (vgl. Unidad 2). Sie drückt das Ergebnis einer Handlung aus:

Las casas **están pintadas** de muchos colores.

Unidad 6

Einige Vergleichsformen

In *Caminos I* haben Sie schon einige Formen des Vergleichs gelernt, bei denen der zweite Teil des Vergleichs meistens ein Substantiv oder ein Adjektiv war. Der zweite Teil des Vergleichs kann aber auch durch ein Verb bzw. einen Nebensatz ausgedrückt werden. In diesem Fall wird das deutsche *als* wiedergegeben durch:

- **de** + bestimmter Artikel + **que**, wenn vor dem Nebensatz ein Substantiv steht. Der bestimmte Artikel richtet sich in Geschlecht und Zahl nach dem vorangehenden Substantiv.

Hoy trabajo menos horas **de las que** trabajaba antes.	*Heute arbeite ich weniger Stunden als ich früher gearbeitet habe.*
Gasto más dinero **del que** gano.	*Ich gebe mehr Geld aus, als ich verdiene.*

- **de lo que**, wenn vor dem Nebensatz ein Adjektiv oder ein Adverb steht:

Nuestra sociedad es hoy más internacional **de lo que** se pensaba hace medio siglo.	*Unsere Gesellschaft ist heute internationaler, als man vor 50 Jahren dachte.*

Mismo/s – Misma/s

Mismo kann verschiedene Funktionen und Bedeutungen haben. Als Adjektiv richtet es sich in Geschlecht und Zahl nach dem Substantiv, das es begleitet.

- In der Bedeutung *der/die/das gleiche, der-/die-/dasselbe* steht **mismo** als **Adjektiv** zwischen Artikel und Substantiv:

Es el **mismo** problema.	*Es ist das gleiche Problem.*
Tenemos las **mismas** ilusiones.	*Wir haben die gleichen Hoffnungen.*

- In Verbindung mit Personalpronomen bedeutet **mismo** selbst:

Yo misma se lo entregué.	*Ich selbst habe es ihm / ihr ausgehändigt.*
Uno tiene que convencerse a **sí mismo**.	*Man muss sich selbst überzeugen.*

- In der gleichen Bedeutung kann **mismo** auch als **Pronomen** benutzt werden. In diesem Fall steht es immer nach dem bestimmten Artikel:

Los problemas son siempre **los mismos**.	*Die Probleme sind immer die Gleichen.*
En nuestro país pasa **lo mismo**.	*In unserem Land passiert das Gleiche.*
Yo tomo **lo mismo** que tú.	*Ich nehme das Gleiche wie du.*
La situación es **la misma**.	*Es ist dieselbe Situation.*
Me da **lo mismo**.	*Das ist mir gleich / egal.*

- In der Bedeutung *selbst, sogar* hat **mismo** zwei Stellungsmöglichkeiten: Es kann unmittelbar nach dem Substantiv stehen, auf das es sich bezieht:

Alemania **misma** tiene mucho paro.	*Sogar Deutschland hat eine hohe Arbeitslosigkeit.*
Lo hago yo **misma**.	*Ich mache es selbst.*

  Es kann aber auch zwischen dem bestimmten Artikel und dem Substantiv stehen. In diesem Fall hat **mismo** eine doppelte Bedeutung: *der-/die-/dasselbe* (vgl. oben) oder *selbst, sogar*. In dieser letzteren Bedeutung kann es auch gesteigert werden (**mismísimo/-a/-os/-as**):

Me lo ha dicho **el mismo / el mismísimo** jefe.	*Der Chef höchstpersönlich hat es mir gesagt.*

- Steht **mismo** nach einem Adverb, ist es unveränderlich und bekräftigt dessen Bedeutung:

ahora **mismo**	*sofort*	aquí **mismo**	*gleich hier*
mañana **mismo**	*gleich morgen*	hoy **mismo**	*heute noch / erst heute*

- Weitere Wendungen: **por eso mismo** *genau deswegen*, **al mismo tiempo** *gleichzeitig*.

Das Futuro perfecto

Das Futuro perfecto wird gebildet mit dem Futur von **haber** und dem Partizip Perfekt. Das Partizip Perfekt ist dann unveränderlich (auf **-o**).

	Futur von haber	Partizip Perfekt
yo	habré	llegado
tú	habrás	tenido
él, ella, usted	habrá	hecho
nosotros/-as	habremos	abierto
vosotros/-as	habréis	escrito
ellos/-as, ustedes	habrán	estado

Das Futuro perfecto drückt ein Ereignis aus, das vor einem anderen in der Zukunft geschehen wird:

Antes de las ocho de la noche ya **habréis llegado** a Salamanca. — *Vor acht Uhr abends werdet ihr schon in Salamanca (angekommen) sein.*

Wie man Vermutungen ausdrückt (2): Das Futuro perfecto

Sie haben bereits gelernt, dass Vermutungen durch Adverbien oder Wendungen wie **tal vez**, **quizá(s)**, **probablemente**, **a lo mejor** eingeleitet werden (vgl. Unidad 5). Um Vermutungen auszudrücken, kann man – genau wie im Deutschen – auch das **Futuro** oder das **Futuro perfecto** benutzen.

Estará en un atasco. — *Er wird wohl im Stau stecken.*
Habrá tenido problemas con el motor. — *Er wird wohl Probleme mit dem Motor gehabt haben.*

Wie man jemanden beruhigt

Vale, pero seguro que...	*Schon, aber sicherlich...*
Bueno, hombre / mujer, tranquilo/-a.	*Schon gut, Mensch, beruhige dich.*
Vamos, no exageres.	*Komm, übertreibe doch nicht.*
No, no creo. Ya verás como...	*Nein, ich glaube nicht. Du wirst schon sehen wie...*
Vamos, no te preocupes.	*Komm, mach dir keine Sorgen.*
Venga, ¡qué pesimista eres!	*Nun komm schon, was bist du für ein Pessimist!*

Das Plusquamperfekt

Das Plusquamperfekt wird mit dem Imperfekt von **haber** und dem Partizip Perfekt gebildet. Das Partizip Perfekt ist dabei unveränderlich (auf **-o**).

	Imperfekt von haber	Partizip
yo	había	llegado
tú	habías	tenido
él, ella, usted	había	hecho
nosotros/-as	habíamos	abierto
vosotros/-as	habíais	escrito
ellos/-as, ustedes	habían	estado

•• Das Plusquamperfekt drückt eine Handlung aus, die zeitlich vor einer anderen in der Vergangenheit stattgefunden hat:

Llegamos a la RDA porque allí nos **habían ofrecido** residencia. — *Wir kamen in die DDR, weil man uns dort Aufenthalt angeboten hatte.*

•• Zeitangaben wie **antes (de)**, **ya**, **todavía no**, **hacía mucho tiempo que (no)**, **nunca** können einen Satz im Plusquamperfekt einleiten.

Antes de encontrar a Peter **todavía no había pensado** en casarme. — *Bevor ich Peter begegnet bin, hatte ich noch nicht daran gedacht zu heiraten.*

Unidad 7

Indikativ oder Subjuntivo nach einigen Konjunktionen

Die Verwendung von Indikativ oder Subjuntivo beruht oft nicht auf einer objektiven, sondern auf einer subjektiven Basis, d.h. sie hängt davon ab, was der Sprecher ausdrücken will:

Aunque trabajo bien, mis jefes no están satisfechos. — *Obwohl ich gut arbeite...*
Aunque trabaje bien, mis jefes no están/estarán satisfechos. — *Selbst wenn ich gut arbeiten sollte...*

Konjunktion	Indikativ	Subjuntivo
aunque	*obwohl*	*selbst wenn / auch wenn*
cuando	*(immer) wenn*	*wenn / sobald*
mientras	*während*	*solange / vorausgesetzt, dass*

•• In Nebensätzen mit **aunque**, **cuando**, **mientras** verwendet man den Indikativ, wenn es sich um Tatsachen handelt (etwas, das normalerweise passiert oder passiert ist):

Aunque ahora **trabajo** más que nunca, por lo menos soy mi propia jefa. — *Obwohl ich mehr als je zuvor arbeite, wenigstens bin ich meine eigene Chefin.*
Cuando hay alguna dificultad, mis colegas me ayudan. — *Wenn es irgendeine Schwierigkeit gibt, helfen mir meine Kollegen.*
Normalmente, llevo una bata blanca **mientras trabajo**. — *Normalerweise trage ich einen weißen Kittel während ich arbeite.*

•• Man verwendet dagegen den **Subjuntivo**, wenn der Hauptsatz in der Zukunft steht oder wenn es sich um Möglichkeiten oder Voraussetzungen handelt, die noch nicht eingetreten sind:

Aunque ahora **lleve** un pendiente, seguiré trabajando como siempre. — *Selbst / Auch wenn ich nun einen Ohrring trage, werde ich wie gewohnt weiter arbeiten.*
Cuando tenga 80 años, quizá dejaré de trabajar. — *Wenn / Sobald ich 80 bin, höre ich vielleicht auf zu arbeiten.*
A los clientes no les molesta mi apariencia, **mientras reciban** un buen servicio. — *Die Kunden stört mein Aussehen nicht, solange sie einen guten Service bekommen.*

•• Nach **hasta que** *(bis)* steht der Indikativ, wenn es sich um einen Satz in der Vergangenheit handelt, der Subjuntivo, wenn der Zeitpunkt in der Zukunft liegt:

Trabajé **hasta que terminé** el informe. — *Ich arbeitete, bis ich den Bericht fertig hatte.*
Yo insistiré **hasta que** me **vuelvan** a cambiar a la recepción. — *Ich werde darauf bestehen, bis man mich wieder in die Rezeption versetzt.*

Wie man über Eigenschaften spricht

ser *sein* + Adjektiv	**tener** *haben* + Substantiv	**ser capaz de** *fähig sein zu* + Verb
creativo/-a *(kreativ)* cooperativo/-a *(kooperativ)* sensible *(empfindlich, sensibel)* detallista *(genau)* responsable *(verantwortungs-bewusst)* entusiasta *(begeisterungsfähig)* flexible *(anpassungsfähig)*	intuición *(Einfühlungsvermögen)* tacto *(Feingefühl)* buena presencia *(gepflegtes Äußeres)* capacidad de organización *(Organisationsfähigkeit)* paciencia *(Geduld)* autoridad *(Autorität)*	trabajar en grupo *(in einer Gruppe arbeiten)* improvisar *(improvisieren)* adaptarse *(sich anpassen)* escuchar a los demás *(den anderen zuhören)* convencer *(überzeugen)*

Wie man Einverständnis oder Widerspruch ausdrückt

acuerdo	**acuerdo parcial**	**desacuerdo**
Tienes razón. *(Du hast Recht.)* Sí, es verdad. *(Ja, das stimmt.)* Estoy completamente de acuerdo. *(Ich bin völlig einverstanden.)* ¡Buena idea! *(Gute Idee!)* Me parece muy bien. *(Ich finde das sehr gut.)*	En parte sí, pero... *(Teils ja, aber...)* Sí, pero no te olvides (de) que... *(Ja, aber vergiss nicht, dass...)* No estaría mal. *(Das wäre nicht schlecht.)* Puede ser, pero... *(Kann sein, aber...)*	¡Qué va! *(Ach, was!)* ¡Pero qué dices! *(Aber was redest du!)* ¡Ni hablar! *(Kommt nicht in Frage!)* No, para nada. *(Überhaupt nicht.)* De eso, nada. *(Keineswegs.)*

Das Imperfecto de subjuntivo

Für die Bildung des Imperfecto de subjuntivo geht man von der dritten Person Plural des Indefinido aus:

	-ar	**-ir**	**-er (wie -ir)**
Indefinido	trabaj – **aron**	escrib – **ieron**	com – **ieron**
Imperfecto de subj.	trabaj – **ara**	escrib – **iera**	com – **iera**

	trabajar	**escribir**	**Unregelmäßige Verben**
yo	trabaj**ara**	escrib**iera**	tener: tuviera, tuvieras, tuviera...
tú	trabaj**aras**	escrib**ieras**	estar: estuviera, estuvieras, estuviera...
él, ella, usted	trabaj**ara**	escrib**iera**	ser/ir: fuera, fueras, fuera...
nosotros/-as	trabaj**áramos**	escrib**iéramos**	querer: quisiera, quisieras, quisiera...
vosotros/-as	trabaj**arais**	escrib**ierais**	haber: hubiera, hubieras, hubiera...
ellos/-as, ustedes	trabaj**aran**	escrib**ieran**	poner: pusiera, pusieras, pusiera...
			saber: supiera, supieras, supiera...
			ver: viera, vieras, viera...

•• Die Endungen des Imperfecto de subjuntivo sind für die Verben auf **-er** und **-ir** gleich.

•• Für **ir** und **ser** sind die Formen gleich: der Kontext verhindert Missverständnisse.

•• Es gibt auch eine zweite Form des Imperfecto de subjuntivo, mit der Endung **-ase** bzw. **-iese**. Diese Form wird in manchen Ländern Lateinamerikas bevorzugt.

yo	trabaj**ase**	escrib**iese**
tú	trabaj**ases**	escrib**ieses**
él, ella, usted	trabaj**ase**	escrib**iese**
nosotros/-as	trabaj**ásemos**	escrib**iésemos**
vosotros/-as	trabaj**aseis**	escrib**ieseis**
ellos/-as, ustedes	trabaj**asen**	escrib**iesen**

•• Nach **como si** *(als ob)* steht immer das Imperfecto de subjuntivo. Damit wird ein irrealer bzw. nicht möglicher Vergleich ausgedrückt:

Lidia hace **como si** no me **conociera**. — *Lidia tut so, als ob sie mich nicht kennen würde.*
Ese niño se porta **como si fuera** un príncipe. — *Dieser Junge benimmt sich, als ob er ein Prinz wäre.*

Wie man in der Vergangenheit über die Zukunft spricht

Spricht man in der Vergangenheit über eine – von da aus gesehen – zukünftige Handlung, so verwendet man im Nebensatz das Konditional.

Yo creía que Ana **encontraría** trabajo. — *Ich glaubte, dass Ana Arbeit finden würde.*

Das Konditional wird auch in der indirekten Rede verwendet. Es ersetzt dort das Futur der direkten Rede, wenn das Verb des Sagens in der Vergangenheit steht.

Direkte Rede	Indirekte Rede
Seguiré buscando trabajo.	**Dijo / Decía** que **seguiría** buscando trabajo.
Os **invitaré** a conocer mi casa.	**Dijo / Decía** que nos **invitaría** a conocer su casa.

Einige Wendungen für einen Meinungsaustausch

No hay que olvidar que...	*Man darf nicht vergessen, dass...*
Yo más bien diría...	*Ich würde eher sagen...*
Teniendo en cuenta que...	*Im Hinblick auf... / Unter Berücksichtigung dass...*
Vamos, tampoco hay que exagerar.	*Komm/Kommen Sie, man sollte nicht übertreiben.*

Unidad 8

Die zusammengesetzten Zeiten

Alle zusammengesetzten Zeiten werden mit **haber** und dem Partizip Perfekt des jeweiligen Verbs gebildet. Das Partizip Perfekt ist dabei unveränderlich und endet immer auf **-o**.

•• **Infinitivo perfecto:**
Lo importante es **haberlo entendido**. — *Das Wichtige ist, es verstanden zu haben.*

•• **Perfecto:**
Paco **ha llegado** por fin. — *Paco ist endlich angekommen.*

•• **Pluscuamperfecto:**
Antes de casarse, Eva **había viajado** mucho. — *Bevor Eva heiratete, war sie viel gereist.*

•• **Futuro perfecto:**
Seguramente **habrás visto** esa película, ¿no? — *Sicherlich wirst du diesen Film gesehen haben, oder?*

•• **Perfecto de subjuntivo:**
Aunque **hayáis comido** mucho, este postre no lo podréis resistir. — *Auch wenn ihr viel gegessen habt, werdet ihr diesem Nachtisch nicht widerstehen können.*

Der Gebrauch der Präposition "por"

ungefähre Ortsangabe oder Angabe eines Durchgangsortes	¿Hay una farmacia **por** aquí? Vamos a dar un paseo **por** la ciudad. ¿Vamos **por** la autopista o por la carretera nacional? Pase **por** mi oficina el viernes.
in der Bedeutung "zugunsten von"	Lo hago **por** ti. Greenpeace lucha **por** el medio ambiente.
Zeitangaben	**Por** la mañana no desayunamos. Yo hago deporte tres veces **por** semana. Este coche corre a 200 kms **por** hora.
bei Kommunikations- oder Transportmitteln	Te llamé **por** teléfono, pero no estabas. ¿Podría enviarme los datos **por** fax? Mándeme la oferta **por** escrito. Quiero enviar esta carta **por** avión.
Preisangabe	Compré el vídeo **por** 50.000 pesetas. Pagué 15.000 pesetas **por** este bolso.
Angabe eines Grundes	Lo hice **por** dinero. Elisa no puede trabajar **por** el accidente.
Angabe des Urhebers in der Passivkonstruktion	El templo fue construído **por** los incas. Las casas fueron pintadas **por** los emigrantes italianos.
in bestimmten Wendungen	**Por favor**, ayúdame **por lo menos**. **Por lo general** no hago nada **por casualidad**. **Por supuesto**, **me intereso por** el arte. **Gracias por** tu invitación.

Der Gebrauch der Präposition "para"

Ziel oder Zweck	Trabajamos **para** vivir. La dieta mediterránea es buena **para** la salud. Este regalo es **para** tu cumpleaños. Manuel tiene mucho talento **para** las lenguas.
Zielort	¿Cuándo sale el avión **para** Barcelona? ¿Es éste el tren **para** Bilbao?
Termin- oder Fristangabe	Quiero una habitación **para** tres días. Por favor, reserve el vuelo **para** el tres de abril.
Adressat	Toma, esto es **para** ti. Trabajamos **para** una empresa suiza.
Angabe eines Standpunktes	**Para** Olga lo más difícil fue el idioma. **Para** mí, este problema no es grave.
in bestimmten Wendungen	Me quisiera quedar aquí **para siempre**. Hombre, Paco, tranquilo, ¡**no es para tanto**!

Unidad 9

Wie man Personen beschreibt

Um den Charakter einer Person zu beschreiben, verwendet man normalerweise **ser + Adjektiv**. Dabei drückt das Adjektiv eine Eigenschaft aus, die als bleibend und zum Charakter gehörig betrachtet wird. Will man dagegen einen vorübergehenden Zustand beschreiben, so benutzt man **estar + Adjektiv**.	Claudia **es** normalmente muy callada y tranquila, pero hoy **está** muy ruidosa y habladora.
Adjektive, die man normalerweise mit **ser** benutzt, können auch mit **estar** verwendet werden, wenn man die Eigenschaft als Ausnahme oder Veränderung betrachtet, oder wenn die subjektive Bewertung besonders im Vordergrund steht.	¡Qué simpático **está** Luis! *(= Normalerweise ist er es nicht.)* ¡Qué grande **está** tu hija! *(= Sie ist deutlich gewachsen.)* ¡Qué bonito **está** tu jardín! *(= Das ist meine Meinung.)*
Außerdem wird **estar** bei Adjektiven und Ausdrücken verwendet, die schon wegen ihrer Bedeutung einen Zustand bezeichnen (**solo**, **enfermo**, **contento**, **de buen humor**).	A mí me gusta **estar** solo cuando **estoy** enfermo. **Estoy** muy contenta porque he aprobado el examen.
Estar steht auch bei **Partizipien**, da sie das Ergebnis einer Handlung ausdrücken.	María siempre **está** rodeada de gente. **Estamos** muy satisfechos con usted. Mi perro **está** muy bien educado.
Es gibt eine Reihe von Adjektiven, die sich auf Personen beziehen und bei denen man **estar** erwarten könnte, die aber grundsätzlich mit **ser** benutzt werden: **rico**, **pobre**, **feliz**, **infeliz**, **inocente**, **culpable**.	La familia de Charo **es** muy pobre. Estoy convencida de que Antonio **es** inocente. Junto a Silvia **soy** feliz.

OJO Folgende Adjektive haben eine unterschiedliche Bedeutung, je nachdem ob sie mit **ser** oder mit **estar** verwendet werden:

	ser	**estar**
aburrido	*langweilig*	*gelangweilt*
callado	*ruhig*	*still*
cansado	*ermüdend*	*müde*
atento	*höflich*	*aufmerksam*
abierto	*aufgeschlossen*	*geöffnet*
cerrado	*verschlossen*	*geschlossen*
listo	*schlau*	*fertig*
malo	*schlecht / böse*	*krank / verdorben*
bueno	*gut(mütig)*	*gesund / wohlschmeckend*
rico	*reich*	*lecker*

Übersicht über den Gebrauch von "ser" und "estar"

In *Caminos 1* haben Sie schon die meisten anderen Anwendungen von **ser** und **estar** gelernt. Hier eine kurze Übersicht:

ser	
Identifizieren oder definieren	Carlos **es** mi hermano mayor. **Es** el de las gafas. **Es** el preferido de mamá.
Nationalität, Herkunft, Beruf, Aussehen	**Soy** mexicana, **soy** de Guadalajara. Ángela **es** psicóloga y **es** morena y alta.
Uhrzeit	**Son** las doce y media.
Datum	Hoy **es** jueves. **Es** el 12 de marzo.
Besitz	Este reloj **es** de mi padre.
Material, Farbe	El sofá **es** de cuero, **es** negro.
Preisangabe: Endsumme	¿Cuánto **es** en total, señorita?
Ortsangabe bei Veranstaltungen	La fiesta **será** en casa de Julia.
Urteil (mit Adjektiven)	Este libro **es** muy bueno.

estar	
Ortsangabe	Granada **está** en Andalucía.
Stellung	Yo **estuve** de pie, pero tú **estabas** sentado.
Feststehende Ausdrücke	Con nuestro trabajo siempre **estamos de viaje**.
Zeitangabe bei Präposition	**Estamos** a 12 de julio, **estamos** en verano.
Temperaturangabe	**Estamos** a 35 grados.
Preisangabe	Las peras **están** a 140 ptas. el kilo, **están** en oferta.
Urteil (mit Adverbien)	Este libro **está** muy bien.

Wie man Bedürfnisse ausdrückt

Yo no **necesito** realmente un robot de cocina. — *Eigentlich brauche ich keine Küchenmaschine.*
Para mí **es imprescindible**. — *Für mich ist es unentbehrlich.*
A mí una nevera grande **me hace mucha falta** porque tengo una familia grande. — *Ich brauche einen großen Kühlschrank, weil ich eine große Familie habe.*
A nosotros **nos basta** con una pequeña. — *Uns genügt ein kleiner.*
Yo, de verdad, **no podría vivir sin** lavaplatos. — *Ich könnte wirklich nicht ohne Geschirrspüler auskommen.*

Wie man Häufigkeit ausdrückt

siempre, todos los días
(immer, jeden Tag)

frecuentemente, a menudo
(häufig, oft)

regularmente
(regelmäßig)

de vez en cuando, a veces
(ab und zu, manchmal)

casi nunca
(fast nie)

nunca
(nie)

Der Gebrauch von Indikativ und Subjuntivo bei Bedingungen

Si + indicativo	**Si tiene** una cocina eléctrica, apáguela antes para aprovechar el calor de las placas. *Falls Sie einen Elektroherd haben, schalten sie ihn vorher aus, um die Wärme der Platten auszunutzen.*
A menos que + subjuntivo	No use el lavaplatos **a menos que esté** lleno. *Benutzen Sie die Spülmaschine nicht, es sei denn, sie ist voll.*
Siempre y cuando + subjuntivo	Puede usar papel aluminio, **siempre y cuando lo utilice** varias veces. *Sie können Alufolie benutzen, vorausgesetzt, dass Sie sie mehrmals verwenden.*
En caso de que + subjuntivo	**En caso de que use** papel aluminio, utilícelo varias veces. *Sollten Sie Alufolie benutzen, verwenden Sie sie mehrmals.*

Bedingungssätze

Der Bedingungssatz besteht aus einem Hauptsatz und einem Nebensatz. Im Hauptsatz wird ein Geschehen genannt, im Nebensatz die Bedingung dafür. Der Nebensatz wird von einer Konjunktion (**si**, **en caso de que**) eingeleitet.

- Wenn der Sprecher eine Bedingung als erfüllbar, möglich oder zutreffend betrachtet, steht nach **si** der Indikativ Präsens; im Hauptsatz können Indikativ Präsens, Futur oder **ir a** + Infinitiv stehen:

  Si mañana **llueve**, **me quedaré** en casa todo el día.
  Wenn es morgen regnet, werde ich den ganzen Tag zu Hause bleiben.

- Hält der Sprecher die Bedingung für nicht zutreffend oder sogar unerfüllbar, drückt er dies mit einem irrealen Bedingungssatz aus. Hier steht nach **si** das Imperfecto de subjuntivo und im Hauptsatz das Konditional:

  Si **hiciera** mal tiempo todo el verano, no **iría** a la montaña, sino al Caribe.
  Wenn den ganzen Sommer schlechtes Wetter wäre, würde ich nicht ins Gebirge, sondern in die Karibik fahren.

Wie man Gründe und Folgen ausdrückt

Um einen Grund anzugeben:	
Como... *(am Satzanfang: da, weil)*	**Como** antes se pensaba menos en la ecología, ha habido mucha destrucción del medio ambiente.
... porque / ... pues / ya que... *(weil, denn)* + Verb	Los bosques son importantes **porque** / **pues** / **ya que** producen oxígeno.
a causa de / debido a (que) *(auf Grund von, wegen)* + Substantiv	El número de las ballenas se ha reducido mucho **a causa de** / **debido a** la caza y la pesca exageradas.

Um eine Konsequenz anzugeben:	
(Aussage im Indikativ) de ahí que / esto hace que + subjuntivo *(daher, deshalb)*	(Hemos gastado demasiados combustibles.) **De ahí que** / **Esto hace que** ya no **haya** tantas reservas.
por eso / en consecuencia + indicativo *(deswegen)*	**Por eso** / **En consecuencia** ahora **necesitamos** ahorrar energía.

Die Zeitenfolge beim Konditional

Steht im Hauptsatz ein Verb, das normalerweise den Subjuntivo erfordert, im Konditional, so folgt im Nebensatz Imperfecto de subjuntivo (vgl. S. 183):

Yo **pediría** que se **hicieran** leyes más estrictas.
Me **gustaría** que me **trajeras** un libro.
Nosotros **exigiríamos** que nos **dieran** un sueldo más elevado.

Unidad 10

Wie man eine Neuigkeit mitteilt und darauf reagiert

• Dicen / Aquí ponen que van a subir los impuestos. ○ ¡Qué desastre!	• *Man sagt / Hier steht, dass die Steuern erhöht werden.* ○ *So eine Katastrophe!*
• ¿A que no sabes que ayer vi a Mario? ○ ¡No me digas! ¡No es posible!	• *Weißt du, dass ich gestern Mario gesehen habe?* ○ *Sag bloß! Unmöglich!*
• ¿Ya has leído que hay una huelga de metro? ○ ¡Esto es el colmo!	• *Hast du schon gelesen, dass die U-Bahn streikt?* ○ *Das ist der Gipfel!*
• ¿Te has enterado de que Luis ha encontrado trabajo por fin? ○ Pues, ¡qué bien!	• *Hast du erfahren, dass Luis endlich Arbeit gefunden hat?* ○ *Toll!*
• ¡No te lo vas a creer! Me voy a casar. ○ ¿En serio? ¿De verdad?	• *Du wirst es nicht glauben! Ich heirate.* ○ *Wirklich?*
• Figúrate que Cecilia no va a venir. ○ Y, por si fuera poco, va a la fiesta de Ernesto.	• *Stell Dir vor, Cecilia wird nicht kommen.* ○ *Und als ob es nicht genug wäre, geht sie zu Ernestos Feier.*

Der Gebrauch der Zeiten in der indirekten Rede

Der Gebrauch der Zeiten in der indirekten Rede hängt im Spanischen, anders als im Deutschen, davon ab, in welcher Zeit das Verb des Sagens, Mitteilens oder Fragens (**decir**, **cantar**, **preguntar** usw.) im Hauptsatz steht.

•• Steht das Verb des Sagens im Präsens, Perfekt, Futur oder Konditional, bleibt in der indirekten Rede die Zeit der ursprünglichen Aussage unverändert.

Direkte Rede	Indirekte Rede	Zeitgebrauch
"Ya **he preparado** el cheque."	**Dice** que ya **ha preparado** el cheque.	Perfekt ⟹ Perfekt
"**Regresé** ayer por la tarde."	**Dice** que **regresó** ayer por la tarde.	Indefinido ⟹ Indefinido
"**Necesito** un antenista."	**Ha dicho** que **necesita** un antenista.	Präsens ⟹ Präsens
"¿Cuándo **empieza** la Feria?"	**Preguntará** cuándo **empieza** la Feria.	Präsens ⟹ Präsens
"No **puedo** ir."	Probablemente **diría** que no **puede** ir.	Präsens ⟹ Präsens

•• Steht das Verb des Sagens im Indefinido oder Imperfecto, wird das Verb der Aussage "um eine Zeitstufe zurück verschoben".

Direkte Rede	Indirekte Rede	Gebrauch der Zeiten
"¿Cuándo **empieza** la Feria?"	**Preguntó** cuándo **empezaba** la Feria.	Präsens ⟹ Imperfecto
"Ya **he preparado** el informe."	**Dijo** que ya **había preparado** el informe.	Perfekt ⟹ Pluscuamperfecto
"**Necesito** un antenista"	**Decía** que **necesitaba** un antenista.	Präsens ⟹ Imperfecto
"**Regresé** ayer por la tarde."	**Dijo** que **había regresado** ayer por la tarde.	Indefinido ⟹ Pluscuamperfecto

OJO Imperfekt, Plusquamperfekt und Konditional bleiben in der indirekten Rede unverändert:

"Te **estaba** buscando."	Me dijo que me **estaba** buscando.
"**Habíamos ido** a bailar."	Me contaron que **habían ido** a bailar.
"Me **gustaría** ir."	Dijo que le **gustaría** ir.

Der Gebrauch der Präposition "a" mit dem direkten Objekt

Sie wissen bereits, dass die Präposition **a** vor dem direkten Objekt steht, wenn es sich um bestimmte, konkrete Personen handelt. Wenn es aber um irgendeine, noch unbekannte Person geht, so wird **a** bei einigen Verben nicht verwendet.

Necesito **a mis amigos**.	Necesito **un antenista**.
Busco **al compañero de Paqui**.	Buscan **una secretaria**.

Wie man über zwischenmenschliche Beziehungen spricht

Son	familiares	*Sie sind*	*Familienangehörige*	Están	comentando	*Sie*	*besprechen*
	parientes		*Verwandte*		novedades		*Neuigkeiten*
	extraños		*Fremde*		peleándose / discutiendo		*streiten*
	conocidos		*Bekannte*		charlando		*plaudern*
	colegas		*Kollegen*		cotilleando		*tratschen*
	una pareja		*ein Paar*		flirteando		*flirten*
	vecinos		*Nachbarn*		saludándose		*begrüßen sich*
	amigos		*Freunde*		despidiéndose		*verabschieden sich*
	novios		*(feste) Freunde*				

Konstruktionen mit Infinitiv und Gerundium

Infinitiv- und Gerundiumkonstruktionen können anstelle von Nebensätzen verschiedener Art stehen:

Nebensätze der Zeit (Wann?)	
Al esquiar, se rompió un brazo.	*Beim Skifahren hat er sich den Arm gebrochen.*
Al sonar el teléfono, corrí a contestarlo.	*Als das Telefon klingelte, ging ich schnell ran.*

Nebensätze der Art und Weise (Wie?)	
Hablamos **gritando** y **gesticulando** mucho. ¿Vamos **andando** o en coche?	*Wir sprechen, indem wir schreien und viel gestikulieren.* *Gehen wir zu Fuß oder fahren wir mit dem Auto?*
Nebensätze des Grundes (Warum?)	
Conociéndote como te conozco, sé que no lo harías.	*So gut wie ich dich kenne, weiß ich, dass du es nicht tun würdest.*
Feste Wendungen	
Teniendo en cuenta...	*Wenn wir in Betracht ziehen,...*

Wie man ein Gesprächsthema einführt und Interesse signalisiert

In Spanien und Lateinamerika wird im Laufe eines Gesprächs erwartet, dass der Gesprächspartner auf unsere Aussagen reagiert oder mit kleinen Einwürfen Interesse zeigt und uns somit hilft, unsere Geschichte weiterzuerzählen. Da das Verb gleich nach dem Subjekt kommt und das Ende des Satzes oft vorherzusehen ist, ist es normal, dass unser/e Partner/-in schon reagiert, bevor wir den Satz beendet haben. Manchmal wiederholt man einen Teil dessen, was der/die andere gesagt hat. Das Fehlen solcher Reaktionen und Einwürfe kann als Mangel an Interesse empfunden werden und zu Missverständnissen führen. Hier einige Ausdrücke, die ein Gespräch einführen und vorwärts treiben:

Um ein Gesprächsthema einzuführen	
A propósito de / **Hablando de** Rosario, ¿ya sabes que se muda?	*Übrigens, da wir gerade von Rosario sprechen, weißt du schon, dass sie umzieht?*

Um Interesse zu signalisieren	
No, ni idea. ¿Qué pasó? Cuenta, cuenta. ¿Y eso? ¡Y que lo digas!	*Nein, keine Ahnung.* *Was ist los / passiert?* *Erzähl mal.* *Und wieso das?* *Brauchst du gar nicht zu sagen!*

Die Zeitenfolge beim Subjuntivo

Wenn ein Ausdruck, der den Subjuntivo erfordert (**quiero que, es importante que**, usw.) im Imperfecto, Indefinido oder Konditional steht (s. auch S. 181), so muss das Verb des Nebensatzes im Imperfecto de Subjuntivo stehen. Dies gilt für alle Subjuntivo-Auslöser: Ausdrücke des Wünschens und Forderns, Gefühlsäußerungen, unpersönliche Ausdrücke, Konjunktionen, usw. (vgl. U4).

Quería que **hiciera** las fotocopias. Nos lo **dijo para que** lo **supiéramos**. **Sería importante** que los alumnos **aprendieran** de sus errores.	*Sie wollte, dass ich die Kopien mache.* *Er sagte es uns, damit wir es wissen.* *Es wäre wichtig, dass die Schüler aus ihren Fehlern lernten.*

Wie man Missverständnisse ausräumt

Um etwas zu erläutern	
Yo (no) había entendido que... Quería decir que... Que yo sepa,... Yo no he dicho que... ¿No ibas a hacerlo tú? Quizá no me he explicado bien.	*Ich hatte (nicht) verstanden, dass...* *Ich wollte sagen, dass...* *Soviel ich weiß,...* *Ich habe nicht gesagt, dass...* *Wolltest Du das nicht machen?* *Vielleicht habe ich mich nicht deutlich ausgedrückt.*
Um etwas anders zu formulieren	
O sea que / Es decir... En otras palabras,... Mejor dicho,... Y, por si fuera poco,... Me explico, es que...	*Das heißt, dass...* *Mit anderen Worten,...* *Besser gesagt,...* *Und als ob es nicht genug wäre,...* *Ich meine, es ist so, dass...*

Wie man über Statistiken spricht

la mitad *(die Hälfte)* un cuarto *(ein Viertel)* la tercera parte (= un tercio) *(ein Drittel)* dos tercios *(zwei Drittel)*	el doble *(das Doppelte)* el triple *(das Dreifache)* el cuádruple *(das Vierfache)* la mayor parte *(der größte Teil)*
En comparación con... *(Im Vergleich zu...)* Comparado con... *(Verglichen mit...)* A diferencia de... *(Im Unterschied zu...)*	la cifra ha aumentado. / permanecido igual. / disminuido.

OJO Die Steigerungsform von **grande** ist **más grande** oder **mayor**. Die Steigerungsform von **pequeño** ist **más pequeño** oder **menor**.

Unidad 11

Wie man höfliche Ratschläge gibt

Sie wissen bereits: Wenn Ausdrücke, die Subjuntivo erfordern, im Konditional stehen, so steht das Verb des Nebensatzes (**que**-Satz) im Imperfecto de subjuntivo. Diese Konstruktion wird auch dann benutzt, wenn man einen höflichen Ratschlag geben will.

Sería conveniente que **llevaras** un regalo.	*Es wäre angemessen, wenn du ein Geschenk mitbringen würdest.*
Yo te **aconsejaría** que **fueras** al velatorio o que **llamaras** por teléfono.	*Ich würde dir raten, zur Totenwache zu gehen oder anzurufen.*
Yo te **recomendaría** que le **pusieras** el nombre de su padre.	*Ich würde dir empfehlen, ihn wie seinen Vater zu nennen.*

Der irreale Bedingungssatz der Vergangenheit

Spricht man von einer Bedingung, die sich in der Vergangenheit nicht erfüllt hat (was wäre gewesen, wenn...), so steht im **si**-Satz das Imperfecto de subjuntivo von **haber** + Partizip Perfekt (Pluscuamperfecto de subjuntivo); im Hauptsatz folgt dann das Konditional von **haber** + Partizip Perfekt (Condicional compuesto).

Si + Pluscuamperfecto de subjuntivo				**Condicional compuesto**
Si	yo	no **hubiera visto**	a ese médico,	no me **habría curado**.
	tú	no **hubieras visto**		no te **habrías curado**.
	él, ella, usted	no **hubiera visto**		no se **habría curado**.
	nosotros/-as	no **hubiéramos visto**		no nos **habríamos curado**.
	vosotros/-as	no **hubierais visto**		no os **habríais curado**.
	ellos/-as, ustedes	no **hubieran visto**		no se **habrían curado**.

•• Manchmal möchte man die aktuelle Lage beschreiben, d. h. sagen, was jetzt wäre, wenn die Bedingung nicht erfüllt worden wäre. Dieses drückt man mit **si** +Pluscuamperfecto de subjuntivo und Konditional aus.

Si + Pluscuamperfecto de subjuntivo	**Konditional**
Si Jaime no **hubiera consultado** a un curandero,	probablemente ya no **estaría** vivo ahora.

Die Übersetzungen von "werden"

Dem deutschen "werden" entsprechen im Spanischen unterschiedliche Verben.

Funktion, Beruf: **querer ser + Substantiv**	
Eva **quiere ser madrina** de un niño en la India. Enrique **quiere ser médico** cuando sea grande.	*Eva möchte Patentante eines Kindes in Indien werden.* *Enrique will Arzt werden, wenn er groß ist.*
Änderung der Stimmung, des Aussehens, Zustands: **ponerse + Adjektiv**	
Cuando Eduardo **se puso enfermo**, yo **me puse** muy **nerviosa**.	*Als Eduardo krank wurde, wurde ich sehr nervös.*
Veränderung, Entwicklung, Funktion: **hacerse + Adjektiv / Substantiv**	
Gorbachov **se hizo famoso** por su política de apertura.	*Gorbatschow wurde durch seine Politik der Öffnung berühmt.*
Verwandlung: **Convertirse en / transformarse en + Substantiv**	
Después de su muerte, Juana de Arco **se convirtió en santa patrona** de su país. Cuando la princesa le dio un beso, la rana **se transformó en un príncipe**.	*Nach ihrem Tode wurde Jeanne d'Arc zur heiligen Schutzpatronin ihres Landes.* *Als die Prinzessin ihn küsste, wurde der Frosch zum Prinzen.*

Radikale psychische Veränderung: **volverse + Adjektiv**	
Don Quijote **se volvió loco** por haber leído tantas novelas. Cuando Luis vio a Belén **se volvió pálido** y no logró decirle nada.	*Don Quijote wurde verrückt, weil er so viele Romane gelesen hatte.* *Als Luis Belén sah, wurde er blass und war nicht imstande, ihr etwas zu sagen.*
Bei bestimmten Adjektiven, die das Resultat einer radikalen Veränderung ausdrücken (sordo, viudo/-a): **quedarse + Adjektiv**	
A pesar de **quedarse sordo**, Beethoven compuso sinfonías grandiosas. Después del accidente, Paco **se quedó ciego**.	*Obwohl Beethoven taub wurde, komponierte er herrliche Symphonien.* *Nach dem Unfall wurde Paco blind.*
Resultat einer Entwicklung: **llegar a ser + Adjektiv / Substantiv**	
Marlene Dietrich **llegó a ser el símbolo femenino** de su época. Este proyecto podría **llegar a ser muy importante** para toda la empresa.	*Marlene Dietrich wurde zum weiblichen Symbol ihrer Zeit.* *Dieses Projekt könnte für die ganze Firma sehr wichtig werden.*

Außerdem gibt es eine Reihe von Verben, die *werden* sozusagen in ihrer Bedeutung enthalten:

- einige reflexive Verben wie **enfermarse** *(krank werden)*, **curarse** *(gesund werden)*, **alegrarse** *(sich freuen)*, **enfadarse** *(sich ärgern)*, **calmarse** *(sich beruhigen)*, **cansarse** *(ermüden)*:

  El bebé no cesaba de llorar, pero al oír la voz de su mamá **se calmó** enseguida.
  Das Baby wollte nicht aufhören, zu weinen, aber als es die Stimme seiner Mutter hörte, wurde es sofort ruhig.
  Carlos **se enfada** siempre que pierde su equipo de fútbol.
  Carlos wird immer ärgerlich, wenn seine Fußballmannschaft verliert.
  Me gusta mucho nadar, pero **me canso** enseguida.
  Ich schwimme sehr gern, aber ich werde sofort müde.

- viele Verben auf **-ecer** wie **envejecer** *(alt werden)*, **amanecer** *(Tag werden)*, **oscurecer** *(Nacht werden)*, **enriquecerse** *(reich werden)*, **entristecerse** *(traurig werden)*:

  Antes de que **amanezca** vamos a **enriquecernos**.
  Bevor es hell wird, werden wir reich.
  Lo que es seguro, es que todos vamos a **envejecer**.
  Eins ist sicher: Wir werden alle alt.

- die Wendung **cumplir ... años** *(... Jahre alt werden)*:

  Antes de **cumplir los 30 años**, John Lennon ya era famoso.
  Bevor er 30 Jahre alt wurde, war John Lennon schon berühmt.

- einige Verben wie **adelgazar** *(schlank werden)*, **engordar** *(dick werden)*:

  No quiero **engordar**, quiero **adelgazar**.
  Ich möchte nicht dick werden, ich möchte schlank werden.

OJO Auch Passiv und Futur (oder **ir a**+ Infinitiv) werden im Deutschen mit *werden* übersetzt.

John Lennon **fue** asesinado.	*John Lennon wurde ermordet.*
Habrá / Va a haber un concierto en su honor.	*Es wird ein Konzert ihm zu Ehren geben.*

Unidad 12

Wie man um Erklärungen bittet

Perdone, ¿podría repetirlo? ¿Puede hablar más alto? Es que se oye muy mal. Lo siento, pero no lo entendí. ¿Me lo explica otra vez? ¿Puede hablar más lento? No he cogido el chiste.	*Entschuldigen Sie, könnten Sie es wiederholen?* *Können Sie lauter sprechen? Man hört sehr schlecht.* *Tut mir leid, aber ich habe es nicht verstanden.* *Erklären Sie es mir nochmal?* *Können Sie langsamer sprechen? Ich habe den Witz nicht mitbekommen.*

Einige Wendungen für die Unterhaltung

Füllworter	
Pues, no sé. **Bueno**, vamos a ver.	*Nun, ich weiß nicht.* *Gut, wir werden sehen.*
Erläuterung	
Esto no es un problema, **o sea** que no me preocupo mucho. **Mejor dicho**, si es un problema, no me afecta a mí. **En otras palabras**, el responsable no soy yo.	*Das ist kein Problem, das heißt, dass ich mir keine großen Sorgen mache.* *Besser gesagt, wenn es ein Problem ist, betrifft es mich nicht.* *Mit anderen Worten: bin ich dafür nicht zuständig.*
Kommentare	
Lo que le voy a decir, **y eso es muy interesante de verdad**, es que... ¿Va a venir Gonzalo **finalmente**? **¡No me digas, qué maravilla**!	*Was ich Ihnen sagen wollte, und das ist wirklich sehr interessant, ist dass...* *Wird Gonzalo letztendlich kommen? Sag bloß, wie toll!*
Themaerweiterung	
Estamos haciendo muchas excursiones los fines de semana, **como por ejemplo**, el otro día... **Pensándolo bien, es que** tengo poco tiempo realmente para...	*Wir machen zur Zeit viele Wochenendausflüge, wie zum Beispiel neulich...* *Wenn ich es mir überlege, habe ich eigentlich wenig Zeit, um...*
Themawechsel	
Hablando de invierno, el último fue horroroso, ¿no? **A propósito de algo horroroso**, a mí me robaron la cartera.	*Da wir über den Winter sprechen, der letzte war schrecklich, nicht wahr?* *Apropos schrecklich, mir wurde der Geldbeutel gestohlen.*

Die Verbformen für das lateinamerikanische "vos"

In einigen Ländern Lateinamerikas wird statt **tú** die Form **vos** benutzt. Diese Form hat eine eigene Verbform. Da sie häufig vorkommt, geben wir die an, die von der **tú**-Form abweichen.

Indikativ Präsens: vos empezás, tenés, vivís, te acostás, te sorprendés, te decís...
Imperativ: empezá, comé, vení, sentate
Presente de subjuntivo: es necesario que vos empecés, tengás, te acostés...

Die Bedeutungen von "poner(se)", "hacer(se)", "volver(se)"

Manche spanische Verben haben viele Bedeutungen. Normalerweise kann man sie durch den Kontext klar auseinanderhalten. Hier einige Beispiele.

poner(se)	
¿Dónde **has puesto** tus llaves?	*Wo hast du deine Schlüssel hingelegt?*
Ponga aquí su firma, por favor.	*Unterzeichnen Sie hier, bitte.*
Al leer la noticia **me he puesto** muy contenta.	*Als ich die Neuigkeit las, habe ich mich sehr gefreut.*
¿Por qué **te has puesto** pálida?	*Warum bist du blass geworden?*
Tenemos que **ponernos a** trabajar inmediatamente.	*Wir müssen uns gleich an die Arbeit machen.*
¿El Sr. Pruneda? Enseguida **se pone**.	*Herr Pruneda? Er kommt gleich an den Apparat.*
¿Todavía no **has puesto** la mesa?	*Hast du den Tisch noch nicht gedeckt?*
¿Por qué **te has puesto** ese traje tan elegante?	*Warum hast du diesen eleganten Anzug angezogen?*
No **se ponga** de pie, por favor quédese sentado.	*Stehen Sie nicht auf, bleiben Sie bitte sitzen.*
¿Cuándo **os pondréis** de acuerdo por fin?	*Wann werdet ihr euch endlich einigen?*
hacer(se)	
¿Puedo **hacerte** una pregunta?	*Darf ich dir eine Frage stellen?*
Hágame el favor de decirme...	*Tun Sie mir den Gefallen, mir zu sagen...*
Jimena **ha hecho** un viaje fantástico.	*Jimena hat eine fantastische Reise gemacht.*
¿Qué tiempo **hace** en Mallorca?	*Was für ein Wetter ist in Mallorca?*
Tu hijo ya **se ha hecho** un hombre, ¡cómo pasa el tiempo!	*Dein Sohn ist ein Mann geworden, wie die Zeit vergeht!*
Sí, **se ha hecho** ingeniero y ya vive con su novia.	*Ja, er ist Ingenieur geworden und wohnt schon mit seiner Freundin zusammen.*
Nos **estamos haciendo** viejos.	*Wir werden langsam alt.*
No **te hagas** el tonto, ¡vamos!	*Spiel nicht den Dummen, komm schon!*
Pronto **se va a hacer** de noche.	*Es wird bald Nacht werden.*
volver(se)	
Hoy no hay billetes. ¡**Vuelva** mañana!	*Heute gibt es keine Karten. Kommen Sie morgen wieder!*
Tengo que **volver a ir** mañana. ¡Qué lata!	*Ich muß morgen nochmal hingehen. Wie lästig!*
Joaquín **se ha vuelto** aficionado al fútbol.	*Joaquín ist Fußballfan geworden.*

Transkription

Texte auf der Kassette, die nicht im Lektionsteil abgedruckt sind.

Unidad 1

Unidad 1, Bloque B

6 a)

- ● Bueno, aquí estamos un grupo de hispanohablantes que todos hemos tenido que aprender otra lengua, para vivir en este país, y en este caso concreto, hemos aprendido todos el alemán. ¿Qué es lo que les ha parecido a ustedes difícil?
- ○ A mí lo que me ha resultado más difícil son lo de las declinaciones: el acusativo, el dativo. Y también el que existan tres artículos.
- ▲ Lo complicado que es el *der, die das*, ¿ya? Que a veces, el *die* se convierte en *der*.
- ● Claro.
- ▲ Depende cómo, dónde esté y por qué.
- △ Depende del caso.
- ▲ Bueno, y eso no lo he aprendido nunca y no creo que lo aprenda tampoco.
- ● Ernesto, ¿difícil el alemán, o fácil?
- ■ Difícil.
- ● Difícil.
- ■ Muy difícil. Por ejemplo esas preposiciones separadas de los verbos que se usan al final, por ejemplo este *Gehen Sie mit!* o *Nehmen Sie ab!*, o qué sé yo qué. Y todas estas cosas a mí siempre me han resultado un problema.
- ● Ajá.
- △ Bueno, la voz pasiva del alemán también es muy, muy complicada y nos cuesta muchísimo trabajo aprenderla. Es este *werden, worden, wurde*. Ah, ¡eso es imposibie! Y también la pronunciación, la pronunciación del idioma alemán es tremenda para nosotros lations, los latinos.
- ▲ Sí, ¡ya lo creo que es difícil! Sobre todo porque tienen una cantidad de consonantes, todas juntas, todas a la vez.
- □ Para mí tambien fue un problema pronunciar algunas palabras. Por ejemplo tardé una hora en decir la palabra *Zwetschge*.
- ● *Zwetschge*.
- □ Y todavía no la puedo decir perfectamente. Y también, hacer las pausas entre... después de cada palabra.
- ● ¿Y hubo algo fácil? Olga, ¿para ti hubo algo fácil?
- ▲ Para mí lo más fácil es, creo yo, leer.
- ● ¿Leer?
- ▲ Leer, leer. No traducir. Leer, digo.
- ● Y, ¿los demás? ¿Algo fácil?
- ○ Los verbos. La conjugación de los verbos no ha sido difícil para mí.
- ● ¿Te parece?
- ○ Me parece, sí.
- △ No, para mí la conjugación de los verbos es muy complicada. Sobre todo, también ha sido para mí muy complicado cuando tengo que decir los verbos al final. Siempre tengo que decir los verbos al final, y nosotros en español nunca hacemos eso.
- ● Claro.
- ▲ Eso. Y sobre todo cuando... es un verbo auxiliar que viene al último de una tremenda frase, sencillamente no lo encuentro.
- ● ¿Hay algo divertido? ¿Recuerdan alguna...?
- ○ Bueno, a mí me ha pasado con los sustantivos. Porque a veces están compuestos, entonces yo los invertía, y en lugar de decir *Knoblauchpresse* decía *Presseknoblauch*, cosas así. La gente se moría de risa también.

Unidad 1, Rincón profesional

1 a)

1\.
- ● Buenos días, señores, bienvenidos a nuestra reunión mensual.
- ▲○ Buenos días. Buenos días, señora Perales Rojo.
- ● Antes de empezar, quería presentarles a nuestro nuevo jefe de contabilidad, el señor Alfredo García Rejón.
- ▲ Buenos días.
- ○ Buenos días, hola, bienvenido.
- ● Podemos pasar al orden del día. El asunto más importante son las nuevas condiciones para seguros de vivienda. El señor Gómez Klein del departamento jurídico tiene la palabra. Por favor, señor Gómez Klein, adelante, ¿Cuáles son las nuevas condiciones respecto a los seguros anteriores?

2\.
- ● Buenas tardes. Usted es Ignacio Romero, de Segurex Sevilla, ¿verdad?
- ○ Sí, sí, exacto.
- ● Yo soy Carlos Ortiz.
- ○ Mucho gusto.
- ● Encantado. ¿Tuvo usted un vuelo agradable?
- ○ Sí, sí aunque tuvimos media hora de retraso.
- ● ¡Qué mala suerte!
- ○ A veces pasa.
- ● ¿Le ayudo con la maleta?
- ○ No, gracias, muy amable, no pesa nada.
- ● ¿Quiere usted que vayamos primero al hotel o vamos directamente a la compañía?
- ○ Prefiero ir directamente a la central. Antes de la reunión, tengo que pasar por el departamento de personal para hablar con la señora Perales Rojo. Es que tenemos varios candidatos para el puesto de ventas y quería consultarlo con ella.
- ● Como usted quiera. Eh... por aquí, mi coche está en el aparcamiento subterráneo.

3\.
- ● Buenas tardes, ¿es usted la señora Almedo?
- ○ Sí.
- ● Soy Alberto Clarín de la compañía "Segurex".

○ ¡Ah! Viene usted por el seguro de vida, ¿verdad?
● Exactamente. Quería explicarle personalmente las ventajas de nuestros nuevos planes.
○ Adelante, pase.
● Con permiso.

Unidad 2

Unidad 2, Bloque A

2 a)

● Perdonen, por favor, ¿les importaría concederme un minuto de su tiempo? Es que estamos realizando una encuesta para el Ministerio de Turismo.
○▲ No, para nada. Sí, diga usted. Usted dirá.
● Se trata de saber lo que esperan los turistas de un lugar de vacaciones. Usted, por ejemplo, ¿qué espera?
○ A mí lo que me gusta es ir adonde no haga demasiado calor. En verano, aquí es tremendo, insoportable.
▲ Eso, eso. Sol sí, pero no tanto calor... Y conocer gente nueva, tener contacto con otra gente, eso es lo más importante para mí.
● Ah, muy bien. ¿Y para usted, señora?
△ Para mí lo más importante es la tranquilidad, que no haya discotecas, ni mucha gente. Mire, yo lo que quiero es descansar, que estrés ya tengo bastante en mi trabajo, vamos.
● Claro, claro. Oye, ¿nos ayudas también? Es para una encuesta. ¿Qué le pides a un lugar de vacaciones?
■ ¿Que qué le pido yo a un lugar de vacaciones? Pues... que el hotel tenga piscina, eso, por supuesto, y... una buena pista de tenis, y si hay animación, pues mejor. Hombre, que haya un buen ambiente, ¿no?
● ¿Eso también es importante para usted, señora?
□ Bueno, pues... yo tengo dos niños pequeños y, claro, por eso me gusta que los hoteles ofrezcan actividades para los niños, y que haya servicio de canguros, babysitters, vamos, para que podamos salir un poco, mi marido y yo, ¿no?
● Por supuesto. Mmh... Bueno, y usted, señor, ¿qué le pide a un lugar de vacaciones?
□ Pues, verá usted, a mí me gusta mucho viajar. Me gustan los viajes organizados para ir a países como Grecia, Egipto, Israel... Me interesa mucho el arte y la historia, sabe usted. Lo único es que no hablo inglés, ni francés, ni nada, por eso es muy importante que el guía, o la guía, hable español, porque si no, no entiendo nada.
● Pues muchas gracias a todos.
○▲ De nada. Está bien.

Unidad 2, Bloque B

4 b)

● Buenas tardes. ¿En qué puedo servirles?
○ Buenas tardes, mire, hemos alquilado el chalet número tres de la calle del Tornado, y hay una serie de problemas...
▲ Más bien, un montón de problemas. Mire usted, la ducha está rota, la calefacción también. ¡Ni siquiera el teléfono funciona! Está desconectado.
● Lo siento muchísimo, el chalet debería estar en perfecto estado...
▲ Y el agua. ¡No hay agua caliente! ¡Y eso con este frío! No podemos ni ducharnos, ni lavarnos, ni nada, ¡no hay derecho!
● Bueno señores, no se alteren, que todo tiene solución. Tranquilícense, se lo ruego...
○ Otra cosa, ¿cómo es que no han hecho las camas? ¿Y las toallas? Están sucias, esto no puede ser.
▲ Y además, insistimos, cuando hicimos la reserva, en que queríamos tranquilidad, y los vecinos de al lado no paran de hacer ruido.
○ Como usted comprenderá, esto es intolerable. ¡Exigimos que hagan algo inmediatamente!
● A ver, veamos qué se puede hacer. Miren, lo único que puedo ofrecerles es el chalet número nueve de la calle Avalancha. Está libre y en perfectas condiciones. Si quieren, pueden ocuparlo ahora mismo. Y no se preocupen por las maletas, yo me encargo de que se las lleven al chalet. ¿Les parece bien?
▲ Sí, sí, es lo mínimo.
○ A ver si podemos esquiar de una vez, ¡Ya era hora!

Unidad 2, Bloque C

2 a)

● Buenas noches, señoras y señores, bienvenidos a nuestro programa. El tema de esta noche es el turismo. Tenemos aquí con nosotros a varias personas que tienen que ver directamente con el tema. Señor Avendaño, usted es del Ministerio de Turismo. ¿Cuál es para usted el aspecto más importante?
○ Bueno, yo creo que lo fundamental es que el turismo dé trabajo a mucha gente. Una gran parte de la población española trabaja en el turismo. Los turistas son fundamentales para la economía de nuestro país.
▲ Es verdad que es una industria importante, pero con la especulación inmobiliaria se están destrozando las playas. Cada vez se construyen más hoteles, por no hablar de la falta de agua que sufrimos en el sur... Cada hotel tiene su piscina, los turistas gastan el agua a lo tonto, y nosotros tenemos que sufrir restricciones. Ahora, en verano, tenemos agua solamente seis horas al día en Murcia.
● Bueno, Lola Mesa, usted es representante de un grupo de ciudadanos que quieren limitar el números de turistas... Alguien que no puede quejarse de la falta de turistas es don Esteban Alcaraz. Don Esteban es alcalde de una ciudad muy turística, ¿no es así?
△ Sí, soy el alcalde de Altea, en Alicante. Tenemos cada año varios miles de visitantes.
● ¿Y también le gustaría limitar el número?

△ No, ¡en absoluto! Gracias al turismo vivimos mejor. España es el destino número uno en Europa y el turismo ha mejorado nuestro nivel de vida. Mire, la Autopista del Mediterráneo es un buen ejemplo. Los turistas son imprescindibles para la economía de nuestro país y, claro, traen divisas.
▲ Y por eso tenemos precios que sólo los turistas, con sus divisas, pueden pagar. Nosotros tenemos que vivir con esos precios exagerados. También me preocupa que los turistas se vayan a todos los rincones y destruyan la naturaleza. Es una falta de responsabilidad ante el medio ambiente. ¡Habría que controlarlos de alguna manera!
● Entonces, turismo y ecología, ¿son incompatibles?
○ Por supuesto que no. Hay iniciativas por parte del Ministerio de Turismo para apoyar nuevos tipos de turismo, turismo más ecológico, turismo rural, por ejemplo. No hace falta construir hoteles enormes – ni gastar mucha agua – para crear nuevos puestos de trabajo.
● Toñi Piedrahita, usted tiene una casa en el campo y alquila habitaciones. ¿Cómo se le ocurrió la idea de dedicarse al turismo?
■ Pues es que aquí en Palencia ya no hay trabajo en el campo.
□ Como en otras muchas zonas del interior...
■ Eso, eso. Nosotros nos enteramos de que había ayudas económicas de la Comunidad para renovar casas de campo con el fin de acoger turistas que quieran pasar sus vacaciones en un ambiente sencillo, en el campo..., el turismo rural, vamos.
○ ¿Y les ayudaron para renovar su casa?
■ Sí, bueno. Nosotros tuvimos que gastar mucho dinero, ¿sabe? Pero nos dieron un préstamo. Es muy importante que el gobierno apoye estas cosas. Nos parece realmente estupendo y la verdad es que, hasta ahora, está funcionando muy bien.
○ Yo estoy seguro de que este turismo rural tiene mucho éxito. A la gente le encanta estar en contacto con la naturaleza, y esta tendecia demuestra que el turismo no es incompatible con las ideas ecológicas de nuestros días. Precisamente estos proyectos de turismo rural son una prueba de que es posible fomentar el turismo – y la fuente de ingresos que representa – sin dejar de lado el respeto a la naturaleza.

Unidad 2, Rincón profesional

2 b)
● Cuerosén S.A, ¿dígame?
○ Buenos días, señorita. ¿Puedo hablar con el encargado de ventas?
● Sí, un momento. Ahora le paso con el señor Miranda.
▲ Sí, ¿dígame?
○ ¿Es usted el señor Miranda?
▲ Sí, señorita. ¿En qué puedo ayudarle?
○ Buenos días, soy Elisa Buendía, de la zapatería "El gato con botas", de Salamanca. Mire, le llamaba porque todavía no hemos recibido los 200 pares de botas modelo "Trotón" que pedimos el 25 de octubre.
▲ ¿Puede darme la referencia del pedido?
○ Sí, claro, es la nota de pedido número 397.
▲ 397. Aquí lo tenemos. 200 botas "Trotón". En efecto, el pedido es del día 25...
○ ¡Pero de octubre, y estamos a 30 de noviembre! Hemos enviado una carta de reclamación el día 5, pero hasta el momento no nos han enviado la mercancía ni han contestado la carta.
▲ Lo siento mucho, señorita, pero resulta que tuvimos un problema en el departamento de producción, y algunos pedidos se retrasaron un poquito...
○ ¿Cómo que "un poquito"? En la nota indicábamos expresamente que necesitábamos la mercancía con urgencia porque tenemos una promoción especial. ¿Cuándo podemos contar con su envío?
▲ El envío estará listo para mañana, señora Buendía. Mañana mismo saldrá de aquí.
○ Bueno, pero necesito que me confirme por fax la fecha exacta de entrega. Es que la promoción ya ha empezado y el retraso nos está causando pérdidas.
▲ Realmente lo siento muchísimo, fue un problema imprevisible, pero quizá para compensarles, podamos hacerle un descuento especial del 5%.
○ Pues... bueno. Pero espero que esto no se vuelva a repetir.
▲ Por supuesto que no. Ahora mismo le mando el fax.
○ De acuerdo, gracias. Hasta luego.
▲ De nada, buenos días.

Unidad 3

Unidad 3, Bloque A

2 a)
○ Nosotros somos en Latinonamérica y en mi caso en Colombia, mucho más espontáneos. Podemos llamar el mismo día y preguntarles a los amigos si quieren pasar un momento por la casa y no hay ningún problema con eso.
● Sí.
▲ Sí, en Chile también es muy espontáneo. No se necesita llamar con cuatro semanas de anticipación para invitar a comer. Puede ser el mismo día incluso.
● ¿Y ustedes, los argentinos?
△ No hay formalidad. Alguien puede pasar por una casa y entrar si es de conocidos, y presentarse para pasar una tarde completa, o quedarse la noche, ya está.
● Y... Otro tema. Por ejemplo, si ustedes están invitados, ¿qué es lo que se hace? Llevan algo, llegan antes, o... en fin, ¿qué es lo que hacen en sus países?
□ En España se suele traer algo, normalmente algo para beber. Normalmente un vino, o una cosa así. Flores no, no tanto.

▲ Sí, en Chile también se lleva generalmente una botella de vino, o si quieres llevar un postre, una cosa así.
● Mmh. Algo de comer.
▲ Algo de comer. Pero no flores, en general no.
○ Bueno, nosotros siempre llevamos ron o aguardiente para armar la fiesta.
△ Sí, en Argentina también se lleva una botella de vino por ejemplo. O dos, o tres, o cuatro…
■ No, en Bolivia no se lleva nada. Pero sí se la invita a la persona, ¿no? para otra ocasión.
● Y para beber, para tomar vino, aguardiente y todas esas cosas ricas que llevaron, ¿se esperan? ¿Hay una especia de ritual, se esperan a que el anfitrión levante la copa, haga así con la cabeza, y beba, o cada uno bebe cuando… cuando le sirven?
□ En cuanto reciben algo para beber, beben.
○ No se espera a que el anfitrión empiece a tomar la primera copa.
▲ Eh, depende del tipo de comida, de invitación. Si es una comida formal, claro tú esperas que el anfitrión dé una señal, haga una señal y diga "Bueno, ¡salud!" o en fin, …
● ¿Y ustedes?
△ ¿En Argentina?
● Mmh.
△ No hay formalidad en ese sentido, no. Nadie espera nada, y se bebe…
● … y se come…
△ … apenas se recibe el vaso.
● Y se come igual.
△ Y se come, sí.
● Y en Bolivia igual.
■ En Bolivia igual.
● Muy bien.
● Y, ¿hay algo que sea de mala, mala educación? Yo decía en México el llegar demasiado puntual. Es realmente casi de mal tono, mal visto. Si es una invitación formal, y hay cena preparada y todo, entonces como que hay que llegar un mínimo, no sé, de… cuarto de hora, media hora tarde, ¿no? Es lo que se espera.
○ Hasta una hora llega tarde la gente y es normal, no hay problema.
● Para ustedes, ¿hay algo que no se haga?
○ Sí, en Colombia los invitados normalmente, por educación, no se pueden comer todo. No deben comerse todo, deben dejar algo en el plato. Porque si no, creen los anfitriones que los invitados llegaron con muchísima hambre y no, pues, para conversar con… con los demás invitados.
▲ En Chile se acostumbra dejar limpio el plato, y con eso demuestras que la comida te gustó muchísimo.
○ ¡Pero no hagas eso en Colombia!
▲ Ah, bueno, ¡pues mira!
● ¿Y ustedes?
□ En España también hay que comerse todo. Si te comes todo, es que ha gustado la comida.
● Y, ¿si no te gustó algo?
□ Pues dices que estaba bueno, pero que haces una dieta, y que por eso no quieres comer demasiado.

4 b)

● Hola, soy Mario. Llamaba para deciros que lo siento mucho, pero no puedo ir el sábado. Es el cumpleaños de mi madre y tengo que pasarlo con ella. Gracias de todos modos, nos vemos uno de estos días, ¿eh?

○ Hola, Amparo, soy Lidia. Oye, llamo para decirte que sí voy a ir. ¿Te importa que vaya con Carlos, que está de visita en mi casa este fin de semana?

▲ Hola, soy Alejandro. ¡Me alegra mucho que por fin estéis en vuestra casa nueva. Sí que voy a ir. Contad conmigo. Entonces ¡hasta el sábado!

△ Hola, soy Anabel. ¡Qué bien lo de la fiesta! Por supuesto que voy. Llámame si quieres que te ayude a preparar algo. Hasta el sábado, entonces.

■ Hola, pareja, soy Nacho. Quería deciros que Maite y yo vamos a llegar un poquito más tarde. Pero seguro que vamos, ¿vale? Hasta el sábado, pues.

□ Hola, Vicente, soy Sandra. Oye, ¡qué pena! Nos encantaría ir a la fiesta, pero es que estamos fuera el fin de semana. Os llamo cuando volvamos.

Unidad 3, Bloque C

1 b)

● A mí lo que me parece increíble es el café de aquí. Yo no me puedo acostumbrar. Se toma en tazas gigantes y para mí, es agua con color. Lo que sí me encanta son los yogures y los mueslis, es que aquí hay mucha variedad.

○ A mí el agua con gas no me gusta nada, no me sienta bien, prefiero el agua del grifo. Pero en los restaurantes de aquí usualmente traen esas botellas minúsculas de agua con gas. Ya he tenido varias discusiones.

▲ Yo lo que echo de menos es la verdura y la fruta fresca. Claro que aquí también hay, pero no tiene el mismo sabor.

△ Yo encuentro raro que te sirvan unos trozos de pastel tan enormes, pero me encantan. Además les ponen mucha nata, cosa que en España no se suele hacer.

■ Aquí se usa mucha mantequilla para cocinar. Nosotros usamos aceite, y si es de oliva, mejor. La mantequilla sólo la comemos en el desayuno o en los bocadillos.

□ En general yo echo de menos el pescado fresco. Es una pena que sea tan caro. Creo que por eso aquí se come más carne.

◆ A mí me sorprende mucho que aquí no pongan pan con la comida. Para mí, a una comida sin pan le falta algo. Es lo primero que ponemos, el pan y el agua.
◇ Nosotros también, el pan y el agua.

Unidad 3, Rincón profesional

3 a)

1. ● Modelitos, S.A. ¿Dígame?
○ Buenos días señorita. Soy Roberto Cano, de Textilona en Manresa.
● Buenos días. ¿En qué puedo servirle?
○ ¿Podría dejar un recado de mi parte para el señor Rosales?
● Claro, cómo no.
○ Dígale que llegaré al aeropuerto de Barajas hoy a las nueve de la noche y que, por favor, venga a buscarme. Traigo algunas muestras que le van a interesar mucho.
● Por supuesto, señor Cano. Le digo que usted llegará a Barajas a las nueve y que lo vaya a buscar.
○ Muy bien. Gracias, señorita, adiós.
● Adiós

2. ● Modelitos, S.A. ¿Dígame?
○ ¿Podría hablar con el señor Rosales, por favor?
● Lo siento, en este momento está en una reunión. ¿Desea dejarle algún recado?
○ Sí, señorita. De parte de Ángeles Ferreira, que iré con mucho gusto a la recepción del viernes. Eso es todo.
● Muy bien, señora Ferreira.
○ Gracias, hasta luego.
● Adiós.

3. ● Modelitos, S.A. ¿Dígame?
○ Luisa, soy Cari, ¿le puedes decir a tu jefe que se ha cancelado la reunión con el jefe de ventas?
● ¿Se ha cancelado? ¿Y eso?
○ Pues no sé. Pero de todos modos necesitamos el informe sobre la estrategia de publicidad. Es urgente. ¿Nos lo puedes mandar?
● Claro, claro. Ahora mismo te lo busco. ¿Vale?
○ Vale, gracias. Adiós.
● Adiós, adiós.

4. ● Modelitos, S. A. ¿Dígame?
○ Buenas tardes, soy Rodríguez, de publicidad.
● Buenas tardes, señor Rodríguez.
○ Llamaba para decirle que la campaña para la nueva colección de invierno empieza el lunes. Hay que preparar una rueda de prensa para el jueves, este jueves. ¿Puede decírselo al señor Rosales?
● Por supuesto, señor Rodríguez, yo se lo digo.
○ Gracias. Hasta luego.
● De nada. Adiós.

Unidad 4

3 a)

● Oiga, por favor, ¿me puede ayudar? Es que estoy buscando una cosa, y no sé cómo se llama.
○ No se preocupe, dígame usted qué es lo que quiere.
● Es un objecto de metal normalmente... Es para abrir botellas, botellas de vino.
○ Ah, lo que quiere usted es un sacacorchos.
● ¿Cómo? ¿Saca... qué?
○ Sacacorchos, para sacar el corcho de la botella. Venga conmigo, por aquí. Mire, aquí están.
● Gracias. Sí, exactamente. Uno como éste, ¿cuánto cuesta?
○ 650 pesetas, la caja está por allí.

4 a)

● Ustedes son todos profesores de español, ¿verdad? Yo quería preguntarles: ¿Qué es lo más importante para ustedes en la clase?
○ Yo pienso que la gramática es lo más importante que tienen que aprender los alumnos como primera parte, como una estructura básica para después ejercerla.
● Ah, muy bien, hm...
▲ Bueno, depende. La gramática es una parte muy esencial en el aprendizaje, efectivamente, pero, para mí, creo, lo más importante es la conversación, mucha conversación. La gramática le va ir entrando poco a poco.
△ No sólo es importante la gramática, pienso; lo importante, creo, que es la comunicación entre el profesor y los interesados, y crear así una buena atmósfera para introducir el aspecto cultural de nuestros países hispanohablantes.
■ Bueno, para mí la parte comunicativa es fundamental. Me gusta mucho cuando el alumno habla en forma espontánea, sin miedo. No importa que cometa errores gramaticales, eso no tiene ninguna importancia. Para mí, lo importante es la comunicación.
● Y tú, ¿qué piensas?
△ Yo pienso que el alumno tiene que perder en primer lugar el miedo a hablar. Y que las primeras frases, *hola, buenos días,* salgan espontáneo sin traducir del otro idioma al español.
● Claro, claro. ¿Y tú?
■ Bueno, que me parece importantísimo poner al alumno en diferentes situaciones. En situaciones de todos los días: qué le puede pasar en Latinoamérica, en España, y ahí empezar con el alumno una cosa espontánea. Eso para mí es fundamental.
△ Fundamental es también que el profesor siempre hable en su idioma, en español. Los alumnos deben acostumbrar su oído al nuevo idioma.
▲ Pero lo más importante para mí es la conversación; el idioma, si se aprende, es para comunicarse y para conversar.
● ¿Y qué piensas tú?
□ Para mí, lo esencial es que las clases sean divertidas.

Para mí, la base tiene que ser el humor. Pienso que, sobre todo al principio, el humor es fundamental para romper el hielo, eliminar timideces y todas esas cosas.
- ● ¿Para que no tengan miedo?
- □ Claro. Yo pienso que el profesor tiene que tener sentido del humor y tiene que saber transmitirlo a sus alumnos.
- ● ¿Que los alumnos lo pasen bien?
- □ Que los alumnos lo pasen bien y el profesor, más que ninguno.

9

- ● ¿Hay en sus países alguna costumbre interesante en cuanto a las comidas, o algo aparte, aparte de las tres comidas del día?
- ○ Sí, bueno. En Chile existe la once, pero no se toma a las once de la mañana.
- ● ¿A qué hora?
- ○ Bueno, a eso de las cinco de la tarde. Y es una taza de té, con unos pancitos con mantequilla o mermelada o queso, lo que tú quieras, y también, si quieres algo especial, un *kuchen*.
- ● *¿Kuchen?*
- ○ Sí, *kuchen*.
- ● ¿Se dice al…?
- ○ Sí, en Chile nosotros le decimos *kuchen* a la tarta.
- ● Y, si no es a las once, ¿por qué se llama así, si es a las cinco, "la once"?
- ○ Bueno, esto viene de muy antiguo. Se cuenta de que en un monasterio, los monjes llamaban a tomar "la once" y servían en unas tacitas aguardiente. Y si tú cuentas las letras que tiene *aguardiente*, son once.
- ● Y, ¿en otros países? Maribel, tú estuviste en Guatemala.
- ▲ Ya. En Guatemala a mí lo que me gustó fue lo de la botana. Antes de la comida o de la cena te servían una especie de aperitivo con cacahuetes, papas fritas y algo de beber.
- ● Mmh. Nosotros también lo hacemos en México, lo de la botana. Se hace siempre antes de la comida o de la cena, pero sólo cuando hay visita.
- ▲ ¿Es lo que llamáis merienda?
- ● No, no, no, no. La merienda es otra cosa. La merienda es en familia, la merienda se hace más o menos a las siete y pico, o a las ocho. Y la cena en general es mucho más tarde, sobre eso de las nueve, sobre las diez… Y la merienda pues es chocolate o unos tamales, que son pasteles de maís, algo así, o pan dulce, una cosa así, más sencilla. La cena es más formal.
  Y en Bolivia, ¿también hay alguna cosa especial?
- △ Sí, las salteñas, son exquisitas y son típicamente bolivianas.
- ● ¿Qué son?
- △ Son como las empanadas de otros países. Tienen carne o pollo adentro, y verduras.
- ● Y, ¿se comen a una hora determinada?
- △ Sí, en las mañanas, entre las diez y las doce del día.
- ■ Y nosotros, en Argentina, tenemos unos elementos que se llaman ingredientes. Nosotros los llamamos así, sí, pero no tienen nada que ver con los ingredientes que se ponen, eh…
- ● … de una receta.
- ■ No, no, no. Para nada. Son como pequeños trocitos de queso, embutido, cacahuetes – maníes les llamamos nosotros – etcétera, que se toman como aperitivo acompañando a un martini seco, un campari o cosas así.
- ○ Para aguantar el hambre de la cena, que es muy tarde.

Unidad 5

Unidad 5, Bloque A

9 a)

- ● Ernesto, tú eres de Buenos Aires. Háblanos un poco de tu ciudad. ¿Cómo es?
- ○ Bueno. En principio, Buenos Aires es un sitio fascinante. Y es un mundo en sí mismo: caótico, desordenado. Vos sabés que es una ciudad monstruosa. Quince millones de habitantes prácticamente. Y… pero justamente es ese caos una de las cosas que la hace tan interesante. La mezcla de gente, la mezcla de situaciones diversas todos los días. Ahora, es una ciudad que no se da de entrada al visitante, sabés. Es una ciudad que requiere tiempo para conocerla. Pero a mí me encanta, sobre todo porque se puede vivir las veinticuatro horas, día y noche, sin pausa, es decir que podés amanecer en un bar charlando con amigos, mientras que en otras ciudades eso ya no es tan usual.
- ● Mmh. Y bueno, decías que es muy caótica. ¿Te refieres al tráfico, te refieres a las cosas que están dispersas o a la vida desordenada? ¿A qué te refieres?
- ○ Sí, un poco a todo, un poco a todo. La forma de ser de la gente, el tráfico enloquecido, esa dispersión de objetivos…
- ● Y, ¿violencia o criminalidad, problemas? ¿A eso no?
- ○ Sí, hay, hay, como en toda gran ciudad. Hay barrios más peligrosos que otros y todo eso, pero como te digo, es como en toda gran urbe.
- ● Mmh. Y cuando tú vas a Buenos Aires, ¿piensas que, en comparación, harían falta algunas cosas? Digo, en comparación con otras ciudades en donde hayas estado.
- ○ Sí, por ejemplo más zonas peatonales.
- ● Y zonas verdes, por ejemplo, ¿tiene grandes zonas verdes o zonas bonitas de descanso?
- ○ Sí, en la ciudad hay zonas verdes de descanso. Pero claro, mal repartidas. Es que la ciudad creció tan desordenadamente, que hoy en día serían necesarias más zonas verdes.
- ● Mmh, claro. Háblame… háblame de los barrios. En los tangos que todos conocemos se habla tanto de los barrios.

○ Los barrios, sí, son fascinantes. Por ejemplo, los barrios del sur, donde prácticamente fue fundada la ciudad, y que son los barrios tradicionales, los barrios históricos, los barrios del tango, como vos decís.
• ¿Cuál es el más bonito?
○ ¿El más bonito de todos los barrios?
• O de estos... estos sitios.
○ Bueno, es difícil decir, pero hay muchos bonitos. Pero por ejemplo San Telmo es uno de los que más me gusta.
• San Telmo.
○ Sí. Y San Telmo es prácticamente el barrio – podríamos decir – casi originario de Buenos Aires. El más tradicional, el más antiguo. Y también, por ejemplo, está el barrio de La Boca que es muy tradicional, y se llama "La República de La Boca", porque un día llegó a ser inclusive una república.
• ¿De verdad?
○ Sí, sí. Pero que duró muy poco tiempo, claro.
• Y el tango, por ejemplo, ¿es parte de Buenos Aires para ti? ¿Realmente es una parte viva de Buenos Aires?
○ Viva, sí. Ésa es la palabra exacta.
• Una parte viva, ¿porque se baila en las calles?
○ Mmh, bueno, en las calles no, pero hay locales de tango y todo eso, todavía. Sigue siendo algo vivo, sí.
• Los habitantes de Buenos Aires se llaman porteños, ¿no?
○ Sí, porteños.
• ¿Por el puerto?
○ Por el puerto, exacto.
• Y los porteños, ¿se sienten diferentes, se sienten una mezcla, o algo especial? ¿Son argentinos o son porteños? ¿Es diferente ser de Argentina que de Buenos Aires?
○ Sí, los porteños en realidad se consideran algo aparte.
• Y tú eres un porteño típico.
○ Mmh... Sí, digamos que sí. Bastante típico.
• Y te gusta mucho Buenos Aires.
○ Sí, sí. Me gusta muchísimo.
• Irías en cualquier momento.
○ ¡En cualquier momento, ché!

Unidad 5, Bloque B

3 a)

1. • Pero bueno, ¿esto qué es? Esto debería ser la salida a Tarragona. ¿Cómo es que ahora ya no se puede girar a la derecha?
   ○ Jorge, ¡cuidado! ¡El semáforo!
   • ¡No puede ser! Y ahora, ¿qué hago? ¿Has visto algún letrero?
   ○ No, ¡qué mal señalizada está esta carretera!
   • Mira, mira, aquí hay un taxi. Oiga, ¡por favor! ¿La carretera a Tarragona?
   ▲ Déjeme pasar delante, que yo les indicaré. Es que ahora ya no se puede girar a la derecha.
   • Muchísimas gracias. Uff... ¡Menos mal!

2. • ¡Menudo atasco!
   ○ Normal, es la hora punta.
   • Mejor daré otra vuelta, a ver si en el aparcamiento del Corte Inglés hay lugar.
   ○ Si no, en la Plaza del Ayuntamiento hay otro aparcamiento subterráneo.
   • ¡Mira, mira! ¡Qué suerte! ¡Ahí sale uno! ¡Espera!
   ○ Oiga, ¿sale o entra?
   ▲ Salgo, señora.
   • ¡Ay, por fin! ¡Qué bien!

3. • Pero ¿esto qué es? ¿Por qué me han puesto una multa? Aquí está permitido aparcar...
   ○ No, mira, ahí está la señal. No nos hemos dado cuenta.
   • ¡Qué mala pata! Pues me da igual. No la pienso pagar.
   ○ Claro, claro. Con un poco de suerte, ni te la cobran...

5 b)

Buenos días, queridos oyentes. Son las 8.30 y como todos los días les pasamos a informar sobre el estado del tráfico en la capital y sus alrededores.
Como es habitual a estas horas, se presentan atascos en varios puntos de la ciudad así como en casi todos los accesos de entrada y salida de la capital.
En la carretera de Andalucía, a la altura de Aranjuez, hay retenciones de 4 kilómetros debido a un accidente. Un camión ha volcado por causa aún desconocida, bloqueando los dos carriles. Según informaciones de la Guardia Civil, que lleva trabajando con sus grúas desde las seis de la mañana, se espera que, en breve, el tráfico recupere su normalidad.
En la Nacional 5, en la vía de entrada a la ciudad a la altura del paseo de la Florida, el tráfico fluye lentamente debido a una obra de construcción. Solamente en la Nacional I fluye el tráfico sin problemas. Esto es todo por el momento. Volveremos con más información hacia las 9.30.

Unidad 5, Rincón profesional

1 b)

• Buenos días, Rentauto. ¿Dígame?
○ Buenos días, señorita. Llamo de la empresa Korpe.
• ¿En qué puedo servirle?
○ Quisiera alquilar un coche, uno que sea grande o mínimo que tenga un maletero grande. Es para uno de nuestros representantes y... tiene que transportar unos aparatos.
• Pues tenemos varios modelos de la categoría D. ¿Dónde quiere recoger el coche?
○ En Barcelona, en el aeropuerto de Barcelona. Lo puede entregar en Madrid, ¿verdad?
• Claro por supuesto. ¿Para qué fecha lo necesita?
○ Eh... para el día 20, y hasta el día 27.
• A ver, un momento. Sí, para esas fechas no hay problema. Tenemos un Ford Scorpio con el maletero bastante grande. ¿Le parece bien?

○ ¿Cuál es el precio?
• Mire, los coches de categoría D cuestan 200 000 ptas por semana, el kilometraje es ilimitado.
○ Bien. Y... ¿tiene aire acondicionado?
• Sí, por supuesto.
○ De acuerdo.
• Me ha dicho que la empresa se llama Korpe. ¿Se escribe con C o con K?
○ Con K. K - O - R - P - E.
• Mmh. ¿Cuál es el nombre de su representante?
○ Es el señor Jauregui. El nombre es Aitor.
• Muy bien. Aitor Jauregui de la empresa KORPE, del 20 al 27 de mayo, un Ford Scorpio. Sólo tiene que presentarse en la ventanilla de Rentauto en el aeropuerto.
○ ¿Puede confirmarme la reserva por fax, por favor?
• Desde luego, ahora mismo lo hago. ¿Cuál es su número?
○ Es el 91 para Madrid, y el número 26...

Unidad 6

Unidad 6, Bloque A

8 b)

• Bueno, cuando yo vine aquí, lo más difícil para mí fue realmente el invierno, el frío, la falta de luz, y cuando voy a México, claro, me traigo muchas cosas de comer, ¿no? Me traigo tortillas, y chiles, porque eso sí que lo echo de menos, la comida. Y ustedes que también viven aquí en Europa, ¿qué fue lo más difícil para ustedes?
○ Bueno, a mí algo que me... que me pasmó al llegar aquí es el horario, es eso de levantarse tan temprano, y las calles llenas de gente a las siete de la mañana. Es horrible. Otra cosa que yo echo en falta aquí: a mí me falta el mar, me falta el mar. Y luego me falta la vida en la calle. Yo esa vida en una casa, pues... en fin, no me va. Esa vida en la calle, el conversar con la gente, la comunicación... Es una familia en la calle.
• ¡Bien! ¿Y tú, Aurora?
▲ Yo echo de menos como tú el sol, porque mi ciudad...
• ¿De dónde vienes?
▲ Del Perú.
• Ah, del Perú.
▲ Soy de Arequipa. Arequipa es la ciudad de primavera. Tenemos más de trescientos días de sol, y para mí era desesperante...
• Te falta, ¿no? Te falta, te falta.
▲ ... vivir en esta sombra.
• ¿Y cuando vas?
▲ Cuando voy, traigo conmigo condimentos típicos de la región.
• ¿Como qué?
▲ Comino, rocoto molido para preparar mis platos preferidos.
• ¿Qué es el rocoto, es una hoja, o...?
▲ El rocoto es una especie de la paprika, pero muy picante.
• Ajá, ajá. Mmh, ¿Y tú, Ernesto, echas de menos algo? Tú eres argentino, ¿no?
△ Sí, de Buenos Aires. Y yo echo de menos... Mira, ¿qué te puedo decir?, muchas cosas, en principio. Pero sobre todo – voy a repetir un poco lo que dijo Javier – la vida en la calle. Y la vida nocturna, sobre todo, que en Buenos Aires es... no tiene límite prácticamente.
• Es fantástica, es fantástica.
△ O sea, veinticuatro horas, así es. Y... además, bueno sí, el sol, tendría que repetirme un poco también...
• Eso fue difícil, entonces, para todos, ¿no? El cambio de clima.
○ La luz, la luz.
• La luz.
△ La luz, sí, exacto.
• Y, ¿traes algo cuando vas?
△ Sí, productos alimenticios,...
• También, algo...
△ ... por ejemplo, pero sobre todo, dulce de leche. Una especialidad que a los argentinos nos enloquece a todos. Y a los alemanes no les gusta, a ninguno.
■ Por dulce.
△ No sé por qué, a lo mejor...
△ ... por dulce, ¿ah?
• Sí. Nosotros tenemos algo parecido, yo también lo traigo. Pero tiene un nombre muy diferente que allá, se llama *cajeta* en México, *cajeta*... Y tú, ¿qué echas de menos o qué te fue difícil al principio?
◆ Lo que más echo de menos es la espontaneidad.
• Ajá. Tú vienes de Colombia, ¿no?
◆ Yo vengo de Colombia. Y pues en nuestro país la gente es muy espontánea, planea poco, muy impuntuales. Para mí, acostumbrarme a los planes del bus y del tren fue algo terrible.
• ¿Terrible?
◆ Terrible, o sea que, en Suramérica, como utilizamos poco el reloj, pues eso es una costumbre que nos cuesta mucho aquí en Europa. Y enseguida pues, el clima. El clima es un poco frío, y... nosotros tenemos diferentes climas, somos un país tropical. Y la música.
• ¿Y traes discos cuando vas?
◆ Y... cuando voy a Suramérica o a Colombia, pues lo más importante para mí es traer música.
• Ajá.
◆ Nosotros los colombianos bailamos – cumbia, merengue, salsa – y bueno, para nosotros la música es parte de nuestra vida.
• Ajá. ¿Y Olga, de Chile?
□ Bueno, yo también... el clima, también el idioma, la lengua, eso fue...
• ... que es difícil, ¿eh?
□ Para mí fue una cosa tremenda tener que aprender este idioma, y bueno, hasta que me llegué a comunicar con la gente del país, pasó un buen tiempo. Después, lo otro, tal como dices tú, esto de los horarios, esto de que ya las tiendas estén cerradas

tan temprano, ¿no? Y que tú tienes que organizar todo para el fin de semana ya el viernes o el sábado, es algo que... bueno, a eso cuesta acostumbrarse. Otra cosa que me falta mucho es el mar. Me falta el ruido del mar, el olor del mar y todo lo que hay en el mar, sus productos.
• Los mariscos, la comida, el pescado.
□ Los mariscos, el pescado, todas esas cosas me faltan muchísimo. Bueno, el vino nuestro que es buenísimo, eso traigo a veces cuando voy a Chile, o un par de botellas de pisco también, para preparar nuestro "pisco... pisco sour".
• Parece que somos gente muy de comer, ¿eh?
○ Y de beber, y de beber.
• De comer, y de beber, y la música. Eso es, ¿verdad?

Unidad 6, Bloque B

2 a)
• Oye, ¿qué hora es?
○ Son casi las cuatro.
• Mira, Paco debería estar aquí, siempre llega a las tres. ¿Le habrá pasado algo?
○ Estará en un atasco y necesitará más tiempo.
• No, no creo. Ya sabes que él eso también lo calcula. Y los jueves normalmente llega puntual.
○ Pues no sé, ¿quizás se ha pinchado una rueda del camión? ¿O habrá tenido algún problema con el motor? Es posible.
• No sé, no me gusta nada esto, porque en un caso así normalmente llama por teléfono. Además los cargadores a las cuatro y media se van y eso lo sabe Paco. Esto no me gusta.
○ Bueno, hombre, tranquilo. A lo mejor tuvo problemas en la frontera.
• Oye, no, te repito, que eso no es normal. Voy a llamar a la información sobre el estado de carreteras para ver...
○ Pues mira, hablando del rey de Roma...

Unidad 6, Bloque C

4 b)
Éste es el comentario actual de la noticia de hoy, 11 de diciembre de 1993. Muy buenos días.
Chile ha nombrado a un nuevo presidente: Eduardo Frei Ruiztagle ha ganado las elecciones con una mayoría del 58%. Hagamos un breve recuento de la historia reciente de este país sudamericano.

Chile había sido, después de la independencia de España en 1818, uno de los países de América Latina con mayor tradición democrática, hasta el golpe militar en septiembre de 1973 que puso fin a la vida del presidente Salvador Allende. Aunque Allende había sido elegido democráticamente al frente de una coalición de partidos de izquierda, su presidencia no duró más de tres años. Su ministro de defensa, Augusto Pinochet, tomó el poder y estableció una dictadura militar. Durante los años que siguieron no existían ni parlamento ni partidos políticos y miles de disidentes desaparecieron o murieron en la cárcel. Un millón de chilenos se fueron al exilio.

En 1988 Pinochet dio al pueblo la posibilidad de votar, en un encuesta, a favor o en contra de la continuación de su gobierno. La mayoría de los chilenos votaron en contra de Pinochet y en 1990 Patricio Ailwyn, del Partido Demócrata Cristiano, fue nombrado presidente. Pero Pinochet siguió todavía al mando de los militares. Sin embargo, Ailwyn llegó a una serie de acuerdos para consolidar la democracia e inició los procesos en contra de los crímenes políticos realizados por los militares durante los años de la dictadura. Sus más importantes progresos los realizó en el campo económico.
El nuevo presidente Eduardo Frei Ruiztagle tiene la tarea de continuar la transición hacia la democracia, empezada por Patricio Ailwyn. Para hablar de las reformas constitucionales que se ha propuesto, tenemos aquí un panel de expertos sobre la materia, primero quiero saludar a ...

Unidad 7

Unidad 7, Bloque A

2 a)
Yo soy recepcionista en un hotel. Lo que me gusta de mi trabajo es tener contacto con mucha gente. Pero últimamente he tenido problemas con mis jefes. Aunque estaban contentos con mi trabajo, me han trasladado de la recepción a una oficina, y todo porque llevo un pendiente en la oreja izquierda. Eso me parece injusto. Aunque ahora lleve pendiente, seguiré trabajando como siempre. A los clientes no les molesta mi aspecto, mientras reciban un buen servicio.

Yo trabajo en un banco. Aunque soy minusválida, normalmente no tengo ningún problema en mi trabajo. Solamente necesito algunas condiciones adecuadas: por ejemplo, que los archivos estén a mi altura... Y cuando hay alguna dificultad, mis colegas me ayudan. Por suerte tengo colegas muy amables. A veces hay clientes que tienen prejuicios; piensan que una persona en silla de ruedas no es tan eficiente como las demás, pero por lo general, cuando me conocen, cambian de opinión.

Yo soy peluquero. Bueno, pues, mi trabajo, me gusta muchísimo, sí, porque es muy creativo. Es maravilloso poder cambiar el aspecto de una persona, hacerle ver qué es lo que le queda bien. Además, me gusta el contacto con la gente. Mientras le corto el pelo a la clienta charlamos de todo y de nada. Cuando ella se va a casa, se siente siempre más guapa. Lo único malo es que hay personas que piensan que los peluqueros de señoras somos afeminados. Pero, bueno, mientras uno se tome esas cosas con sentido del humor, pues no pasa nada.

Cuando era más joven, trabajaba en un supermercado. Ahora que estoy jubilada he empezado un pequeño negocio. Me dedico al cultivo ecológico, tengo una huerta y cultivo fruta sin usar fertilizantes ni insecticidas químicos. El negocio realmente tiene éxito. Aunque ahora trabajo más que nunca, por lo menos soy mi propia jefa. ¿Dejar de trabajar? Pues hombre, cuando tenga 80 años, quizá lo dejaré. Pero por lo pronto, ¡ni hablar!

Unidad 7, Bloque B

2 a)

- • Nieves, ¿tú crees que ser mujer ha influído en tu vida laboral?
- ○ No, definitivamente no. Yo creo que depende de tus calificaciones y de tu manera de ser, ¿no? En mi vida, el ser mujer no me ha impedido obtener un buen trabajo. Al contrario, yo creo que las mujeres hacemos las cosas de una manera diferente que los hombres, y en algunos casos mejor que ellos. Por ejemplo, en mi campo – soy agente de seguros – tienes que aconsejar al cliente, y creo que nosotras lo sabemos hacer mejor. Yo tengo buenas condiciones de trabajo. Siempre me han tratado con respeto y nunca he sufrido discriminación.
- • ¡Qué bien! ¿Y tú, Yolanda?
- ▲ Pues yo trabajo en una empresa textil y además, soy madre de un chico y estoy esperando el segundo. La verdad es que la doble jornada es dura, una siempre quiere hacerlo todo bien, y no es fácil. Incluso muchos colegas piensan que una mujer, sobre todo una madre, no toma el trabajo en serio. Por eso, a veces tengo la sensación de que tengo que trabajar más que ellos. De todos modos, no quiero dejar de trabajar, necesitamos el dinero. Cuando nazca el bebé, voy a trabajar media jornada. De alguna manera, me las seguiré arreglando más o menos, ya que cuento con el apoyo de mi madre.
- • Pues menos mal. ¿Cómo es tu caso, Sara?
- △ En mi vida sí ha habido discriminaciones. Soy ingeniera, lo que no es tan usual para una mujer, y hay mucha gente que me trata como si una mujer no pudiera ser un buen ingeniero, como si, por definición, no sirviera para una profesión como ésa. Me costó mucho trabajo encontrar el puesto que tengo en una compañía constructora y aunque tengo bastante responsabilidad, a veces no me toman en serio. Tengo que luchar mucho más que un hombre para que me respeten. También en otros campos, los hombres lo tienen mucho más fácil que nosotras. Aunque duela, ésa es la realidad.

Unidad 7, Bloque C

4 a)

- • Señor Ministro, la situación en el campo del trabajo es alarmante. ¿Es que el trabajo ya no tiene futuro?
- ○ Bueno, la situación no es fácil. Lo que sucede es que el trabajo está cambiando. Ya no se puede aspirar – de manera general, digo – a que todo el mundo consiga un empleo fijo para toda la vida.
- • Pero entonces, ¿qué podemos esperar en el futuro?
- ○ La tendencia es que van a desaparecer los grandes centros de trabajo, los horarios fijos y los salarios fijos.
- • ¿Eso significa que todos tendrán un horario flexible?
- ○ No, naturalmente no todo el mundo, yo hablo sólo de una tendencia. Seguramente habrá gente que tendrá un horario fijo, pero no todos. Habrá otros modelos diferentes, por ejemplo, se volverá común que dos personas compartan un puesto de trabajo.
- • Lo que sería ideal para las madres que trabajan, ¿no?
- ○ Así es, en efecto. Compartirían un puesto de jornada completa, y cada una trabajaría media jornada. Éste sería un ejemplo. Pienso que en general, el mundo del trabajo se hará más flexible en todos los sentidos. Las personas deberán ser más flexibles también, estar dispuestas a más movilidad geográfica, por ejemplo.
- • ¿Qué otros cambios prevé usted?
- ○ Bueno, yo creo que es imposible que se mantengan como ahora los seguros de enfermedad, los subsidios de desempleo y las pensiones por jubilación. Las empresas ya no pueden costearlas en su totalidad. Yo pienso que en el futuro, cada uno tendrá que contribuir más, de manera privada, a sus prestaciones sociales.
- • ¿Eso quiere decir que tendremos que cubrir nosotros todos esos seguros?
- ○ No, no creo que se llegue a tanto. La Seguridad Social seguirá con su función subsidiaria, pagará una parte, pero no tanto. El trabajador tendrá que pagar más de su propio bolsillo.
- • Y, ¿qué nos puede decir en cuanto al desempleo? ¿Seguirá aumentando?
- ○ Es difícil hacer predicciones fiables. Pero lo importante es recordar que sigue habiendo muchas actividades con futuro. Hay todavía muchísimos huecos de mercado y seguramente surgirán nuevos. Ya que la gente tendrá cada vez más tiempo libre, habrá personas que se dediquen a organizar actividades y deportes, etc. También habrá más personas que trabajarán desde sus casas y por el otro lado, habrá más servicios a domicilio, el cliente podrá comprar lo que quiera por ordenador o fax... Yo creo que el trabajo sí tiene futuro. Los problemas no desaparecerán, pero muchas cosas definitivamente serán diferentes.
- • Gracias por sus palabras, Señor Ministro.
- ○ No hay de qué. Ha sido un placer.

Unidad 7, Rincón profesional

2 a)

- Bueno, tú eres Charo, ¿no? ¿Nos puedes contar un poco a qué te dedicas, cuál es tu profesión?
- ○ Bueno, yo trabajo como administrativa en la secretaría de la Escuela Oficial de Idiomas, en el departamento dedicado al servicio a los alumnos.
- ¿Cuántos alumnos tenéis?
- ○ Alumnos oficiales, unos 7500..., 8000.
- Bastantes.
- ○ Sí.
- ¿Y qué estudios necesitaste para conseguir este trabajo?
- ○ Verdaderamente para entrar como funcionario en el nivel en el que estoy sólo se requieren los estudios obligatorios hasta los 14/16 años.
- ¿Has tenido que hacer alguna clase de oposición o algún...?
- ○ Sí. Para poder ser funcionario hay que hacer unos exámenes de Estado.
- ¿Y tú tienes un horario fijo?
- ○ Sí, pero tenemos que adaptarlo un poco a los de la escuela. Así como la mayoría de los centros administrativos trabajan de nueve a dos y de tres a cinco y media, aquí entramos al trabajo un poquito más pronto, a las ocho y media, salimos a las dos, y entonces por las tardes hay algunas que tenemos que entrar a las tres y salir a la seis, otras tenemos que salir a las tres y ya no volvemos a entrar..., es un poco más irregular porque hacemos turnos para cubrir una mayor franja horaria.
- ¿Y cómo combinas este horario con tu vida privada, con tu familia?
- ○ Muy bien, porque afortunadamente en la oficina donde yo trabajo somos varias personas y podemos combinar bien los horarios. Entonces, por ejemplo, yo me cojo a mediodía más horas de descanso para poder ir a casa, comer tranquilamente y volver.
- ¿Y las vacaciones?
- ○ Somos unos privilegiados aquí. Ya se sabe, la gente que trabaja en el tema de la enseñanza tiene mucha suerte, porque hay las vacaciones de Navidad, que son más largas que en cualquier otro sitio; tenemos las vacaciones de Semana Santa completas también y – a diferencia de los profesores que suelen tener julio y agosto – nosotros, los administrativos, sólo tenemos agosto, pero bueno, ya está bien.
- Es bastante más, casi el doble de lo que se tiene en una empresa privada.
- ○ Claro, sí, sí...

2 c)

- ¿Qué es lo que más te gusta en tu trabajo, lo que haces con mayor agrado y lo que haces con menos agrado?
- ○ Con mayor agrado la atención al público, la relación con las personas. Ésta es una de las cosas que me parecen más bonitas y más satisfactorias. Con menos agrado los archivos, los antiguos, lo de tener que archivar papeles por orden alfabético, eso es lo más pesado y lo menos gratificante.
- Y el ambiente del trabajo, ¿para ti es muy importante?
- ○ Muy muy importante. Creo que realmente el estar a gusto y que no haya tensiones con los compañeros, con los jefes, es algo que te permite desde el punto de vista empresarial producir más o menos. Y personalmente también.
- ¿Tú prefieres trabajar sola o en equipo?
- ○ En equipo. Creo que también es una cosa que enriquece, porque, por más inteligente que seas, siempre hay alguien que tiene una idea que a ti no se te había ocurrido y que puede ser útil; y también te da mucho ánimo a veces, cuando estás atascado en un problema o estás aburrido con un trabajo, el poder intercambiar una opinión...
- La comunicación entre los colegas, ¿es esencial?
- ○ Muy muy importante, creo, y además incluso aquí en la escuela se ha podido ver, en sitios en los que se trabaja de manera individual, a veces hay más problemas que cuando se trabaja en grupo.
- ¿Y todas son mujeres?
- ○ Sí. Es curioso pero, bueno, de hecho, entre los auxiliares administrativos de la función pública hay muy pocos hombres, la mayoría son mujeres.
- ¿Tienes una explicación para este fenómeno?
- ○ Normalmente los hombres tienen trabajos de más categoría. Tienden a tener trabajos de más responsabilidad, suelen ser ya oficiales, por ejemplo, técnicos comerciales, jefes de ventas, cosas así...
- Pero en esta institución tenemos a la cabeza una señora, que es la directora.
- ○ Pero me estás hablando de la enseñanza, y ahí estamos en otro tema. Si tu coges la lista de profesores de la escuela verás que hay un porcentaje bastante más alto de mujeres que de hombres. Y si coges la lista de alumnos curiosamente también. Pero en general, en puestos de responsabilidad, suele haber siempre más hombres que mujeres. Los puestos de responsabilidad corresponden al sexo masculino y los más pesados más bien a las mujeres.

2 d)

- Yo he preparado algunas frases para terminar la entrevista y sólo quiero que las completes espontáneamente, sin pensar mucho. Por ejemplo: El trabajo para mí es...
- ○ ... algo necesario pero también agradable.
- En el trabajo odio...
- ○ ... tener que tocar papeles antiguos que estén llenos de polvo.
- En el trabajo disfruto con...
- ○ ... la atención a los alumnos.
- Me pongo nerviosa cuando...
- ○ ... alguna persona es demasiado dura para entender lo que estoy explicando y me lo hace repetir cuarenta veces.
- Me gustaría...
- ○ ... poder salir un poquito más pronto por las tardes.
- No cambiaría...

○ ... a mis colegas, realmente tenemos un buen ambiente.
• Pues, muchísimas gracias por la entrevista.
○ De nada, encantada.

Unidad 8

8 a)

• Bueno, estábamos pensando en un evento bien importante, algo que cambió tu vida realmente, así, de manera radical. ¿Qué cambio tuvieron? ¿Tú qué cambio tuviste, Miriam?
○ Para mí el cambio más grande en mi vida fue el tener mis hijos. Fui hija única, y toda la vida extrañé... el estar sola. Y por eso para mí fue importante tener hijos y la experiencia fue tan increíble. Cuatro hijos tengo. Y para una mujer en un país europeo, pues es algo...
• Difícil, ¿no? Complicado.
○ ... difícil. Y sobre todo que tenemos pocas... apoyo de una familia, o... y que lo tenemos que hacer todo solas. Pero fue la experiencia más grande de mi vida.
• Mmh, ¿Y tú qué piensas, Olga?
▲ Bueno, para mí, el hecho de haber salido de mi país, después de haber sido una persona tremendamente independiente, ... me transformé aquí, en Europa, en una persona totalmente dependiente de mi marido, que es el que dominaba el idioma, yo no. Y eso me produjo, si tú quieres, como un trauma, un cierto tipo de timidez. Es tanto así, que todavía yo no puedo conducir un coche.
• Ajá. Todavía le temes.
▲ No tomo un coche, dependo de eso. Teniendo yo mi carnet de conducir, tanto el europeo como el chileno, pero sencillamente es algo que yo no puedo superar, ese temor, de no poder defenderme en un caso de emergencia, que alguien me venga a decir en una forma un poco brusca algo desagradable y que yo no se lo pueda responder en el momento en forma espontánea.
• Mmh. Salir de tu país.
▲ Y eso, eso a mí me fue muy duro. Eso. Eso de perder mi independencia.
• Ya, claro, claro. ¿Y tú, Aurora?
△ Mi más importante cambio de vida creo que fue mi matrimonio con un hombre alemán. Fue mi primer amor. He dejado todo, hasta mi propia familia...
• Tu país, claro.
△ ...para seguirlo. Bueno, nuestra idea fue – este – de quedarnos sólo cinco años en este su país y regresar nuevamente a mi país, pero a veces las ideas que tú tienes cambian. Yo no soy más lo importante en mi vida, son mis hijos.
• ¿Y Ernesto?
■ Bueno. En mi caso, creo que un cambio grande en mi vida fue conocer a mi actual mujer.
• ¿Cómo la conociste?
□ En un baile.
• Ay, qué bien, ¡qué romántico!
□ Sí, es muy romántico: Mirá, después de tantos años de... ¿cómo te puedo decir? de locuras juveniles...
• De soltería.
□ Sí, claro, con todo lo que eso implica, ¿no?
• ¡Aah!
□ Bares, discotecas, diferentes mujeres... conocerla a ella fue para mí realmente tener un apoyo, tener una serenidad, es decir, conseguir la serenidad.
• ¿Fue la mujer de tu vida?
□ De mi vida, exactamente.
• ¡Qué maravilla!

Unidad 9

Unidad 9, Bloque A

5 a)

1. Pues sí, yo tengo un bóxer que se llama "Sultán". Es que vivo sola, ¿sabe?, y como es una casa con jardín, pues eso, el perro cuida la casa, y además, con él me siento muy protegida. Sultán es un perro fuerte y, a veces, quizás algo brusco, pero de carácter es dulce y fiel. Bueno... dicen que los bóxers son feísimos, pero la verdad es que a mí me gustan. Son muy obedientes, y el mío está muy bien educado.

2. Yo soy policía. Entrenamos perros para que nos ayuden a encontrar drogas. Trabajamos normalmente con pastores alemanes, ya que son los más inteligentes para este tipo de trabajo y están acostumbrados a obedecer. Yo me llevo a uno de ellos a casa, pues es muy importante que haya una relación estrecha entre el perro y su entrenador. Así que Capitán, que así se llama, es como mi propio perro.

3. Sí, claro que tengo animalitos en casa. Mi pasión son los periquitos, ¿sabe? ¡Es que son tan alegres! Tengo una pareja: Romeo y Julieta. Romeo es el macho, y Julieta la hembra. Romeo es azul con las alas blancas, y Julieta amarilla y, claro, es también más pequeña. Mire, joven, yo ya estoy jubilado, y, claro, estoy mucho tiempo solo en casa y bueno, mis periquitos me hacen compañía, y me entretiene cuidarlos. Y, ya le digo, son listos y muy cariñosos. Incluso comen de mi mano.

4. Pues sí, en casa tenemos un gato siamés. "Felix" se llama. Es marrón oscuro y tiene unos ojos azules preciosos. Para nosotros es el bebé de la casa. La verdad es que está supermimado, pero es que es muy cariñoso y se hace querer. Siempre está acostado en el sofá, en la alfombra, en mi cama, en fin, donde esté calentito y donde haya alguien, porque no le gusta estar solo.

Unidad 9, Bloque B

2 e)

- • En sus países, ¿se hace algo para proteger el medio ambiente? Por ejemplo en España, ¿se hace algo, Maribel?
- ○ Bueno, en España la gente no está tan concienciada como aquí. Pero de todas formas, la situación está mejorando mucho. Por las calles de Madrid, por ejemplo, se pueden encontrar contenedores de vidrio, para plásticos…
- ▲ En Argentina lo que se está tratando de hacer ahora en el terreno ecológico, por ejemplo, es tratar de separar la basura.
- • La basura.
- ▲ Sí, sí. Hay contenedores para papel y para vidrio, pero naturalmente hace falta que la gente se acostumbre.
- △ Bueno, en Colombia el problema de la basura se ha convertido también en una fuente de empleo, porque hay muchas personas que se encargan de recoger esas botellas y las venden a empresas recicladoras, y con eso se ganan un dinero para la familia.
- ■ Bueno, en Chile yo no veo que se haga mucho. Y… sobre todo en Santiago hay un problema tremendo con el *smog*. Existe una cantidad enorme de vehículos. Pero eso sí, que algo se está haciendo, porque se controla ahora la entrada sobre todo al centro de Santiago con los vehículos, que, según el número de patente, puedes entrar o no a la ciudad.
- □ En Bolivia también hay el problema del tráfico. Pero han habido algunos fines de semana que estaba prohibido conducir.
- • Ajá. Y, ¿funcionó?
- □ Y funcionó, sí.
- • Y… ¿las otras fuentes de energía, el agua por ejemplo, la luz?
- △ Desafortunadamente, nuestro país es muy rico en energía. Tenemos muchísima agua y las fuentes de energía que se reciben a través del agua, las fuentes hidroeléctricas, son suficientes. Entonces, la población derrocha muchísimo nuestra luz.
- • Gasta.
- △ Nuestros bombillos permanecen prendidos todo el día y toda la noche…
- • Gastan.
- △ … y el agua todo el tiempo. Es horrible.
- • Ajá. Sí. No, nosotros no, porque el agua no es abundante, exactamente. Entonces, en la Ciudad de México hay lugares done racionan el agua o donde, como no hay, entonces la gente sí que aprende a ahorrar.
- ○ En España igual. O sea, en el norte hay bastante agua y no tienen por qué ahorrar, pero en el sur, en Andalucía, en Extremadura, hay una escacez… es increíble y hay racionamientos, tambien en los hoteles.
- • Y entonces la gente aprende a vivir con poca agua, ¿no?
- ○ Claro. Tienen una hora determinada, saben doce horas al día pueden consumir agua, y así lo hacen.
- • Mmh.
- ▲ En Buenos Aires no se raciona el agua, pero habría que racionarla, porque tenemos problemas.
- • Sí.
- ▲ Sí, sí. Y con la electricidad también.

Unidad 9, Bloque C

1 a)

1. Noticia de última hora: Marea Negra en la costa gallega. Un petrolero perdió mil toneladas de petróleo frente a la costa de La Coruña. La compañía Prepson se ha personado en el lugar del siniestro para empezar las tareas de limpieza. Ya han aparecido los primeros peces muertos en las playas de Ortigueira y los miembros de las asociaciones ecologistas están trabajando contra reloj para salvar al mayor número posible de animales.

2. Y para terminar, una buena noticia: Como todos los años, meses antes de que la Unión Europea otorgara las banderas azules, se ha trabajado para mejorar las condiciones de las playas españolas. En muchos puntos, se han construido plantas depuradoras, se han limpiado las playas y se ha logrado eliminar la plaga de algas. A fortunadamente, nuestros esfuerzos han valido la pena: con ello, hemos conseguido más de 300 banderas azules. España está en segundo lugar, podemos estar orgullosos de nuestras playas. Así que, ¡al agua patos!

Unidad 9, Rincón profesional

1 b)

- • Greenpeace España. ¿Dígame?
- ○ Mire, estoy pensando hacerme socia de su organización, pero tengo algunas dudas respecto a la cuota.
- • Sí, dígame.
- ○ Veo que hay varias opciones. ¿De qué depende? Es que yo soy estudiante, y…
- • La cantidad de su cuota es opcional. A partir de las cinco mil pesetas, que es la cuota mínima, puede usted pagar otra cantidad, lo que usted quiera.
- ○ Ah, muy bien. Y respecto a la forma de pago…
- • Bueno, puede usted hacerlo por domiciliación bancaria, enviando un talón o mediante un giro postal…
- ○ Sí, lo sé, tengo aquí el cupón, pero quería preguntarle…
- • ¿Sí?
- ○ Si pago con cheque, tiene que ser un cheque cruzado, ¿no?
- • Desde luego es mejor. Y tiene que ser nominativo, a nombre de Greenpeace, como dice en el cupón. Pero, en realidad, lo más cómodo y seguro es que usted domicilie la cuota con su banco o Caja de Ahorros.
- ○ Es lo que no sé. ¿No me comprometo? ¿Qué pasa si quiero dejar de ser miembro de la organización?
- • Pues nada. En este caso solamente tiene que dar

aviso a su sucursal y eso es todo. Y para nosotros es la forma de pago que nos trae menos complicaciones.
- ○ Bueno, entonces creo que lo voy a hacer así. Le enviaré el...el cupón y la ficha de – eh – domiciliación.
- ● Excelente.
- ○ Y... muchas gracias.
- ● Adiós.
- ○ Adiós.

Unidad 10

Unidad 10, Bloque A

2 b)

- ● Bueno, Marcia, tú has trabajado en la radio en Bolivia y has tenido un trabajo muy interesante. ¿Te parece que el radio es un medio de comunicación muy importante para la gente en Bolivia, en general?
- ○ En Latinoamérica en general, podría decir, porque... uno no estamos tan avanzados tecnológicamente como en Europa, la radio es, especialmente para el campo, muy importante. A veces es el único contacto con la civilización que tiene el campesino.
- ● ¿Con la civilización?
- ○ Con la civilización. Porque en el campo están bastante aislados. Hay poco transporte, ¿no? y las distancias, además, son tremendas. Y a través de la radio se enteran...
- ● De lo que pasa
- ○ ... qué sucede. Sí, exacto. Y también inclusive de comunidad en comunidad, ¿no?
- ● Ajá. Y entonces, el radio es un poco como parte de...
- ○ De la vida, de la familia.
- ● ... de la familia. Y cuando escuchan radio, ¿lo oyen como música de fondo, o lo oyen para escucharlo?
- ○ Mira, la radio es lo primero que hace la gente. Al levantarse, prende la radio. Y al acostarse igual, lo apaga.
- ● ¿Y la dejan todo el día?
- ○ Todo el día, todo el día, sí. La radio es como un miembro más de la familia.
- ● ¿Y tú crees que el radio... estoy pensando ahora en la competencia con todos los avances de los medios de comunicación, el Internet y todas estas autopistas de la comunicación y todo esto... ¿Tú crees que el radio, en general, tiene un futuro? O en Bolivia en particular, ¿no puede haber una competencia muy grande? O, ¿cómo lo sientes? ¿Es más humano escuchar radio que conectarte a la computadora?
- ○ Bueno, yo te respondo con otra pregunta: si todos los campesinos, y – hablamos porque eso es la mayoría – tienen la posibilidad económica como para adquirir una computadora.
- ● Naturalmente que no, pero la...
- ○ En cambio, un radio transistor lo único que necesitan es el dinero para las baterías.
- ● O sea, tú piensas que en un país como Bolivia el radio sigue tan vigente como...
- ○ Sigue y seguirá por unos cuantos años. Es un poco más personal que los otros medios de comunicación. Porque es verdad que uno se puede imaginar las cosas a través de la radio. A diferencia de otros medios de comunicación donde ya nos dan la imagen como ellos quieren, en la radio no es así. Nos dan la libertad de todavía pensar y todavía poder imaginarnos cómo podrían verse las cosas.

3 b)

1. ● ¿Ya has leído lo de los guardias civiles?
   ○ No, ¿qué?
   ● No te lo vas a creer. Que han cogido a algunos guardias civiles en Marbella.
   ○ ¿En serio?
   ● Y por si fuera poco, en tráfico de drogas.
   ○ ¡Vaya! ¡No me digas!
   ● Y parece que había una mafia que desde Marbella tenía el control de las discotecas...

2. ● ¿Te has enterado de que Carmen ya no trabaja en la oficina?
   ○ ¿De verdad? ¿Es que la han despedido?
   ● ¡Qué va! Con eso del teletrabajo, ahora lo hace todo desde casa.
   ○ Y, ¿cómo lo hace?
   ● Pues con el ordenador y el fax no es ningún problema.
   ○ ¡Qué suerte! ¡Ya me gustaría a mí no tener que ir todos los días a la oficina!

3. ● ¿A que no sabes la última de la seguridad social?
   ○ No, ¿qué pasa?
   ● Ahora no sólo nos van a hacer pagar todos los medicamentos, también el dentista.
   ○ ¡Jo! Esto es el colmo. Así nos van a dejar sin dientes.

4. ● ¿Ya has leído lo de los bancos?
   ○ ¡No, ¿qué?
   ● Pues que hubo un problema y los cajeros automáticos no funcionaron durante todo el fin de semana.
   ○ ¡Qué desastre!

Unidad 10, Bloque B

3 b)

- ● Clara, ¿a que no sabes a quién vi ayer?
- ○ No, ¿a quién?
- ● A Rosario Castro.
- ○ ¿A Rosario, la del segundo? ¡Qué milagro! Como siempre está de viaje...
- ● Sí, es verdad, y ¿sabes qué me dijo?
- ○ Pues no, cuenta, cuenta.
- ● ¡Imagínate! Se muda el mes que viene.

- ○ ¡Qué sorpresa! ¿Y te dijo por qué?
- ● Es que le han ofrecido un trabajo estupendo en Montevideo, y claro, como puedes imaginarte, pues se va.
- ○ ¿A Montevideo? ¿Tan lejos? Pues si era eso lo que quería, me alegro por ella. Oye, ¿y qué van a hacer con el piso?
- ● El piso me parece que se lo van a alquilar a una prima de Rosario.
- ○ ¿A una prima? ¡Vaya!, otra vez vecinos nuevos. Espero que sean agradables.
- ● Y que no traigan perros, con el pudel del quinto basta, ¿no?
- ○ ¡Y que lo digas! Hablando de perros, la perra de mi hermana ha tenido cinco perritos y ahora mis hijos insisten en que nos quedemos con uno.

Unidad 10, Bloque C

1 **b)**

1. ● ¿Has traído las patatas?
   ○ Sí, aquí están.
   ● Pero, ¡cómo! ¿Has comprado patatas fritas?
   ○ Pues claro. Para el pollo, ¿no?
   ● ¡Hija! ¡yo quería que compraras crudas!
   ○ Ay, pues tú no dijiste nada de eso.
   ● Dije patatas. Y patatas son patatas, no patatas fritas, patatas normales. Eso es lo que yo quería decir.
   ○ Bueno, pues voy otra vez al súper.

2. ● ¿Hiciste las fotocopias?
   ○ Yo no. ¿No las ibas a hacer tú?
   ● De eso, nada. Yo había entendido que tú. Creo que aquí ha habido un malentendido.
   ○ Bueno, bueno, da igual. No merece la pena seguir discutiendo. ¿Quién las hace, ahora?
   ● Me parece que me va a tocar a mí, como siempre...
   ○ No, no, déjalo, yo las haré.

3. ● Así que no quieres verme.
   ○ Yo no he dicho que no quiera verte. He dicho que el sábado ya tengo un compromiso.
   ● Claro, tú siempre con tus excusas.
   ○ No es que lo quiera yo, Nora, es con unos clientes, ¿por qué no lo quieres entender?

4. ● ¿Le puedo hacer una pregunta?
   ○ Claro que sí, y no me hables de usted, que me haces sentir viejísima, ¿eh?
   ● Bueno, como quieras. Lo que no he entendido todavía es cuál es la diferencia entre...

Unidad 11

Unidad 11, Bloque A

3

- ● En Latinoamérica también hay celebraciones de Semana Santa muy bonitas, ¿no? ¿Cómo es con ustedes?
- ○ Bueno, en Colombia el día más importante es el viernes, el Viernes Santo, y ese día están las iglesias 24 horas abiertas y tratamos de visitar todas las iglesias que nos sea más posible y las iglesias están llenas y todo el mundo está en... en Viernes Santo. Y lo más importante también en Colombia son las procesiones. Y el domingo pues es la fiesta más grande, se come muy bien en casa, y los niños reciben sus vestidos nuevos para ir a la iglesia y es una fiesta donde se reúne también toda la familia, y bueno... viernes, sábado y domingo se celebra la Semana Santa y el lunes, pues, no.
- ● Pero es religiosa.
- ○ Pero es muy religiosa y... bueno, en Suramérica somos muy religiosos.
- ● ¿Sí? ¿En toda Suramérica, también en Perú?
- ▲ Sí, creo que es la herencia de los padres a los hijos, o sea, de España que hemos heredado, todos los países lationoamericanos y tenemos las mismas costumbres como la Semana Santa, procesiones cada día, de diferentes iglesias. Lo más atractivo de mi ciudad es la quema de Judas. Se trata de un muñecón relleno de cohetes, que estalla, arde, hasta quedar en cenizas.
- ● Y la gente se venga de la muerte...
- ▲ Se venga naturalmente, porque es el Judas.
- △ ¿Y qué día es eso?
- ▲ El día domingo. El día Domingo de Gloria.
- ● ¿En Chile también hay algo así?
- ■ No, no tenemos nada de eso.
- ● ¿Nada de Semana Santa?
- ■ No, no, tenemos, claro, Semana Santa solamente el día viernes, el sábado y el domingo. El día viernes que es un día festivo, o sea que nadie trabaja, y ese día se procura no comer carne, se come mucho pescado, mariscos, pastas, cosas así. La gente va a la iglesia también y se hacen las procesiones. Pero realmente no es una fiesta muy, muy grande, que vamos a decir... que todo el país o gran parte del país se moviliza, esto no. No es así.
- ● ¿Es más familiar?
- ■ Lo que sí ahora está entrando mucho el día domingo, el de Pascua de Resurrección, esto... esto del conejito y de los huevitos y estas cosas que han entrado. Es toda la influencia europea...
- ● Ah, ¿será que hay muchos...?
- ■ ... que en Chile tenemos muchos europeos, muchos de todas partes, especialmente, digamos, en el sur de Chile sobre todo, de Alemania, también hay ingleses, franceses también, bueno, sin contar con los españoles y los italianos, ¿no? Y entonces esto de los

conejitos y de los huevitos ya los niños salen el domingo por la mañana con su cestita a buscar los huevitos en el jardín. Bueno, eso es todo, ¿no?

- En Argentina ¿también conocen eso de los huevos de Pascua? Ahí hay también muchos extranjeros, ¿no?
- □ Sí, bueno. Yo te puedo hablar de Buenos Aires, en las provincias es un poco diferente, ¿no? Pero, por ejemplo, en Buenos Aires ha entrado también esa influencia centroeuropea. Pero, digamos, entre nosotros no es una fiesta popular así extravertida como otros países de Latinoamérica. Somos muy serios en ese sentido.
- Y entonces se recuerda la muerte de Cristo.
- □ Se recuerda, claro, y, pero, por ejemplo lo que más se respeta es... por ejemplo, el hecho de no comer carne los viernes, reemplazándola por pescado.
- ■ Y eso es difícil para los argentinos.

Unidad 11, Bloque B

6 b)

- ○ Yo soy profesor universitario y enseño lengua quechua y cultura andina. El curanderismo lo hago porque amo a mi gente y es una forma de servir a ellos, hay que aliviar el dolor que tienen ellos.
- Y, ¿cómo aprendió a ser curandero?
- ○ Ésta fue una forma extraña, porque yo realmente egresé de una universidad para ser un tecnólogo, y por uno de esos accidentes del destino, caí enfermo y luego tuve que utilizar todos aquellos conocimientos de la medicina oficial, y cuando vi que esto no tenía ningún efecto positivo en mi persona, fui desahuciado, y así regresé a mi pueblo. Y allí fui curado por una persona, por un campesino humilde. Y para mí esto fue prácticamente un choque cultural. Era como si todo el esquema cultural que yo había aprendido durante seis años en la universidad hubiese caído de improviso.
- ¿Era un curandero?
- ○ Sí, era un curandero que vivía allí y realizaba actividades de pastoreo y de agricultura, pero al mismo tiempo también era un gran conocedor de los poderes que tiene la naturaleza para curar. Entonces después de este choque cultural, decidí que debería averiguar el por qué un campesino que no había ido a ningún centro, que ni siquiera sabía leer ni escribir, podía devolverme la salud. Y como yo soy una persona que hablaba todavía el idioma nativo, me introduje poco a poco nuevamente dentro del corazón del pueblo. Me volví nuevamente hacia las comunidades y así fui siguiendo paso a paso a los curanderos. Y poco a poco, sin darme cuenta, me vi con que también iba aprendiendo todo aquello que ellos conocían. Y después, en forma práctica, fui aprendiendo al practicar con ellos, al hacer como un ayudante, siguiendo sus indicaciones, siguiendo sus pasos, y poco a poco también, me vi ejerciendo el curanderismo como arte y como técnica.

6 c)

- ¿Hay características especiales de la medicina andina, que usted cree que se deben de conocer, entonces, aquí en Europa?
- ○ Una de las características fundamentales de la medicina andina es el respeto a la naturaleza humana y el respeto a la naturaleza en general. Y la otra característica es que se basa mucho en el uso de la energía. Esta energía, que es prácticamente algo que existe en la naturaleza, y también existe en cada ser humano. Y además, la búsqueda de equilibrio, porque la salud es simplemente una cuestión de equilibrio en la naturaleza del ser humano.
- ¿Utiliza ciertos remedios, plantas medicinales, masajes, o qué tipo de remedios utiliza?
- ○ Los remedios dependen de la naturaleza de la enfermedad. En algunos casos solamente es necesario utilizar las manos, en otros, es conveniente utilizar plantas medicinales, en otros quizás productos animales o minerales, o en algunos casos, una composición de alguno de estos productos. Pero para cada enfermedad tiene que existir una preparación. Y también esta preparación no puede ser aplicada a todos, porque no se puede generalizar. Las enfermedades son personales, no son enfermedades generalizadas. Entonces una... un curandero tiene que saber cuál es la medicina que debe preparar, o qué plantas debe indicar a un paciente en particular. En consecuencia, hay que considerar las plantas de acuerdo a la naturaleza de las personas.
- Si usted dice que, en el tratamiento, muchas veces bastan las manos, ¿cómo es esto? ¿Como masaje?
- ○ Bueno... las manos prácticamente vienen a ser una herramienta maravillosa. En la mano – No olvidemos que la mano es la extensión del cerebro y del corazón. Entonces, la mejor medicina que nosotros conocemos es el amor. Pero entiéndase bien: el curandero recibe una preparación especial para hacer que sus manos sean manos que porten alivio, manos que porten curación, porque no todas las personas pueden hacer lo que un curandero hace.
- ¿Hay elementos religiosos, místicos, espirituales, mágicos que tengan una función importante en su tratamiento? O sea, ¿necesita el paciente creer en algo determinado?
- ○ La medicina tiene un efecto sobre el ser humano, pero también tiene mucho efecto lo que piensa el ser humano sobre esa medicina. Yo diría que la persona tiene que tener fé en el curandero, tiene que tener fé en que él lo quiere ayudar, porque el curanderismo es una forma de amor, es una forma de servir a los demás.
- Y, ¿puede un médico clásico – por llamarlo de alguna manera – puede un médico formal aprender sus métodos para complementar su terapia, para aprender otros aspectos?
- ○ Si esta persona quiere aprender sobre el curanderismo, en primer lugar, debe bajar de su pedestal de médico. Porque el problema de la medicina es de que los médicos creen saberlo todo, pero hay que ser humilde en esto. Si esta persona va humildemen-

te como aprendiz, yo creo que el curandero va a intercambiar con él muchos de sus conocimientos.
- En el campo de la curandería existen, por desgracia, muchos charlatanes. ¿Cómo se los puede distinguir de un curandero que verdaderamente conozca la medicina tradicional de sus antepasados?
○ Para distinguir un charlatán de un curandero, hay que distinguir un aspecto fundamental: el curandero tiene una formación espiritual. Ésta es la característica fundamental. Además, el otro aspecto es de que el curandero no lo hace como una actividad económica con la cual vive. El curandero lo que trata es de servir a los demás. Entonces, ésta es otra característica que también se tiene que tener muy en cuenta.

Unidad 11, Rincón profesional

1 c)
- Empresa Intersal, dígame.
○ Buenos días, señorita. Quisiera hablar con el señor Barillas, por favor.
- ¿De parte de quién?
○ De Isabel García, de Elecé, Sociedad Anónima.
- Un momento, por favor... Oiga, lo siento, pero el señor Barillas no puede ponerse. ¿Puede decirme de que asunto se trata?
○ Mire, llamaba para confirmar la hora de nuestra reunión del jueves próximo.
- Si quiere, yo podría pasarle el recado.
○ Sí, si me hace el favor, dígale que me parece muy bien a las once de la mañana, como él lo propuso en su fax.
- El jueves a las once entonces.
○ Correcto. Si tiene algún inconveniente, puede llamarme hoy a la oficina.
- De acuerdo, señora García. Yo le doy su mensaje al señor Barillas.
○ Muchas gracias, señorita.
- De nada, buenos días.
○ Adiós, buenos días.

Unidad 12

4 c)
- Los latinoamericanos en general no usamos la forma *vosotros*, ¿verdad?
○ Nunca.
▲ No, nunca.
- El plural de *tú* y de *usted* es sólo uno, nosotros decimos *ustedes* para la forma familiar y la forma formal. Pero los argentinos y los uruguayos usan el *vos*. ¿No es así, Ernesto? Es otra forma bien diferente. ¿Puedes explicarnos cómo es?
△ Sí. Especialmente nosotros, los argentinos. Sí, sí. El *tú* no existe entre nosotros.
- No existe.
△ Usamos el denominado *voseo*.
- Mmh. Y, ¿cómo funciona?
△ Nosotros decimos *vos*, y funciona con una conjugación especial del verbo, también.
- Ajá.
△ Por ejemplo *vos tenés, vos hacés, vos podés*. En el imperativo: *no pongás eso ahí*.
- Y en... en Uruguay, ¿es igual o parecido?
△ Sí, ellos usan el *vos*, pero en parte el *tú* también.
- El *tú* también.
△ Sí, sí. Y esto del *voseo* eh... se aplica especialmente en Buenos Aires, porque en las provincias, depende.
- Ah, es diferente.
△ Sí, es diferente, es diferente, sí, sí.
- Pero en Buenos Aires, ¿solamente existe el *usted* y el *vos?*
△ Y el *vos*, exacto.
- Y, en Bolivia también se usa el *vos*, ¿no?
■ En Bolivia también se usa el *vos*, pero no siempre. Solamente en casos, por ejemplo, cuando el arquitecto habla con los albañiles, entonces dice... y él está de mal humor, entonces él los trata de *vos*.
- O sea, como de superior a alguien que trabaja para él.
○ Tono despectivo.
■ Sí, de verdad. Y también, por ejemplo, los niños lo utilizan también cuando juegan.
- Y tú, ¿lo usas así, en alguna frase, o para nada?
■ No, yo no lo uso nunca. Los mayores no lo... no lo utilizan.
- Es un poquito como campestre, como muy familiar, o una cosa así.
■ Sí.
- Pero también es despectivo, eso es curioso. En Costa Rica – tengo una amiga costarricense – que es al revés, cuando te habla de *vos*, es porque te quiere mucho. En México no, en México el *usted* es el que tiene ese valor afectivo. Si yo quiero decir algo muy importante, entonces te hablo de *usted* a mi marido, a mi hija le digo: *¡Venga usted, mijita!*
▲ Claro. En Chile es lo mismo. Es... Tiene un valor afectivo, de cariño, y también un poquito de autoridad. Por ejemplo, yo le digo a un niño: *Siéntese bien, mi lindo, ¿ya? y cómase toda la comida*. Pero el *vos* no lo tenemos.
○ Bueno, en Colombia sucede algo muy particular. Entre las familias, entre familiares, entre padres e hijos, se dice siempre *usted*, no se dice nunca *tú*. Es inclusive una falta de respeto decirle al papá *tú*, ¿no?
- Pero entre hermanos, ¿sí se hablan de *tú?*
○ No, tampoco. Entre hermanos tampoco. Entre hermanos se habla de *usted*. Y con los mejores amigos también *usted*. Pero si en la calle compras algo y le hablas a la vendedora, le hablas de *tú*.
- Qué curioso, eso es diferente, ...
○ Sí. Claro que eso está cambiando. Los matrimonios modernos ya empiezan a tutearse.
- Está cambiando, se están modernizando.
○ Sí, poco a poco.

7 c)

Andaba el lobo muy hambriento buscando algún animal para comérselo. Y por ahí se encontró con la zorra y le dijo:
"Oiga usté, señora zorra, que me la voy a comer. Ya me muero de hambre y algo tengo que comer."
Y la zorra le dijo:
"Pero mire usté, que estoy muy flaca. Yo también tengo mucha hambre, y además tengo que darles de comer a mis cuatro zorritos."
"Y a mí, ¿qué me importa?" le dijo el lobo.
Y ya iba a darle la primera mordida, cuando la zorra le dijo:
"Un momento, por Dios, señor lobo. Mire que yo sé donde vive un señor que tiene un pozo lleno de quesos. Vamos al pozo y verá usté como le digo la verdad."
Y se fueron la zorra y el lobo a buscar los quesos.
Y llegaron a una casa donde estaba el pozo, y la luna se reflejaba en el agua y parecía un queso.
Y se asomó la zorra y volvió y le dijo al lobo:
"Ay, amigo lobo, ¡que el queso es grandón! ¡Mire, mire usté!"
Y se asomó el lobo y vio la luna y creyó que era un queso grandón. Pero el lobo, sospechoso, le dijo a la zorra:
"Pues bueno, amiga zorra, vaya usté abajo y tráigame el queso." Y la zorra se metió en uno de los cubos y bajó hasta el agua. Y gritó desde abajo al lobo:
"Ay, amigo lobo! ¡Qué grandón está el queso! ¡No puedo con él! Venga usté y ayúdeme a subirlo."
"Pero no puedo yo entrar" – le respondió el lobo.
"¿Cómo voy yo a entrar? Súbalo usté sola."
Y la zorra le dijo:
"Pero no sea usté tonto! Métase usté en el otro cubo y baje a ayudarme."
Y el lobo se metió en el otro cubo y, como pesaba mucho más que la zorra, se fue para abajo y la zorra subió para arriba. Y se quedó el lobo en el pozo buscando el queso, y la zorra se fue muy contenta a ver a sus zorritos.

Quellennachweis

Fotos: O. Baratucci: 67 (1), 79 (1, 2, 3); M. Beucker: 19 (3), 33 (*salchicha, oficina, café*), 40 (*tarta*), 79 (5); Bildarchiv Foto Marburg: 87 (4); Bildarchiv Preußischer Kulturbesitz, Berlin: 87 (2); Photo Bulloz, Paris: 135 (5); Corel: 67 (6, 8), 109 (2), 124 (2) 127 (*Buddha, Jesus*); dpa: 113 (2); 135 (1-4, 6-9); Dirección General de Turismo de Murcia: 128 (2, 3); El País: (Conesa): 69, (de Haro): 108, (Lucadamo): 137; Festo, Esslingen: 87 (3); Fundación Purina: 102; M. Görrissen: 83, 127 (*indio*); Greenpeace International Photo Library: 107 (3), 109 (5); A. Hagness: 63 (1, 2); C. Hahn: 7 (1), 19 (2), 33 (*mate*); Image Bank: (Achernar): 25; Institut für Auslandsbeziehungen, Stuttgart: 7 (4, 5, 6, 8), 18 (2), 33 (*tortillería*), 53 (4), 64 (1); Klett-Archiv: 33 (*porrón*), 57, 67 (4, 7), 79 (4), 80 (3), 91, 124 (3), (Boulton): 80 (1,2), (Huber): Umschlag (3), 41 (2, 3), 67 (2, 5), (Nöldeke): 18 (1), 53 (2), (Pischnik): 67 (3), (Rupp): 124 (1), (Schauf): 7 (7), 8, 18 (3), 40 (2-8), 41 (1, 4-6), (Schulte-Nölle): 7 (*cochinillo*), 127 (*máscara*), (Thunig): 19 (1); H. Mamani: 31, 134; Mauritius, Stuttgart: Umschlag (1, 2), 43, 53 (6), 54, 62, 64 (3, 4), 109 (4), 113 (5), 119 (3), 127 (*gato*), (Azumendi): 128 (1), (Coll): 7 (3), 113 (3), 119 (3), (Cotton): 119 (1), (Hubatka): 80 (4), (Koehli): 127 (*tarot*), (Masats): 62 (3), (Matthes): 53 (3), (Raga): 107 (2), 109 (1), (Reckling): 127 (*faldas*), (Rossenbach): 109 (3), (Weinhäupl): 113 (4), (Welsh): 62 (2); Mercedes Benz AG: 87, (1); Ministerio de Economía y Hacienda: 107 (1); T. Moro Luis: 33 (*bar*), 36 (3,4), 113 (1); 119 (2, 4), 128 (4); Spanisches Fremdenverkehrsamt, Frankfurt: 53 (5), 64 (2)

Realien und Texte: ABC (Mingote) (24-08-93), Madrid: 45; Airtel Móvil, S.A., Madrid: 117; © Mario Benedetti, „La borra del café", Barcelona 1993: 62; Biblograf, Barcelona, Diccionario para la enseñanza de la lengua española, 1995: 10 (*gringo*), 41 (*tapa*), 71 (*extrañar*); © Ernesto Cardenal, *Antología*, Colección Séptimo Día, 1982: 25; Cambio 16, Madrid, (28-08-95): 50; (*Ama de casa verde* 05-04-93): 105; Clara (Mayo 1993): 121; © El País, Madrid, (5-2-94) 10, (22-1-95): 71, (M. Yuste, *Nolotiles sobre ruedas*, 28-03-94): 90, (M. Torres, *Con amor y sin nostalgia*, 21-04-96): 69, (P. Greenham, 11-01-92): 119, (A. Muñoz Molina, *Una isla de tinta*, 18-09-96): 125, (04-01-97): 126, (C. Castellano, 28-7-96): 137; Laura Esquivel, *Como agua para chocolate*, Mondadori, Barcelona 1993: 134; Ecos de España y Latinoamérica, 7/93, Spotlight Verlag, Gräfelfing/München: 72; Gloria Fuertes, *Mujer de verso en pecho*, Ed. Cátedra, Madrid 1995: 67; Eduardo Galeano: *Historias de escritores y fantasmas*, „El libro de los abrazos", Ed. Siglo XXI: 92; Geo 92, G y J España, Madrid (Sept. 1994): 56; Leon Gieco, *Sólo le pido a dios*, SADAIC, Buenos Aires: 138; Gran diccionario de la lengua española, SGEL, Madrid 1985: 47 (*coger, texto abreviado*); Greenpeace, Madrid: 110, 112; Juan Luis Guerra, *Acompáñama civil*, Karen Publishing Co., Miami: 94; Margret Käckenhoff, Hispanorama 57, Marzo 1991: 14; La Moskitia Ecoaventuras, Tegucigalpa: 30; © Herederos de Antonio Machado: 145; Rosa Montero, *Crónica del desamor*, Ed. Plaza & Janés, Barcelona 1995: 85, 86; Joaquín Antonio Peñalosa, *Vida, pasión y muerte del mexicano*, Editorial Jus, México D. F. 1985: 10; Enrique Jardiel Poncela, *Las mil mejores poesías en lengua castellana*: 54; Pons Kompaktwörterbuch Spanisch, Klett, Stuttgart 1994: 47 (*Leitung, piso, Stück*); © Quino/Quipos, Milano: 83, 95, 118, 122; Reader's Digest Selecciones, *Receta mediterránea para la longevidad*, Madrid (Oct. 1995): 43, 149; Rafael Ramos, *Leo Verdura*, Pamplona (Pequeño País): 99; Revista Cuidadano, Madrid (Nov. 1996): 106; Joan Manuel Serrat, *Mediterráneo*, © by Joan Manuel Serrat Teresa. Autorizado para el mundo a Pipo Ediciones Musicales, S.L. Avda de los Madroños, 27, 28043 Madrid: 70; SM Grupo Editorial, Madrid (31-01-93): 106; Norman Thelwell, Die lieben Kleinen, © Helmut Buske Verlag, Hamburg 1977: 17; Tribuna, Madrid (28-8-95): 61; B. Wiener *Imágenes de Latinoamérica*, Klett, Stuttgart 1995: 63

Vokabular nach Lektionen

■ Hier finden Sie die neuen Wörter und Ausdrücke der Lektionen in der Reihenfolge ihres Vorkommens. Wörter, die bereits in *Caminos 1* vorgekommen sind, werden nicht aufgeführt.
■ Die deutsche Übersetzung gibt die Bedeutung im jeweiligen Zusammenhang wieder; auf die Angabe des Artikels wurde verzichtet.
■ Wörter, die ausschließlich auf der Kassette vorkommen, sind nur dann angegeben, wenn sie für die Lösung einer Aufgabe benötigt werden.
■ International gebräuchliche Wörter werden nicht aufgeführt.
■ Zu Verben mit unregelmäßigen Präsensformen *(i)*, *(ie)*, *(ue)*, *(zc)* findet sich ein Hinweis.
■ Beachten Sie die Schreibweise der Endungen: amigo/-a bedeutet, dass die weibliche Endung (a) die männliche (o) ersetzt; profesor/a bedeutet, dass die weibliche Endung an die männliche Form angehängt wird.

Abkürzungen:

dim.	=	*diminutiv, Verkleinerungsform*
f	=	*feminin, weiblich*
inf.	=	*Infinitiv*
LA	=	*lateinamerikanische Variante*
m	=	*maskulin, männlich*
pej.	=	*pejorativ, abwertend*
alg.	=	*alguien, jemand*

Unidad 1

el reencuentro	Wiederbegegnung
presentar a alguien	jmd. vorstellen
la perífrasis verbal	Umschreibung mit Hilfe eines Verbs
pedir *(i)* un favor (a alguien)	(jmd.) um einen Gefallen bitten
el favor	Gefallen
el subjuntivo	Möglichkeitsform *(entspricht nur teilweise dem deutschen Konjunktiv)*
el cochinillo	Spanferkel
me hace pensar en	es erinnert mich an
me recuerda (a)	es erinnert mich an

Unidad 1, Bloque A

1

frecuente	häufig
la firma	Unterschrift
de cariño	liebevoll
cariñoso/-a	liebevoll, zärtlich
de origen bíblico	biblischen Ursprungs
la opción	Wahl
acostumbrarse (a)	sich gewöhnen (an)
ponerse de acuerdo	sich einigen
el santo	Heiliger, *hier:* Namenstag
en cuanto a	im Bezug auf

2

el tratamiento de cortesía	höfliche Anrede
el tratamiento	Behandlung

3

el nombre familiar	Rufname
¡Que lo pases bien!	Viel Spaß!
¡Te echamos de menos!	Wir vermissen dich!

5

bautizar	taufen
el santoral	Heiligenverzeichnis
la nacionalidad	Staatsangehörigkeit
afortunadamente	glücklicherweise
la Academia de la Lengua	*Akademie zur Pflege der spanischen Sprache*
adaptar	anpassen
la ortografía	Rechtschreibung
sorprender	überraschen
el orgullo	Stolz
la identidad	Identität
el diminutivo	Verkleinerungsform
gringo/-a *(pej.)*	(nord)amerikanisch, ausländisch
el/la gringo/-a *(pej.)*	Yankee
la terminación	Endung
la fauna gramatical	*hier:* grammatischer Wildwuchs
estar permitido/-a	erlaubt sein

Unidad 1, Bloque B

1

acabar de + *inf.*	etwas gerade getan haben
el teléfono móvil	Mobiltelefon, Handy
volver *(ue)* a + *inf.*	etwas wieder tun
llevar estudiando... años	seit ... Jahren lernen
seguir *(i)* usando	weiterhin benutzen
reescribir	(neu) schreiben
la informática	Informatik
el horario	Stundenplan

3

el bolígrafo	Kugelschreiber
el lápiz	Bleistift
la goma de borrar	Radiergummi
el sacapuntas	Bleistiftspitzer
la hoja de papel	Blatt Papier
el cuaderno	Heft
la regla	Lineal
las tijeras	Schere
pertenecer *(zc)*	gehören
meter en	hineinstecken in
quedarse con	behalten

4

dejar	überlassen, leihen
Lo siento.	Es tut mir Leid.
¿Te/Le importa...?	Macht es dir/Ihnen etwas aus ...?
pasar algo a alguien	jmd. etwas (herüber)reichen
no faltaba más	aber selbstverständlich
(me) hace el favor	tun Sie mir den Gefallen
con mucho gusto	gern
prestar	(aus)leihen

5

los deberes	Hausaufgaben
el aula *(f)*	Klassenzimmer
la nota	Zensur
la asignatura	(Schul-)Fach
repetir el curso	sitzen bleiben, die Klasse wiederholen
los deberes de castigo	Strafarbeiten
el tranvía	Straßenbahn
sacar buenas notas	gute Noten erzielen
lo más aburrido	das Langweiligste
la asignatura preferida	Lieblingsfach
el/la alumno/-a	Schüler/in
la educación plástica	Kunstunterricht
la física	Physik
la química	Chemie
la tecnología	Technologie
la biología	Biologie
la educación física	Sportunterricht
el recreo	(Schul-)Pause
la geografía	Geografie, Erdkunde
la tutoría	Schülerberatung
las matemáticas	Mathematik
lo más difícil	das Schwierigste
fácil	einfach
aburrido/-a	langweilig

6

melodioso/-a	melodisch, wohlklingend
tener fama de	bekannt sein für

7

la anécdota	Anekdote
suceder	passieren, zustoßen
barrer	kehren, fegen
la reacción	Reaktion
extraño/-a	seltsam, fremdartig
con una cara de sorpresa	mit überraschtem Gesicht
no hace falta	es ist nicht nötig
hacer falta	nötig sein
al oír...	als er/sie ... hörte
la indiferencia	Gleichgültigkeit
la fijación mental	fixe Idee, Spleen
el cerdo	Schwein

En parejas

el/la compañero/-a de piso	Mitbewohner/in
bávaro/-a	bayrisch
a propósito de	apropos, übrigens
el rábano	Rettich
gracioso/-a	witzig
la risa	Lachen, Gelächter

Unidad 1, Bloque C

1

el titular	Schlagzeile
cada vez más pronto	immer früher
el biberón	Babyflasche
equivocarse	sich irren, Fehler machen
la igualdad	Gleichheit
el sexo	Geschlecht
el eslogan	Slogan, Wahlspruch
el estudio	Studie, Untersuchung
separar	trennen
idéntico/-a	gleich, identisch
ambos/-as	beide
instituir *(y)*	einrichten, gründen
el objetivo	Ziel, Absicht
garantizar	gewährleisten, garantieren
la enseñanza	Unterricht, Erziehung
opinar	meinen, glauben
la facultad intelectual	geistige Fähigkeit
fundamental	wesentlich
a una edad temprana	in jungen Jahren
poner en marcha	initiieren, ins Leben rufen
la iniciativa	Initiative
la educación infantil	Kindergartenzeit
la educación obligatoria	Pflichtschulzeit
obligatorio/-a	verbindlich
dominar	beherrschen
ayudarse	sich gegenseitig helfen
la materia	Fach, Stoff
el trabajo individual	Einzelarbeit
ocuparse de	sich kümmern um
tener derecho a	Recht haben auf
frustar	enttäuschen, frustieren
es una pena que...	es ist schade, dass ...
impersonal	unpersönlich
marcar	markieren, kennzeichnen
formular	formulieren
conjugar	konjugieren

2

imposible	unmöglich
por gusto	freiwillig, weil es Spaß macht
cierta presión	ein gewisser Druck
cierto/-a	gewisse/r
convivir	zusammen leben
¡Pobrecitos!	Die Ärmsten!
calcular	rechnen, kalkulieren
personalmente	persönlich
¡Qué barbaridad!	Unglaublich!
desde pequeño	von klein an

3

respetar	respektieren, achten
motivar	motivieren

pedir *(i)* respeto	Respekt verlangen
aprender de los errores	aus Fehlern lernen

4

pensar *(ie)* que...	denken, dass ...
opinar que...	meinen, dass ...
en mi opinión	meiner Meinung nach

6

intercambiar	austauschen
tener en cuenta	berücksichtigen

7

el alcázar	Festung
de habla hispana	spanischsprachig

entrevistar	befragen, interviewen
el sistema educativo	Bildungssystem, Schulsystem

Unidad 1, Rincón profesional

el rincón	Ecke
profesional	beruflich

1

el/la jefe/-a de contabilidad	Leiter/in des Rechnungswesens
la contabilidad	Rechnungswesen, Buchhaltung
la dirección general	Geschäftsleitung
el departamento jurídico	Rechtsabteilung
el departamento de ventas	Vetriebsabteilung

el seguro	Versicherung
el departamento de personal	Personalabteilung
el seguro de vida	Lebensversicherung

2

el período de prácticas	Praktikum
la solicitud	Bewerbung
deducir	ableiten, entschlüsseln
el bachillerato	Abitur
la selectividad	*Zulassungsprüfung für die Universität*
la carrera	(Hochschul-)Studium
por la presente	hiermit *(in Briefen)*
permitirse	sich erlauben
solicitar	sich bewerben um; beantragen
los datos biográficos	biografische Daten
la educación primaria	Grund- und Hauptschule
realizar	*hier:* absolvieren
la educación secundaria	weiterführende Schule
obtener *(obtengo)*	erhalten, bekommen
la filología inglesa	englische Philologie
la licenciatura	Universitätsexamen, Diplom
el servicio militar	Militärdienst
la base de infantería	Infanteriebasis
actualmente	gegenwärtig, zur Zeit
el/la traductor/a	Übersetzer/in
dar clases	unterrichten
la academia de idiomas	Sprachschule
los datos personales	Angaben zur Person
el lugar de nacimiento	Geburtsort
la fecha de nacimiento	Geburtsdatum
servivio militar cumplido	Wehrdienst abgeleistet

3

la formación profesional	Berufsausbildung
ingresar	eintreten

Unidad 2

el turismo	Tourismus, Fremdenverkehr
la consecuencia	Folge, Auswirkung
el punto cardinal	Himmelsrichtung
la denominación geográfica	geografische Bezeichnung
quejarse (de)	sich beschweren (über)
el destino	(Urlaubs-)Ziel
preferido/-a	bevorzugt, Lieblings-
resumido/-a	zusammengefasst

Unidad 2, Bloque A

1

la sugerencia	Vorschlag
estar en contacto con	in Verbindung sein mit
hacer amistades	Freundschaften schließen

2

exigir	fordern, verlangen
el programa de animación	Unterhaltungsprogramm
la oferta cultural	kulturelles Angebot
el/la guía	Reiseführer/in
el/la ecologista	Umweltschützer/in

3

despedirse *(i)*	sich verabschieden
¡Que tengas buen viaje!	Gute Reise!
¡Que te diviertas!	Viel Spaß!
¡Que duermas bien!	Schlaf gut!
¡Que descanses!	Schlaf gut! Gute Erholung!
la expedición	Expedition
la jungla	Dschungel
la Amazonía	Amazonasgebiet
¡Ojalá...!	Hoffentlich ...!

4

la amabilidad	Liebenswürdigkeit, Freundlichkeit
el estándard	Standard
la Asociación de Hostelería	Gaststättenverband

el sector turístico	Tourismusbranche
la hamburguesería	Schnellimbiss
esencial	wesentlich
la tradición gastronómica	gastronomische Tradition

5

lo que tú quieras	was du willst
adonde *(Relativpron.)*	wohin
planear	planen, organisieren
dejar la decisión a alg.	jmd. die Entscheidung überlassen
la cámara fotográfica	Fotoapparat
la cámara de vídeo	Videokamera

6

nicaragüense	aus Nicaragua
el paraíso	Paradies
económico/-a	preiswert, -günstig
Paria	*Golf an der Küste Venezuelas*
Cristóbal Colón	Christoph Columbus
Antigua	*Insel in der Karibik*
no sube de 80°	steigt nicht über 80° Grad *(Fahrenheit)*
la malaria	Malaria
el campo de golf	Golfplatz
la enfermedad tropical	tropische Krankheit
el huracán	Orkan, Wirbelsturm
la cancha de tenis	Tennisplatz
Santa Lucía	*Insel in der Karibik*
la agencia de turismo	Reisebüro
de precios moderados	mit gemäßigten Preisen
el dólar	Dollar
el mango	Mangobaum, -frucht
el coco	Kokospalme, Kokosnuss
la guava	Guave *(trop. Frucht)*
el ron	Rum

Unidad 2, Bloque B

1

el paisaje	Landschaft
el este	Osten
el oeste	Westen
el monte	Berg
el puente	Brücke
el bosque	Wald
el puerto	Hafen
el valle	Tal
la roca	Fels
el noreste	Nordosten

3

estar seguro/-a	(sich) sicher sein
encargarse (de)	sich kümmern (um)
agradecer *(zc)* algo a alg.	jmd. für etwas dankbar sein
la reserva	Reservierung
el vale	Gutschein, Beleg
disculpar	entschuldigen, verzeihen
permitir	gestatten, erlauben
lo lamento	es tut mir Leid
lamentar	bedauern
estar completo/-a	ausgebucht sein
cansado/-a	müde
¡Qué desastre!	Wie schrecklich!
la columna	Spalte
tranquilizarse	sich beruhigen
devolver *(ue)*	zurückgeben
el botón	Knopf
el bistec	Steak
muy hecho/-a	*hier:* durchgebraten

4

sucio/-a	schmutzig
no queda	es gibt kein ... (mehr)
lleno/-a	voll, gefüllt
roto/-a	kaputt
desconectado/-a	nicht angeschlossen
el agua *(f)* caliente	warmes Wasser
la bombilla	Glühbirne
el cubo de la basura	Mülleimer
el espejo	Spiegel
la toalla	Handtuch
hacer las camas	die Betten machen
de nuevo	nochmals
protestar	sich beschweren
solucionar (un problema)	(ein Problem) lösen

Unidad 2, Bloque C

1

el invento	Erfindung
por una necesidad	aufgrund einer Notwendigkeit
el viaje de placer	Vergnügungsreise
el clima	Klima
la situación geográfica	geografische Lage
traer consigo	mit sich bringen
la ventaja	Vorteil
la desventaja	Nachteil

2

la restricción de agua	Wasserrationierung
el nivel de vida	Lebensstandard
el turismo rural	Urlaub auf dem Bauernhof
el machismo	Machismus, Männlichkeitskult
el intercambio cultural	kultureller Austausch
la destrucción	Zerstörung
el puesto (de trabajo)	Arbeitsplatz, Stelle
la construcción de carreteras	Straßenbau
la especulación inmobiliaria	Immobilienspekulation

destrozar	zerstören
limitar	beschränken
las divisas	Devisen
la responsabilidad	Verantwortung
el medio ambiente	Umwelt
el préstamo	Darlehen
el gobierno	Regierung

considerar	halten für, ansehen als
el/la participante	Teilnehmer/in
le alegra	ihn/sie freut
le preocupa	ihn/sie beunruhigt, es macht ihm/ihr Sorgen
le molesta	ihn/sie stört
el alcalde	Bürgermeister

3

la reunión de trabajo	Arbeitsbesprechung
el compañero de trabajo	Arbeitskollege
la tendencia	Tendenz

4

la alternativa	Alternative
el turismo verde	Ökotourismus
ecológico/-a	ökologisch, umweltbewusst
responsable	verantwortungsbewusst
el ambiente rural	ländliche Umgebung
el alojamiento	Unterkunft
los paquetes	*hier:* Komplettangebote
el itinerario	Reiseroute
el cuidado de animales	Tierpflege
la ruta a caballo	Reitausflug
el burro	Esel
el senderismo	Wandern
el/la visitante	Besucher/in
la gira	Rundreise
la balsa	Floß
la reserva	Reservat, Naturschutzgebiet
la fauna	Tierwelt
la flora	Pflanzenwelt
tropical	tropisch
arqueológico/-a	archäologisch
el transporte aéreo	Lufttransport
local	örtlich, vor Ort
el transporte fluvial	Beförderung auf dem Flussweg
el transporte terrestre	Beförderung auf dem Landweg
la alimentación	Verpflegung

5

imitar	nachahmen, imitieren
el/la occidental	Abendländer/in
la vacuna	Impfstoff
tener respeto (hacia)	Respekt haben (vor)
preservar	schützen, bewahren
el movimiento ecologista	Umweltschutzbewegung
en el campo del turismo	auf dem Gebiet des Tourismus
es decir	das heißt
alejado/-a	entlegen, weit entfernt
tomar en cuenta	berücksichtigen
afectar (a)	betreffen
el hecho	Tatsache
las defensas	Abwehrkräfte
mortal	tödlich
los lentes	*hier:* Brille
la imitación	Nachahmung
llamar la atención	Aufmerksamkeit erregen
el/la nativo/-a	Einheimische/r, Eingeborene/r
enganchar	*hier:* verwickeln in
el negocio comercial	Handel *(mit Geld)*
bailar	tanzen
desvirtuar	verfälschen
las manifestaciones culturales	kulturelle Ausdrucksformen
de primera mano	aus erster Hand
la actitud	Einstellung, Haltung
respetuoso/-a	rücksichtsvoll, respektvoll
la sociedad	Gesellschaft
dejar de lado	beiseite lassen
el prejuicio	Vorurteil

Unidad 2, Rincón profesional

1

el mundo laboral	Arbeitswelt
el artículo	Artikel
el pedido	Bestellung
la oferta	Angebot
el pago	Zahlung
el descuento	Rabatt, Skonto
la reclamación	Reklamation
la factura	Rechnung
el envío	Sendung
la mercancía	Ware
la pieza	Stück
la fecha de entrega	Liefertermin
la condición	Bedingung
el importe	Betrag
a tiempo	rechtzeitig
en malas condiciones	in schlechtem Zustand
les agradeceríamos	wir wären Ihnen dankbar
agradecer *(zc)*	danken
arreglar	in Ordnung bringen, regeln
el asunto	Angelegenheit, Sache
sin otro particular	*Brieffloskel, etwa: soviel für heute*
deducir	*hier:* abziehen
de menos	zu wenig
rogar *(ue)*	bitten
confirmar	bestätigen
cuanto antes	so schnell wie möglich
preceder	vorausgehen
la correspondencia formal	Geschäftskorrespondenz

2

¿Qué se suele hacer?	Was pflegt man zu tun?
soler *(ue) + inf.*	etw. zu tun pflegen, gewöhnlich tun

retrasarse	sich verspäten
con urgencia	dringend

Unidad 3

apetecer *(zc)*	Appetit machen, mögen
rechazar	ablehnen, zurückweisen
la invitación	Einladung
dar recados	Nachrichten überbringen
la escena	Szene

Unidad 3, Bloque A

1

con anticipación	im Voraus
un par de días	ein paar Tage
espontáneo/-a	spontan
el bombón	Praline
a la hora indicada	zur vereinbarten Zeit
el/la anfitrión/-ona	Gastgeber/in
servir *(i)*	bedienen
en relaciones de confianza	in freundschaftlichen Beziehungen
la confianza	Vertrauen
atender *(ie)*	bedienen
la migaja	(Brot-)Krümel
alabar	loben
valientemente	tapfer, mutig
en cuanto	sobald
el brindis	Trinkspruch, Zuprosten

4

mudarse	umziehen
celebrar	feiern
contad conmigo	ihr könnt mit mir rechnen
contar *(ue)* con	rechnen mit
voy con mucho gusto	ich komme gern
gracias de todos modos	trotzdem vielen Dank
otra vez será	(dann eben) ein andermal
la descortesía	Unhöflichkeit

6

los apuntes	Notizen
la burbuja	Sprechblase
respecto a...	hinsichtlich ..., was ... betrifft
urgente	dringend, eilig
recoger	abholen
los documentos	Unterlagen
avisar	benachrichtigen
estar harto/-a de algo	etwas satt haben
la broma	Scherz

7

comentar	anmerken, kommentieren
la sala	Wohnzimmer
el escritorio	Schreibtisch

8

decir algo al oído de alg.	jmd. etwas ins Ohr flüstern

9

la petición	Bitte, Anliegen
firmar	unterschreiben

10

llevar	mit (sich) nehmen
traer	(von woanders her) mitbringen
el Ribeiro	*Weinsorte in Galicien*

Unidad 3, Bloque B

1

las aceitunas rellenas	gefüllte Oliven
el cacahuete	Erdnuss
la almendra	Mandel
el mejillón	Miesmuschel
la empanada	*gefüllte Teigtasche*
el chorizo	*Paprikawurst*
el jerez	Sherry
el refresco	Erfrischungsgetränk
el hielo	Eis(-würfel)
fuera de	außer
el vicio	Laster
cosas para picar	etwas zum Knabbern
¿Por qué te has molestado tanto?	Warum hast du dir so viel Mühe gemacht?
¡Que no!	Aber nein!
¡Qué va!	Ach was!
guardar	(auf)bewahren
Valdepeñas	*Weinsorte aus der Gegend von Ciudad Real*
desde luego	klar, selbstverständlich
mimar	verwöhnen
estar satisfecho/-a	*hier:* satt sein

2

el té	(schwarzer) Tee

4

ofrecer *(zc)* ayuda	seine Hilfe anbieten
si no es molestia	wenn es keine Umstände macht
recoger la mesa	der Tisch abräumen
el cenicero	Aschenbecher
el/la fumador/a	Raucher/in
llevar a alg. a casa	jmd. nach Hause bringen

5

la tapa	Deckel; Umschlag; Absatz
la leyenda	Legende
el gusto	Geschmack
el pueblo	Volk
decretar	anordnen
en compañía de alimentos	begleitet von Speisen
la rebanada de pan	Scheibe Brot
el/la posadero/-a	Gastwirt/in
el salchichón	*Art (Hart-)Wurst*
la ganancia	Gewinn
el reto	Herausforderung

especializarse	sich spezialisieren
los mariscos	Meeresfrüchte
los embutidos	Wurstwaren
exquisito/-a	köstlich, ausgezeichnet
por lo general	im allgemeinen
la taberna	Taverne, Kneipe
la docena	Dutzend
media docena	ein halbes Dutzend
las gambas al ajillo	Garnelen mit Knoblauchsoße
la ensaladilla rusa	*Kartoffelsalat*
proteger	schützen
la mosca	Fliege
de cualquier modo	wie auch immer
el estilo de vida	Lebensstil

Unidad 3, Bloque C

1

el agua *(f)* del grifo	Leitungswasser
la nata	Sahne
el muesli	Müsli
servir *(i)* pan con las comidas	Brot zum Essen reichen
el pan blanco	Weißbrot
echar de menos	vermissen
me sorprende que...	es überrascht mich, dass...
me extraña que...	es erstaunt mich, dass...
me parece raro que...	es scheint mir seltsam, dass...

2

los hábitos de comida	Ernährungsgewohnheiten
el hábito	Gewohnheit

3

el ataque cardíaco	Herzinfarkt
mientras más al norte se vive	je nördlicher man wohnt
el cáncer	Krebs
demostrar *(ue)*	zeigen, beweisen
el laboratorio	Labor
la dieta	Ernährung
la rata	Ratte
sorprendente	überraschend
observar	bemerken, beobachten
el análisis	Analyse, Untersuchung
los problemas cardíacos	Herzprobleme
la OMS (Organización Mundial de la Salud)	Weltgesundheitsorganisation
realizar	durchführen
examinar	untersuchen
incorrecto/-a	falsch
llevar a la muerte	zum Tode führen
prematuro/-a	vorzeitig, verfrüht
el Centro Internacional de Investigaciones sobre el Cáncer	Internationales Krebsforschungszentrum
afirmar	bestätigen
la dieta rica en grasas	fettreiche Ernährung
por el contrario	im Gegensatz dazu
basado/-a en	beruhend auf
reducir *(zc)*	senken, reduzieren
el riesgo	Risiko

En parejas

la sobremesa	*gemütliches Zusammensitzen nach dem Essen*
tomar la vida con calma	das Leben gelassen nehmen
al aire libre	draußen
el crecimiento	Wachstum
alimentarse	sich ernähren
saludable	gesund
moderado/-a	gemäßigt
el abuso	Missbrauch

4

es cierto	es ist sicher
es evidente	es ist offensichtlich

5

anterior	vorhergehend, vorig
la nuez	Nuss
la inteligencia	Intelligenz
la zanahoria	Möhre, Karotte
engordar	dick machen; zunehmen
crecer *(zc)*	wachsen
la piel	Haut
vegetariano/-a	vegetarisch
el colesterol	Cholesterin
el ajo	Knoblauch
el remedio (contra)	Mittel (gegen)
el ataque de corazón	Herzanfall
la proteína	Eiweiß, Protein
prevenír *(vgl. venir)*	vorbeugen
el hueso	Knochen
la hormona	Hormon
la barriga	Bauch
el bebedor	Trinker
la digestión	Verdauung

6

¿Tienes fuego?	Hast du Feuer?
el humo	Rauch

7

advertir *(ie)*	warnen
cuando seas mayor	wenn du erwachsen bist
operar	operieren
los lavabos	WC, Toiletten
elegir *(i)* presidente	zum Präsidenten wählen
llegar tarde	zu spät kommen
pensar *(ie)* sólo en sí mismo/-a	nur an sich denken
conducir *(zc)*	(Auto) fahren
no escuchar a los demás	nicht auf andere hören

Unidad 3, Rincón profesional

1

las fiestas de Fin de Año	Feiertage am Jahresende
tenemos el gusto de	es ist uns eine Freude

tener lugar	stattfinden
esperamos contar con su presencia	wir freuen uns auf Ihren Besuch
RSVP *(Répondez s'il vous plaît)*	Um Antwort wird gebeten.
la presencia	Anwesenheit
acudir (a)	teilnehmen (an)

2

interrumpir	unterbrechen

3

el mensaje	Nachricht
la recepción	Empfang
venir a buscar a alg.	jmd. abholen (kommen)
la campaña	(Werbe-)Kampagne
la rueda de prensa	Pressekonferenz
cancelar	absagen, annullieren
el jefe/la jefa de ventas	Verkaufsleiter/in
de todos modos	auf jeden Fall
el informe	Bericht

Unidad 4

1

el libro de bolsillo	Taschenbuch
bilingüe	zweisprachig
monolingüe	einsprachig
ir de viaje	auf Reisen gehen
el criterio	Kriterium
fijarse en	achten auf
la fecha de publicación	Erscheinungstermin
la fecha	Datum
la editorial	Verlag
la palabra vulgar	Schimpfwort
vulgar	vulgär
la conjugación	Konjugation, Beugung der Verben
la abreviatura	Abkürzung
el diccionario electrónico	elektronisches Wörterbuch

2

la conducción	(elektrische) Leitung
el cable	(elektrische) Leitung, Kabel
el tubo	(Rohr-)Leitung
la línea	(Telefon-)Leitung
tener malas entendederas	eine lange Leitung haben, schlecht verstehen
la pieza	Stück
el pedazo	(abgebrochenes) Stück
el fragmento	(Teil-)Stück
el mendrugo	Stück Brot
la pastilla (de jabón)	Stück Seife
el terrón	Zuckerstück, -würfel
el extracto	Textauszug
el pasaje	(Text-)Passage
el terreno	Stück Land
la cabeza de ganado	Stück Vieh
de una sola pieza	aus einem Stück
en todos los puntos	in allen Stücken
pieza por pieza	Stück für Stück
por su iniciativa	aus freien Stücken
el gandul	faules Stück
el piso bajo	Erdgeschoss
el piso principal	erster Stock
coger *(cojo)*	nehmen, wegnehmen
recoger *(recojo)*	*hier:* ernten, einsammeln
la cosecha	Ernte
contraer *(contraigo)*	sich anstecken mit
coger una enfermedad	eine Krankheit bekommen
la virtud	Tugend
captar	verstehen; empfangen
captar un mensaje	eine Nachricht aufschnappen
subir (a)	einsteigen (in)
coger el tren	den Zug nehmen
el acto sexual	Geschlechtsverkehr

3

tener a mano	zur Hand haben
el sacacorchos	Korkenzieher
el corcho	Korken
la mímica	Gebärden, Mimik
definir	definieren
poner ejemplos	Beispiele geben

4

la importancia	Bedeutung
la prioridad	Priorität
la carta comercial	Geschäftsbrief
entrenar	trainieren
seguir formándose profesionalmente	sich beruflich weiterbilden

5

sentir *(ie)* **que...**	bedauern, dass ...
dudar que...	bezweifeln, dass ...
es conveniente que...	es ist angebracht, dass ...
a lo largo de	im Laufe von

7

el período de prácticas	Praktikum
la hospitalidad	Gastfreundschaft
el párrafo	(Text-)Abschnitt
frente a	gegenüber von
tras	nach
comprobar *(ue)*	feststellen
el/la vegetariano/-a	Vegetarier/in
el tópico	Klischee
flamenco/-a	flämisch
dar patadas en el suelo	auf den Boden stampfen
el aire	*hier:* Aspekt, Atmosphäre
a la vez	gleichzeitig
apreciable	beachtlich, schätzenswert
en serio	im Ernst
intenso/-a	intensiv, eindringlich
tutear	duzen
soler *(ue)* **hacer algo**	etwas zu tun pflegen
echar	*hier:* hinzufügen

dejar caer	fallen lassen
dejar + *Inf.*	lassen
el sobrecito	*hier:* Tütchen
el sobre	Briefumschlag
la sensación	Gefühl, Eindruck
la juerga	lärmendes Vergnügen
la madrugada	Morgengrauen
a la hora de pagar	beim Bezahlen
el importe	Betrag
el tercio	Drittel
la ginebra	Gin
la tónica	Tonikwasser
cobrar	(ein)kassieren
hospitalario/-a	gastfreundlich

8

el panecillo	Brötchen
la confusión	Verwirrung
recién	gerade, vor kurzem
gracioso/-a	witzig
la frutilla *(Arg., Bol., Chile, Ecuador)*	Erdbeere *(Span: fresa)*
tomar el pelo a alg.	jmd. auf den Arm nehmen
el choclo *(Arg., Bol., Chile, Ecuador)*	Mais(kolben) *(Span: maíz)*
la banana *(Arg., Cuba)*	Banane *(Span: plátano)*
el ananá *(Arg.)*	Ananas *(Span: piña)*
la papa *(LA)*	Kartoffel *(Span: patata)*
el damasco *(Bol., Chile)*	Aprikose *(Span: albaricoque)*
el durazno *(LA)*	Pfirsich *(Span: melocotón)*

9

la once *(Chile)*	Vesper *(Span: merienda)*
la botana *(Arg.)*	*Aperitif mit Appetithäppchen*
los ingredientes *(Arg.)*	*Aperitif mit Appetithäppchen*
las salteñas *(Bol.)*	*(Fleisch-, Fisch-)*Pastete
el aguardiente	Schnaps

10

a lo mejor	vielleicht
a caballo	zu Pferd, reitend
a mano	mit der Hand
de niño	als Kind
en realidad	eigentlich, in Wirklichkeit

Unidad 5

la cuestión	Frage, Problem
ciudadano/-a	städtisch
sugerir *(ie)*	vorschlagen
la mejora	Verbesserung
la voz pasiva	Passiv
el puerto olímpico	Olympiahafen
el barrio popular	*hier:* Armenviertel
la cola	Menschenschlange

Unidad 5, Bloque A

1

la metrópoli	Metropole, Großstadt
el/la chino/-a	Chinese/Chinesin
el/la negro/-a	Farbige/r
el/la judío/-a	Jude/Jüdin
el anhelo	Sehnsucht, Verlangen
el guisante	Erbse
el rascacielos	Wolkenkratzer
cruel	grausam
hacer llorar	zum Weinen bringen
el estío *(poetisch)*	Sommer
un calor abrasador	eine sengende Hitze
el gobernador	Gouverneur, Regierungschef
el agente	*hier:* Bediensteter
llevar a su alrededor	um sich herum haben
la soledad	Einsamkeit
el templo	Gotteshaus
la agitación	Aufregung, Hektik
el disparate	Dummheit, Unsinn
el chicle	Kaugummi
la gasolina	Benzin
la brigada de asalto	Stoßtrupp
el sudor	Schweiß
el cemento	Zement
el acero	Stahl
el basalto	Basalt
el limpiabotas	Schuhputzer
la prisa	Eile
la bolsa	Börse
el sobresalto	Schrecken, Überstürzung
infinito/-a	unendlich
el asfalto	Asphalt
la suciedad	Schmutz
la limpieza	Sauberkeit
la miseria	Elend
la riqueza	Reichtum
mal olor	schlechter Geruch
Dicho y no va más.	Es ist alles gesagt.

2

dedicarse a	sich beschäftigen mit, sich widmen

4

la zona peatonal	Fußgängerzone
el carril para bicicletas	Radweg
el transporte público	öffentliche Verkehrsmittel
eficaz	wirksam, wirkungsvoll
amplio/-a	breit, umfassend
la instalación deportiva	Sportanlage
la guardería	Kindergarten, Kinderkrippe
en primer lugar	an erster Stelle, erstens
como mínimo	mindestens

5

autoritario/-a	autoritär
desarrollarse	sich entwickeln
el método	Methode
la fotocopiadora	Fotokopiergerät

el candidato	Kandidat, Bewerber
preparado/-a	fähig
arrogante	arrogant
tratar con la gente	mit Menschen umgehen
el tacto	Taktgefühl

8

programar	sich vornehmen, planen
la estancia	Aufenthalt
confesar	gestehen, zugeben
la tierra prometida	das gelobte Land
por aquellos tiempos	zu jener Zeit
permanecer abierto/-a	offen bleiben
"de viejo"	der alten Art
el manuscrito	Manuskript
desembocar en	führen zu (*wörtl:* münden in)
la obra	Werk
célebre	berühmt
un caso aislado	ein Einzelfall

9

coincidir	übereinstimmen
el emigrante	Auswanderer
el/la porteño/-a	*Einwohner/in von Buenos Aires*

11

el bandoneón	Bandoneon *(Musikinstrument)*
el acordeón	Akkordeon
el marinero	Seemann, Matrose
transmitir	übermitteln
la tristeza	Traurigkeit
la nostalgia	Heimweh, Sehnsucht

Unidad 5, Bloque B

1

la hora punta	Hauptverkehrszeit, Stoßzeit
el servicio de ayuda en carretera	*Straßenverkehrsdienst (entspricht etwa dem ADAC)*
el pedal	Pedal
el embrague	Kupplung
el freno	Bremse
a la altura de	auf Höhe von
el choque	Zusammenstoß
el maletero	Kofferraum
el motor	Motor
la grúa	Abschleppwagen, Krahn
la rueda	Rad, Reifen
la rueda delantera	Vorderrad
pinchado/-a	platt *(Reifen)*
sobrecalentar	überhitzen
el radiador	Kühler
el parabrisas	Windschutzscheibe
la batería	(Auto-)Batterie
descargar	entladen
arrancar	anspringen, starten
el retrovisor	Rückspiegel
el limpiaparabrisas	Scheibenwischer
el capó	Motorhaube
el faro	Scheinwerfer
el parachoques	Stoßstange
la ventanilla	Seitenfenster
el volante	Lenkrad
la palanca de velocidades	Schaltknüppel *(f. Kupplung)*
el asiento	Sitz
el freno de mano	Handbremse
el pedal del acelerador	Gaspedal
el nivel de aceite	Ölstand
la presión de las ruedas	Reifendruck
cargar	(auf)laden
echar gasolina	tanken
revisar el motor	den Motor überprüfen
la bujía	Zündkerze
el desastre	Katastrophe, Unglück
la estación de servicio	Tankstelle, Werkstatt
la rueda trasera	Hinterrad
sin plomo	bleifrei *(Benzin)*

2

cortar la curva	die Kurve schneiden
respetar la preferencia	die Vorfahrt beachten
el seguro	Versicherung
frenar	bremsen
a tiempo	rechtzeitig
No es grave.	Es ist nichts Ernstes.
¡Qué alegría!	Was für eine Freude!
perderse *(ie)*	*hier:* sich verlaufen
grave	schwerwiegend

3

¡Vaya! ¡Lo que faltaba!	Na so etwas! Das hat noch gefehlt!
¡Menos mal!	Zum Glück!
¡Qué mala pata!	Was für ein Pech!
¿Cómo es que...?	Wie ist es möglich, dass ...?
Me da igual.	Das ist mir egal.
¡No puede ser!	Das darf nicht wahr sein!
¡Qué rabia!	Wie ärgerlich!
¡Por fin!	Endlich!
¡Qué envidia!	Beneidenswert!
¡Qué suerte!	Was für ein Glück!

4

la suposición	Vermutung
No te preocupes.	Mach dir keine Sorgen.
Ya era hora.	Das wurde auch Zeit.
probablemente	wahrscheinlich
tal vez	vielleicht

5

utilizar	benutzen, gebrauchen
el estado de carreteras	Straßenzustand
la carretera	Landstraße
fluir	fließen
el atasco	Stau
debido a	aufgrund von
la obra de construcción	Baustelle

6

la infracción	Verkehrssünde
la velocidad	Geschwindigkeit

excesivo/-a	überhöht, übermäßig
la multa (de tráfico)	Strafzettel
el cinturón de seguridad	Sicherheitsgurt
retirar	wegnehmen, entziehen
el carnet de conducir	Führerschein
el/la conductor/a	Fahrer/in
sancionar	bestrafen, sanktionieren
el ayuntamiento	Rathaus
en tal caso	in dem Fall
el/la ciudadano/-a	Bürger/in
diariamente	täglich
multar	mit einer Geldbuße belegen
procesar	gerichtlich verfolgen
enfadarse	sich ärgern, wütend werden
el vigilante	*hier:* Verkehrspolizist
el control de radares	Radarkontrolle
poner a alg. de los nervios	jmd. auf die Nerven gehen
a traición	verräterisch
la Dirección General de Tráfico	*Verkehrsbehörde*
el club	Klub
el/la automovilista	Autofahrer/in
a la primera	auf Anhieb, sofort
tocarle la lotería a alg.	im Lotto gewinnen
lograr	erreichen, gelingen
recoger	*hier:* einziehen
parecido/-a	ähnlich
tener prisa	es eilig haben
¡Qué susto!	Was für ein Schreck!

Unidad 5, Bloque C

1

uruguayo/-a	aus Uruguay
bolsón barrial	*hier:* Außenbezirk
la terminal	Endstation
corriente	üblich, geläufig
a diferencia de	anders als
abreviar	verkürzen, verkleinern
ampliar	erweitern, ausdehnen
cambiar de ruta	die Route ändern
por allá	dort entlang
el recorrido	Fahrstrecke, Weg
predeterminado/-a	vorherbestimmt, festgelegt
la seguridad	Sicherheit
volcar	umstürzen, umkippen
la republiquita	kleine Republik
por algo	aus irgendeinem Grunde
expatriarse	weggehen, außer Landes gehen
lo menos posible	möglichst wenig
el entorno	Umgebung
el almacén	Lebensmittelgeschäft
ligado/-a	verbunden mit

3

pintoresco/-a	malerisch, pittoresk
provenir de	stammen von
precisamente	eigentlich, genau genommen
la boca	*hier:* Flussmündung
el afluente	Nebenfluss
el inmigrante	Einwanderer
pintar	anstreichen
la madera	Holz
la chapa ondulada	Wellblech
el resto	Rest
la pintura	Farbe
multicolor	vielfarbig, bunt
el/la escultor/a	Bildhauer/in
la bombonera	Pralinenschachtel
fundar	gründen
deber algo a alg.	jmd. etw. verdanken
la fundación	Gründung

4

el centro de reuniones	Versammlungs-, Gemeindesaal

6

el/la inca	Inka, Bewohner des Inkareichs
el/la comerciante	Händler/in
fenicio/-a	phönizisch
a. C. (antes de Cristo)	vor Christus
nombrar	nennen
la fortaleza	Festung
el imperio incaico	Inkareich
el occidente	Abendland, Okzident
cubrir	bedecken, bekleiden
el oro	Gold
la plata	Silber
la piedra preciosa	Edelstein
Asia Menor	Kleinasien
reconquistar	zurückerobern
el conquistador	Erorberer
edificar	erbauen, errichten
descubrimiento	Entdeckung
el muro	Mauer
la precisión	Genauigkeit, Präzision
declarar	erklären (zu)
el patrimonio de la humanidad	Weltkulturdenkmal
el patrimonio	Erbe
la Guerra de Independencia	Unabhängigkeitskrieg
proclamar	proklamieren, verkünden
la constitución	Verfassung
el espíritu	Geist
liberal	liberal

Unidad 5, Rincón profesional

1

el daño	Schaden
el seguro	Versicherung
el seguro obligatorio	Haftpflichtversicherung
el depósito	Benzintank
la forma de pago	Zahlungsweise
requerir *(ie)*	verlangen
el permiso de conducir	Führerschein
la tarifa	Tarif
el robo	Diebstahl

el seguro de incendio	Feuerversicherung
el neumático	Reifen
cubrir	decken
los daños personales	Personenschäden
mediante	mittels
el pago adicional	Extrazahlung
adicional	zusätzlich
el Código de Circulación	Straßenverkehrsordnung
a cargo de	zu Lasten von
el combustible	Kraftstoff
la entrega	Abgabe
la recogida	Abholung
gratuito/-a	kostenfrei, umsonst
la estación de ferrocarril	Bahnhof
el horario comercial	Geschäftszeit, Öffnungszeiten
el suplemento	Zuschlag
sin cargo	ohne zusätzliche Kosten
la sucursal	Filiale
estar provisto/-a de	ausgestattet sein mit
facilitar	zur Verfügung stellen
a petición (de)	auf Wunsch (von)
el porta esquís	Skiträger
el asiento para niños	Kindersitz
las cadenas	(Schnee-)Ketten
admitir	annehmen, zulassen
la tarjeta de crédito	Kreditkarte
el cheque de viaje	Reisescheck

Unidad 6

la movilidad	Mobilität, Beweglichkeit
el uso	Gebrauch, Verwendung
el futuro perfecto	vollendete Zukunft, Futur II
el pluscuamperfecto	Plusquamperfekt, Vorvergangenheit
hacerse cada vez más internacional	immer internationaler werden
el/la aldeano/-a	Dorfbewohner/in
la Colonia Tierra	„Kolonie Erde"
la tierra	Erde, Welt
la colonia	Kolonie; *auch:* Kölnisch Wasser
oler bien	duften, gut riechen
oler *(huele)*	riechen
deber	müssen
no deber	nicht dürfen
la distancia	Entfernung, Distanz
el/la ruso/-a	Russe/-in
abrazar	umarmen
keniata	aus Kenia
inventar	erfinden
queda	es bleibt noch

Unidad 6, Bloque A

1

la frontera	Grenze
cosmopolita	kosmopolitisch
estar a la orden del día	an der Tagesordnung sein
católico/-a	katholisch
el/la jovencito/-a *(dim.)*	Jugendliche/r
el COU (Curso de Orientación Universitaria)	*einjähriger Vorbereitungskurs auf das Studium*
la década	Jahrzehnt
ponerse de moda	in Mode kommen
la segunda residencia	Zweitwohnsitz
el/la esposo/-a *(LA)*	Ehemann/-frau
Tailandia	Thailand
el esquí	Skisport
contaminado/-a	verschmutzt
agobiado/-a	überlastet, überfüllt
cambiar de aspecto	das Aussehen verändern
en los años cuarenta	in den vierziger Jahren
emigrar	emigrieren, auswandern
arreglar	herrichten, reparieren
quién más quién menos	fast jeder
el fax	Fax(gerät)
raro/-a	selten
el bolsillo	(Jacken-, Hosen-)Tasche
se nos ha venido encima	es ist über uns gekommen
la avalancha	Lawine
el AVE (Alta Velocidad Española)	*spanischer Hochgeschwindigkeitszug*

2

oriental	orientalisch, asiatisch

3

el ser humano	menschliches Wesen
unido/-a (a)	verbunden (mit)
internacionalizarse	internationaler werden
procurar	versuchen
provinciano/-a	provinziell
al fin y al cabo	letzten Endes
debajo	darunter
el sueño	Traum
la esperanza	Hoffnung

4

lo mismo	dasselbe
hoy mismo	noch heute; erst heute
ahora mismo	jetzt gleich, sofort

5

provocar	hervorrufen
esconder	verstecken
la caña	Schilf
el olor	Geruch, Duft
por dondequiera que vaya	wohin auch immer ich gehe
amontonar	anhäufen, ansammeln
la pena	Trauer, Schmerzen
el sabor	Geschmack
amargo/-a	bitter
el llanto	Weinen, Tränen
eterno/-a	ewig, unendlich
verter	vergießen, einfließen lassen
Algeciras	*Stadt in Südspanien*
Estambul	Istanbul
pintar de azul	blau anmalen

a fuerza de	durch viel
la desventura	Missgeschick
el alma *(f)*	Seele
profundo/-a	tief(gründig)
el atardecer	Abenddämmerung
el recodo	(Weg-)Biegung
el cantor	Sänger
el/la embustero/-a	Schwindler/in
¿Qué le voy a hacer?	Was soll ich tun?
acercarse	sich nähern
besar	küssen, *hier:* berühren
la aldea	Dorf
la marea	Gezeiten, Ebbe und Flut
perfumadito/-a	parfümiert
la brea	Teer
añorar	sich sehnen nach
temer	fürchten
para mi mal	zu meinem Unglück
la Parca	Parze, Schicksalsgöttin, *hier:* Tod
empujar	stoßen, schieben
la barca	(Fischer-)Boot, Kahn
el Levante	Ostwind
otoñal	herbstlich
el temporal	Sturm
desguazar	zerstören
el ala *(f)*	Segel
enterrar *(ie)*	beerdigen
el duelo	Trauer, Schmerz
la ladera	Abhang
el horizonte	Horizont
Le daré verde a los pinos.	Ich werde die Kiefern grün machen. *(d.h. mein toter Körper in der Erde dient ihnen als Dünger)*
el pino	Kiefer, Pinie
la genista	Ginster

6

echar de menos	vermissen
cálido/-a	warm
costero/-a	Küsten-, an der Küste gelegen
suficiente	ausreichend, genug
el telediario	(Fernseh-)Nachrichten
Nunca me he ido del todo.	Ich bin nie ganz gegangen.
orgulloso/-a	stolz
callejero/-a	Straßen-
celebrarse	*hier:* stattfinden
la cerveza de barril	Bier vom Fass
el diario	Tagesmeldung, Nachrichten

8

tremendo/-a	fürchterlich, schrecklich
realmente	wirklich
desesperante	trostlos, entmutigend
la sombra	Schatten, Dunkelheit
la vida nocturna	Nachtleben
la espontaneidad	Spontaneität

el condimento	Gewürz
el dulce de leche	*Süßspeise, Art Karamel*
el pisco	*Branntwein, Art Grappa*
extrañar *(LA)*	vermissen
el/la entrevistado/-a	Befragte/r, Interviewpartner/in

Unidad 6, Bloque B

1

en camino	unterwegs, auf dem Weg
el/la camionero/-a	Lastwagenfahrer/in
continuamente	ständig, dauernd
francamente	offen gesagt
No soy del todo alemán ni del todo español.	Ich bin weder ganz Deutscher noch ganz Spanier.
la mezcla	Mischung
suponer *(supongo)*	annehmen, vermuten
el área *(f)* de servicios	(Autobahn-)Tankstelle
la comunidad de Valencia	*autonome Region Valencia*
el camión	Lastwagen, LKW
la matrícula	Nummernschild
el pensamiento	Gedanke
confundir	verwechseln
llevar un camión	einen LKW fahren
crecer *(zc)*	aufwachsen
Ratisbona	Regensburg
educado/-a	*hier:* aufgewachsen
a comienzos de los 60	Anfang der sechziger Jahre
la lengua materna	Muttersprache
¿Cómo se le ocurrió...?	Wie kam er darauf ...?
hacer una carrera	ein Studium absolvieren, studieren
apropiado/-a	geeignet, passend
a los 15 años	mit 15 Jahren
Me hacen sentir extranjero.	Sie geben mir das Gefühl, fremd zu sein.
No sabes de dónde coño eres. *(vulgär)*	Du hast keinen blassen Schimmer, von wo du bist.
me hace sentirme yo mismo	es gibt mir das Gefühl, ich selbst zu sein
frente al volante	am Steuer
la patria	Heimat, Vaterland
uno/-a mismo/-a	man selber
los ahorros	Ersparnisse
algún día	eines Tages
establecerse por su cuenta	sich selbständig machen
la cuenta	Konto
independiente	unabhängig
abrir su propio negocio	ein eigenes Geschäft eröffnen
el negocio	Geschäft, Laden
hacerse famoso/-a	berühmt werden

2

la distribuidora	Vertriebsgesellschaft, Großhandel
descargar	entladen, abladen
pincharse una rueda	eine Reifenpanne haben

4

preocupante	besorgniserregend
el monedero	Geldbeutel
que le ha tocado	das Sie gezogen haben
la preocupación	Besorgnis, Sorge
Tranquilo/-a.	Nur mit der Ruhe.
Vamos, no exageres.	Komm, übertreibe nicht.
Ya verás como...	Du wirst schon sehen, wie ...
¡Qué pesimista eres!	Wie pessimistisch du bist!

Unidad 6, Bloque C

1

hacer preguntas	Fragen stellen
adaptarse (a)	sich anpassen, sich gewöhnen (an)

2

abandonar	verlassen, aufgeben
el apellido de soltera	Mädchenname
Llevo varios años en...	Ich lebe seit mehreren Jahren in ...
la RDA *(República Democrática Alemana)*	DDR *(Deutsche Demokratische Republik)*
el sindicato	Gewerkschaft
el centro de madres	Mütterzentrum
la población	Dorf(gemeinschaft)
verse obligado/-a (a)	sich gezwungen sehen (zu)
ofrecer residencia	Aufenthalt anbieten
exportador/a	Export-
trabajar de operador/a	eine körperliche Arbeit verrichten
manejar una máquina	eine Maschine bedienen
el trabajo manual	Handarbeit; *hier:* körperliche Arbeit
la unificación alemana	deutsche Wiedervereinigung

3

para allá *(LA)*	dorthin
acá *(LA)*	hier
allá *(LA)*	dort

4

la fecha de nacimiento	Geburtsdatum
la formación escolar	Schulbildung
la formación profesional	Berufsausbildung
la escuela primaria	Grundschule, Volksschule
la escuela secundaria	weiterführende Schule
paralelamente	gleichzeitig, parallel
Secretariado bilingüe	*Ausbildung als Fremdsprachensekretärin in zwei Fremdsprachen*
el Instituto Comercial	Wirtschaftsgymnasium
el departamento de exportación	Exportabteilung
el exilio	Exil
la fábrica textil	Textilfabrik
el departamento de asuntos extranjeros	Ausländerbehörde
la instrucción de manejo	Bedienungsanleitung
diverso/-a	verschieden, unterschiedlich
el/la docente	Lehrer/in, Dozent/in
la Universidad Popular	Volkshochschule
reflejar	widerspiegeln
la historia reciente	die jüngste Geschichte

las elecciones	Wahlen
el golpe militar	Militärputsch
el ministro de defensa	Verteidigungsminister
la cárcel	Gefängnis
votar	wählen, abstimmen
la transición	Übergang
constitucional	Verfassungs-
la dictadura	Diktatur

5

quitar	wegnehmen
el ramo de flores	Blumenstrauß
Hacía mucho tiempo que...	Seit langem ...
el/la extraterrestre	Außerirdische/r
a medianoche	um Mitternacht
la tarea	Aufgabe
el informe	Bericht
semanal	wöchentlich, Wochen-
reparar	reparieren
revisar	überprüfen
el extintor	Feuerlöscher
el casco	Helm
la pila	Batterie

6

determinado/-a	bestimmte/r
divorciarse	sich scheiden lassen

Unidad 6, Rincón profesional

1

el archivador	Karteikasten, (Akten-)Ordner,
la pantalla	Bildschirm
la calculadora	Taschenrechner
la papelera	Papierkorb
la silla giratoria	Drehstuhl
la carpeta	(Schreib-)Mappe
el teclado	Tastatur
la perforadora	Locher
el sello	Biefmarke, *hier:* Stempel
la grapadora	Heftmaschine, Hefter
el tablón de anuncios	Schwarzes Brett, Pinnwand
la impresora	Drucker
la cinta adhesiva	Klebeband
tocar	berühren, anfassen

Unidad 7

la conjunción	Konjunktion, Bindewort
irreal	irreal, nicht wirklich
el imperfecto de subjuntivo	Konjunktiv Imperfekt

el acuerdo	Einverstädnis
el desacuerdo	Widerspruch, Unstimmigkeit
el/la empresario/-a	Unternehmer/in
el/la deportista	Sportler/in
el/la científico/-a	Wissenschaftler/in
ganarse la vida	seinen Lebensunterhalt verdienen
realizarse	sich verwirklichen
la obligación	Verpflichtung
prestar un servicio	einen Dienst leisten
ascender *(ie)*	aufsteigen

Unidad 7, Bloque A

1

la aptitud	Fähigkeit
juzgar	urteilen
la apariencia	Aussehen, Erscheinungsbild
decidir	entscheiden
abajo	unten
el coche de segunda mano	Gebrauchtwagen
contratar a alg.	jmd. engagieren, einstellen
cuidar	betreuen, pflegen
confiar *(confío)*	anvertrauen
el/la peluquero/-a	Frisör/in
la agricultura ecológica	ökologische Landwirtschaft
el refrán	Sprichwort
Las apariencias engañan.	Der Schein trügt.

3

el pendiente	Ohrring
charlar	plaudern

4

trasladar a alg.	jemanden versetzen
despedir *(i)* a alg.	jemanden entlassen
no (me) importa	es ist (mir) egal

5

las horas extras	Überstunden
el uniforme	Uniform

6

la ocupación	Beschäftigung
el reconocimiento	Anerkennung, Ansehen
La práctica hace al maestro.	Übung macht den Meister.

7

el/la locutor/a de radio	Radiosprecher/in
el soldado	Soldat
el/la trabajador/a social	Sozialarbeiter/in
el/la bibliotecario/-a	Bibliothekar/in
cooperativo/-a	kooperativ, teamfähig
sensible	sensibel, einfühlsam
detallista	sorgfältig, genau
comunicativo/-a	gesprächig, mitteilsam
entusiasta	begeisterungsfähig
flexible	flexibel, anpassungsfähig
la intuición	Einfühlungsvermögen
tener buena presencia	eine gute Figur machen, gut aussehen
la capacidad de organización	Organisationstalent
la paciencia	Geduld
la autoridad	Autorität
ser capaz de	fähig sein, im Stande sein zu
convencer	überzeugen
el resultado	Ergebnis

8

la facilidad	Begabung, Talent, Leichtigkeit
técnico/-a	technisch
el adulto	Erwachsener
las personas mayores	ältere Menschen
atraer *(atraigo)*	anziehen, reizen
el peligro	Gefahr
dispuesto/-a (a)	bereit (zu)
el trabajo voluntario	freiwillige (ehrenamtliche) Arbeit
el desorden	Unordnung
¡Ni hablar!	Kommt nicht in Frage!

Unidad 7, Bloque B

1

la tira cómica	Comic
apechugar con algo	sich einer Sache stellen
afeminado/-a	verweichlicht, weibisch
propio/-a (de)	eigen, typisch (für)

2

la doble jornada	Doppelbelastung *(der Hausfrau)*
la discriminación	Diskriminierung
el sueldo	Gehalt, Lohn
el/la funcionario/-a	Beamte/r
la condición de trabajo	Arbeitsbedingung
la calificación	Eignung, Qualifikation
el contrato de trabajo	Arbeitsvertrag
el horario de trabajo	Arbeitszeit
el trabajo de media jornada	Halbtagstätigkeit
la responsabilidad	Verantwortung
minusválido/-a	behindert

3

la imaginación	Fantasie
la entrevista de trabajo	Vorstellungsgespräch
escribir a máquina	Schreibmaschine schreiben

4

No te hagas el tonto.	Stell dich nicht dumm.
portarse	sich benehmen
tener mala cara	krank aussehen
la cara	Gesicht
el contexto	Zusammenhang, Situation

5

producir *(zc)*	*hier:* hervorrufen

ponerse nervioso/-a	nervös werden
inseguro/-a	unsicher
pálido/-a	blass, bleich

6

la admisión	Aufnahme, Zulassung
presentir *(ie)*	(voraus)ahnen
encerrarse *(ie)*	sich verstecken, sich verbergen
una especie de	eine Art von
la exigencia	Forderung, Bedingung
el comportamiento	Verhalten
prosperar	aufsteigen
¡Fíjate!	Da schau her!
el inconveniente	Nachteil, Hindernis
pegar un empujoncito a la lista	die Warteliste beschleunigen
el empujón	Schubs
repasar	wiederholen
ser listo/-a	klug sein
ocupado/-a	beschäftigt
reunir	vereinen, mitbringen
una serie de condiciones	eine Reihe von Voraussetzungen
antipático/-a	unsympathisch
la decepción	Enttäuschung
el chantaje	Erpressung
el acoso sexual	sexuelle Belästigung

7

charlar	plaudern, schwatzen
deberse a	zurückzuführen sein auf, beruhen auf

En parejas

colocar	stellen, legen
la carrera	Karriere
desordenado/-a	unordentlich
cotillear	schwatzen, tratschen
el prestigio	Ansehen, Prestige
estabilizar	stabilisieren
el aumento de sueldo	Gehaltserhöhung
el aumento	Steigerung, Anstieg
la maternidad	Mutterschaft(surlaub)
confiar en	vertrauen auf
el resfriado	Erkältung

Unidad 7, Bloque C

1

realizar	ausüben, durchführen
el cursillo de perfeccionamiento	Fortbildungskurs

2

los impuestos	Steuern
la pensión	Rente
el seguro de enfermedad	Krankenversicherung
el subsidio de desempleo	Arbeitslosenunterstützung
la edad de jubilación	Rentenalter
el trabajo por turnos	Schichtarbeit
el trabajo en cadena	Fließbandarbeit
la huelga	Streik
el campo	Bereich, Feld
la moneda única	Einheitswährung
la inestabilidad	Instabilität
el bienestar	Wohlbefinden, Wohlergehen
las operaciones bancarias	Bankgeschäfte
el divorcio	Scheidung
el medio ambiente	Umwelt

3

el buzón	Briefkasten
el posesivo	Possessivpronomen

4

equivaler	entsprechen
tender *(ie)* **a**	tendieren zu
el horario flexible	flexible Arbeitszeit
la jubilación	Ruhestand
el hueco de mercado	Marktlücke
el servicio a domicilio	Lieferung ins Haus
colocar	einordnen, einsetzen
tomar una decisión	eine Entscheidung treffen
la flexibilidad	Flexibilität, Anpassungsfähigkeit
conservador/a	konservativ
el espíritu de grupo	Teamgeist
individualista	individualistisch
formarse	sich weiterbilden
profesionalmente	beruflich
la identificación	Identifikation
la visión del futuro	Vision für die Zukunft
la cualidad	Eigenschaft, Fähigkeit

5

la inversión	Investition
la Sociedad (de Responsabilidad) Limitada	GmbH
el encargo	Bestellung
la farmacia de guardia	Apothekennotdienst
la planta baja	Erdgeschoss
adquirir *(ie)*	besorgen, anschaffen
el crédito	Kredit
el/la motorista	Motorradfahrer/in
estar frente a...	sich ... gegenüber sehen
el/la muchacho/-a	junger Mann, junges Mädchen
atacar	angreifen, überfallen
la tarifa fija	Festbetrag
ni un duro más	keinen Pfennig mehr
el duro	*Fünfpesetenstück*
el/la abonado/-a	Mitglied
similar	ähnlich
comenzar *(ie)*	beginnen
comenzar a funcionar	*hier:* öffnen
señalar	markieren
a través de	durch
tardar	(Zeit) benötigen
la línea de teléfono	Telefonanschluss
la expectativa	Perspektive, Erwartung
el crecimiento	Wachstum

el canapé	Appetithappen
llevar *(LA)*	hinbringen, begleiten
el tratamiento *(LA)*	(medizin.) Behandlung
llevar a pasear	ausführen
el equipo	Ausstattung
dar a conocer	bekannt machen

Unidad 7, Rincón profesional

1

variado/-a	abwechslungsreich
el trabajo en equipo	Teamarbeit
competente	kompetent, fähig
el clima de trabajo	Arbeitsklima
el comedor	Kantine
sumar	addieren

2

el/la administrativo/-a	Verwaltungsbeamte/r
el ambiente	Umgebung, Klima
alcanzar	erreichen
enriquecer *(zc)*	bereichern
dar ánimo	ermutigen
los trabajos de más categoría	höherwertige Arbeiten

Unidad 8

1

el libro informativo	Sachbuch

2

en cursiva	kursiv, in Schrägschrift
absolutamente	unbedingt
quitar	*hier:* weglassen
batirse	sich schlagen, kämpfen
el paraguazo	Schlag mit dem Regenschirm
la brigada	Truppe
el obrero municipal	städtischer Arbeiter
cazar	jagen, fangen
la paloma	Taube
emerger	auftauchen, erscheinen
a bigotes	*hier:* mit geschwungenen Kotflügeln
blandir	schwingen, herumfuchteln mit
el paraguas	Regenschirm
lanzarse al ataque	sich in den Kampf stürzen
a mandobles	mit den Ellenbogen
abrirse paso	sich einen Weg bahnen
desatar	losbinden
la red	Netz
atrapar	gefangennehmen
echarse a + *inf.*	beginnen etwas zu tun
volar *(ue)*	fliegen
emprenderla con alg.	mit jmd. streiten, *hier:* losgehen auf
no atinaron a...	es gelang ihnen nicht zu ...
protegerse	sich schützen
balbucear	stammeln, stottern
la disculpa	Entschuldigung
negarse *(ie)*	sich weigern
No se lo tome así.	Nehmen Sie es sich nicht so zu Herzen.
la orden superior	Befehl von oben
arruinar	ruinieren, zerstören
la plaga	Plage
furioso/-a	wütend, rasend
cansarse	ermüden, müde werden
apoyarse	sich anlehnen
la pared	Wand
tomar aliento	schnaufen, tief einatmen
animarse	Mut fassen, sich aufraffen
convertirse *(ie)* en	sich verwandeln in
perder *(ie)* la mirada en el vacío	ins Leere schauen
la mirada	Blick

3

tratar (sobre)	handeln (von), behandeln
concreto/-a	konkret, genau
enterarse	sich informieren
la instrucción	Gebrauchsanweisung
guiar la lectura	das Lesen steuern

4

tardar mucho tiempo	lange brauchen
la parada	Haltestelle
subir a + *medio de transporte*	einsteigen in, besteigen
cambiar de + *medio de transporte*	umsteigen

5

el vals	Walzer
el merengue	*karibischer Tanz*
la salsa	*karibischer Tanz*
la cumbia	*tropischer Tanz*
la cárcel	Gefängnis
la comisaría	Polizeirevier
detenerse *(detengo)*	anhalten, stehenbleiben
el carro *(Col., Perú, Guatemala)*	Auto
rumbo a	in Richtung
el faro intermitente	Blinklicht
la seña	Zeichen
parar	anhalten, stehenbleiben
la licencia de conducir	Führerschein
con ojo febril	mit fieberndem Auge
¿Qué se le va hacer?	Was soll man machen?
la burocracia	Bürokratie
elemental	*hier:* primitiv
el registro electoral	Wählerverzeichnis
vencer	ablaufen, ungültig werden
el civil	Zivilist, Bürger
el destacamento *(LA)*	Polizeirevier, Gefängnis
resolver *(ue)*	lösen, erledigen
comprar el silencio	bestechen *(das Schweigen kaufen)*

el auto *(Arg., Chile, Bol.)*	Auto
el camión *(Méx.)*	Linienbus
el colectivo *(Arg., Bol.)*	Linienbus
el micro *(Chile, Perú)*	Linenbus
el bus *(Gua., Col.)*	Linienbus
el micro *(Arg.)*	Städtebus
el bus *(Chile, Gua.)*	Städtebus
la flota *(Bol.)*	Städtebus
el ómnibus *(Perú)*	Städtebus
el pulman *(Col.)*	Städtebus
el coche *(Bol.)*	Schwein
el metro *(Esp., Méx., Chile)*	U-Bahn
el subte *(Arg.)*	U-Bahn

6

ojo por ojo	Auge um Auge
el punto de vista	Gesichtspunkt, Standpunkt
el guardia	Straßenpolizist
tomar el pulso	den Puls fühlen
auscultar	abhorchen
la receta	Rezept

7

bajar	aussteigen
trasbordar	umsteigen

8

el acontecimiento	Ereignis, Erlebnis

9

el hilo	Faden, Seil
el globo	Ballon
los tiempos compuestos	zusammengesetzte Zeiten
el verbo principal	Hauptverb

10

por escrito	schriftlich
por casualidad	zufällig
atreverse	sich getrauen
por temor	aus Angst
el caso de emergencia	Notfall
defenderse *(ie)*	sich verteidigen

Unidad 9

la causa	Ursache, Grund
la selva	Dschungel, Urwald
la sabana	Savanne, Steppe
el desierto	Wüste
tirar	wegwerfen
¡Qué vergüenza!	Welche Schande!
recoger	aufheben
el humano	Mensch
sin civilizar	unzivilisiert, unkultiviert
el vándalo	Wandale
el neumático	Autoreifen
la locomotora	Lokomotive

Unidad 9, Bloque A

1

el tigre	Tiger
la jirafa	Giraffe
el periquito	Wellensittich
el pez	Fisch
el gallo	Hahn
la oveja	Schaf
la llama	Lama
el pingüino	Pinguin
el pato	Ente
el camello	Kamel
la abeja	Biene
la serpiente	Schlange
el águila	Adler
el ratón	Maus
la cabra	Ziege
el mono	Affe
el conejo	Kaninchen
el alce	Elch
la mariposa	Schmetterling
la tortuga	Schildkröte
el oso	Bär
el zorro	Fuchs
la ballena	Wal
ser de compañía	Gesellschaft leisten
morder *(ue)*	beißen
picar	stechen
el animal doméstico	Haustier
el ala *(f)*	Flügel
el pico	Schnabel
la cola	Schwanz

3

el signo	(Stern-)Zeichen
depender de	abhängig sein von
a primera vista	auf den ersten Blick
el buey	Ochse
callado/-a	ruhig, still
paciente	geduldig
obstinado/-a	starrsinnig, hartnäckig
rodear	umgeben
inspirar confianza	Vetrauen erwecken
actuar	handeln
inquieto/-a	unruhig
dejarse dominar	sich beherrschen lassen
cuidadoso/-a	vorsichtig
valiente	mutig, tapfer
cambiar de humor	die Stimmung wechseln
el humor	Laune
atento/-a	aufmerksam
dulce	sanftmütig
comprensivo/-a	verständnisvoll
ambicioso/-a	ehrgeizig, strebsam
satisfecho/-a	zufrieden
el dragón	Drache
el espíritu de líder	Führungstalent
exigente	anspruchsvoll
expresarse	sich ausdrücken
impulsivo/-a	impulsiv

irritable	reizbar
brusco/-a	barsch

En parejas

egocéntrico/-a	ichbezogen, egozentrisch
constante	beständig, zuverlässig
caprichoso/-a	launisch, eigensinnig
la injusticia	Unrecht, Ungerechtigkeit
estar de buen humor	guter Laune sein
inconstante	unbeständig, unzuverlässig
metódico/-a	methodisch, systematisch
ordenado/-a	ordentlich
soportar	ertragen
fiel	treu
impaciente	ungeduldig
aprovecharse de alg.	jmd. ausnutzen
sociable	gesellig

4

dictar	diktieren
la pizarra	Tafel

5

el bóxer	Boxer *(Hund)*
bien educado/-a	gut erzogen
el pastor alemán	deutscher Schäferhund
obedecer *(zc)*	gehorchen
el bebé	Baby
estar acostado/-a	liegen
el centro de atención	Mittelpunkt

6

la alergia	Allergie
la asociación protectora de animales	Tierschutzverein

Unidad 9, Bloque B

1

el electrodoméstico	Haushaltsgerät
el secador	Fön
la plancha	Bügeleisen
el ventilador	Ventilator
la máquina de afeitar	Rasierapparat
la cafetera	Kaffeemaschine
el microondas	Mikrowellengerät
el tostador	Toaster
la taladradora	Bohrmaschine
la máquina de coser	Nähmaschine
la olla exprés	Schnellkochtopf
renunciar (a)	verzichten (auf)
el consumo de energía	Energieverbrauch

2

la protección del medio ambiente	Umweltschutz
ahorrar	sparen
el vidrio	Glas
el aluminio	Aluminium
los productos orgánicos	organische Abfälle, Biomüll
el detergente	Waschmittel
el limpiador	Putzmittel
biodegradable	biologisch abbaubar
el aerosol	Spray
el CFC *(Clorurofluorurocarbonado)*	FCKW *(Fluorchlorkohlenwasserstoff)*
la botella retornable	Pfandflasche
el aparato	Apparat
contaminar	verschmutzen, verseuchen
la organización ecologista	Umweltschutzorganisation
la frecuencia	Häufigkeit
el comportamiento ecológico	Umweltverhalten
el producto desechable	Einwegprodukt
el compost	Kompost
el fertilizante	Dünger
el catalizador	Katalysator
el agua *(f)* subterránea	Grundwasser

el contenedor de vidrio	Glascontainer
el patente *(LA)*	Nummernschild
racionar	beschränken, rationieren
la escacez	Trockenheit, Dürre

3

aconsejar	(be)raten
la expectativa	Erwartung
la olla	Topf
la cocina eléctrica	Elektroherd
apagar	ausschalten
la placa	Herdplatte
el lavaplatos	Spülmaschine
la toalla de papel	Papiertuch
el trapo de cocina	Küchentuch, Geschirrtuch
sobrar	übrig bleiben
el envase de plástico	Tupperschüssel
el envase	Verpackung
el papel de aluminio	Alufolie
siempre y cuando...	vorausgesetzt, dass ...
a menos que...	außer wenn, ...
sustituir	ersetzen
la bombilla de ahorro	Energiesparglühbirne
aislado/-a	isoliert
ventilar	lüften

5

el adorno navideño	Weihnachtsschmuck
venir a la cabeza	in den Sinn kommen
la raíz	Wurzel
plantar	pflanzen
el árbol artificial	künstlicher Baum
el ser vivo	Lebewesen
regar *(ie)*	gießen
el barro	Ton
la fabricación	Herstellung
la rama	Ast, Zweig
la flor seca	Trockenblume
la piña	Tannenzapfen
decorar	dekorieren, schmücken

6

por uno mismo	bei einem selber

Unidad 9, Bloque C

1

conceder	verleihen
la bandera	Fahne
el concurso	Wettbewerb
el petróleo	Erdöl
reciclar	wiederverwerten, recyclen
el vertedero de basura	Mülldeponie

2

la conciencia ecológica	Umweltbewusstsein
el escándalo	Skandal
la especie	Art
protegido/-a	geschützt
a lo tonto	sinnlos
la reserva	Reserve, Bestand
el gobierno	Regierung
obligar	verpflichten
la presión	Druck

3

la protesta	Protestkundgebung
la manifestación	Demonstration
la central nuclear	Kernkraftwerk

4

la deforestación	Abholzung, Waldsterben
el terreno	Gegend, Gebiet, Landstrich
la degradación	Verschlechterung
provocado/-a por	hervorgerufen von
la emisión	Ausstoß
el desecho industrial	Industriemüll
ocasionado/-a por	verursacht durch
los productos químicos	chemische Produkte
el herbicida	Unkrautvertilgungsmittel
el efecto invernadero	Treibhauseffekt
la atmósfera	Atmosphäre
la especie en peligro de extinción	vom Aussterben bedrohte Tierart
la pérdida	Verlust
desaparecer *(zc)*	verschwinden
el agujero de ozono	Ozonloch
el agujero	Loch
la reducción	Abnehmen, Schwund
la capa protectora	Schutzschicht
la acción del sol	Sonneneinwirkung
la lluvia ácida	saurer Regen
el contenido	Gehalt, Anteil
el azufre	Schwefel
procedente de	kommend, abstammend von
los gases de escape	Abgase
el subtítulo	Untertitel

5

unirse a	sich anschließen an
el reloj avanza	die Uhr läuft
la regulación	Regulierung
el oxígeno	Sauerstoff
obtener *(obtengo)*	erhalten, bekommen
la tierra de cultivo	Agrarland
talar	abholzen
de ahí que *(+ subj.)*	daher, deshalb
la caza	Jagd
la pesca	Fischfang, Fischen
exagerado/-a	übertrieben
la técnica	Technik
destructivo/-a	zerstörerisch
en consecuencia	folglich
el acuerdo	Abkommen
la diversidad	Vielfalt
biológico/-a	biologisch
los rayos ultravioleta	UV-Strahlen
el cáncer de la piel	Hautkrebs
la prohibición	Verbot
existente	bestehend
el combustible	Brennstoff
el carbón	Kohle
la energía solar	Sonnenenergie
la desaparición	Verschwinden, Ausrottung
apoyar	unterstützen
a causa de	aufgrund von
esto hace que	das führt dazu, dass

6

improbable	unwahrscheinlich
individualmente	individuell
la ley	Gesetz
estricto/-a	strikt, streng

7

la asociación	Verein, Organisation
el/la socio/-a	Mitglied
la preferencia	Vorliebe
Médicos sin fronteras	Ärzte ohne Grenzen
Survival *(englisch)*	„Überleben" *(Hilfsorganisation)*
el fondo mundial para la naturaleza	weltweiter Hilfsfonds für die Umwelt
la defensa	Verteidigung
ambiental	die Umwelt betreffend
el donativo	Spende
favorecer *(zc)*	bevorzugen, begünstigen

8

teórico/-a	theoretisch, irreal
la estrella de cine	Filmstar
el/la ministro/-a de economía	Wirtschaftsminister

Unidad 9, Rincón profesional

1

la forma de pago	Zahlungsweise
la domiciliación bancaria	Einzugsermächtigung
recomendar *(ie)*	empfehlen
el talón	Scheck
adjuntar	beifügen

el cupón	Abschnitt
el giro postal	Postgiro
el resguardo	Beleg, Kontoauszug
la cuota	Beitrag
anual	jährlich
la cantidad	Menge, Höhe
el/la simpatizante	Anhänger/in
la donación	Spende
único/-a	einmalig
la ficha	Abschnitt
la caja de ahorros	Sparkasse
la sucursal	Filiale
el código cuenta cliente	Bankverbindung des Kunden
cargar	belasten
la cuenta corriente	Girokonto
la libreta de ahorro	Sparbuch
el recibo	Kontoauszug, Quittung
el sobre	Briefumschlag
cuanto antes	so schnell wie möglich
el boletín	(Mitglieds-)Zeitschrift
el cheque cruzado	Verrechnungsscheck
domiciliar *(un cheque)*	ausstellen *(Scheck)*
cobrar	einlösen *(Scheck)*
la parte posterior	Rückseite
indicar	angeben, hinweisen auf
retirar (dinero)	(Geld) abheben
autorizar un pago	eine Zahlung veranlassen

Unidad 10

la comunicación	Kommunikation, Verständigung
no-verbal	non-verbal
el malentendido	Missverständnis

Unidad 10, Bloque A

1

el telegrama	Telegramm
el correo electrónico	elektronische Post (e-mail)
navegar por el Internet	im Internet surfen
el mando a distancia	Fernbedienung
la emisora	(Radio-)Sender

2

jugar *(ue)* un papel	eine Rolle spielen
el avance	Fortschritt
el/la campesino/-a	Bauer/Bäuerin
el evento	Ereignis
la comunidad	Gemeinde, Ortschaft
la función	Funktion, Aufgabe

3

la sección	Rubrik
el cajero automático	Geldautomat
fallar	nicht funktionieren
la avería	Störung, Panne
bloquear	blockieren, sperren
el recorte	Kürzung
la seguridad social	Sozialversicherung
el teletrabajo	Telearbeit, Heimarbeit
la computadora *(LA)*	Computer
el pijama	Schlafanzug
detener a alg. *(detengo)*	jmd. verhaften, festnehmen
el tráfico de drogas	Drogenhandel
Aquí ponen que...	Hier steht, dass...
¿A que no sabes que...?	Weißt du schon, dass...?
¿Te has enterado de...?	Wusstest du schon, dass...?
¡No te lo vas a creer!	Du wirst es nicht glauben!
figurarse algo	sich etwas vorstellen
Y, por si fuera poco,...	Und als ob es nicht genug wäre...
¡Esto es el colmo!	Das ist der Gipfel!

4

previsto/-a	vorhergesehen
el Mar del Norte	Nordsee
chocar	zusammenstoßen
la tonelada	Tonne *(Gewicht)*
el champú	Shampoo

5

perderse *(ie)* algo	*hier:* etwas verpassen
el canal de televisión	Fernsehsender
el "Teleprograma"	*span. Fernsehzeitschrift*

6

la embajada	Botschaft
el/la traductor/a	Übersetzer/in, Dolmetscher/in
el/la canguro	Babysitter
el/la antenista	Antennenspezialist
estar en un aprieto	in der Klemme sein
apretar *(ie)*	drücken

7

sonreír *(sonrío)*	lächeln

Unidad 10, Bloque B

1

el/la extraño/-a	Fremde/r
el/la conocido/-a	Bekannte/r
el/la colega	Kollege/-in
la novedad	Neuigkeit
pelearse	sich streiten
cotillear	klatschen, tratschen
flirtear	flirten, kokettieren

2

ilustrar	*hier:* erläutern
por regla general	im allgemeinen
silencio	Stillschweigen, Ruhe
ahogar	ersticken
tener puesto/-a (la radio)	(das Radio) anhaben
conversar	sich unterhalten

animadamente	lebhaft, munter
cualquier/a	irgendein/e
el/la desconocido/-a	Unbekannte/r
gesticular	gestikulieren
la expresividad	Ausdrucksfähigkeit
en tal grado	so stark, so heftig
atar	festbinden
fundirse *(bombilla)*	kaputtgehen *(Glühbirne)*
pagar a plazos	in Raten zahlen
romper el hielo	das Eis brechen
besarse	sich küssen

3

¡Qué milagro!	Was für ein Wunder!
insistir (en)	bestehen (auf)
a propósito (de)...	übrigens, apropos ...
ni idea	keine Ahnung

Unidad 10, Bloque C

1

el porcentaje	Prozentsatz, prozentualer Anteil
los gestos	Gestik, Mimik
el/la psicólogo/-a	Psychologe/-in
el lenguaje verbal	mündliche Sprache
la cualidad de la voz	Art der Stimme, Tonfall
la fotocopia	Fotokopie

3

al pasar de los años	im Laufe der Jahre
el/la maestro/-a	(Grundschul-)Lehrer/in
perderse *(ie)*	verloren gehen
usual	üblich
mantener *(mantengo)*	aufrechterhalten
la observación	Beobachtung, Wahrnehmung
variar	variieren, verschieden sein

4

o sea que...	das heißt also, dass ...

5

aclarar	klären, erklären
explicarse bien	sich klar ausdrücken
en otras palabras	mit anderen Worten
mejor dicho...	besser gesagt ...
el taller	Werkstatt
prometer	versprechen
estar listo/-a	fertig sein
En eso quedamos.	So sind wir verblieben.

6

de otra manera	anders, auf andere Weise
herir *(ie)*	verletzen
irritar	verunsichern, ärgern
angustiar	ängstigen
sentirse obligado/-a	sich verpflichtet fühlen
con frecuencia	oft
se me nota	man sieht mir an
notar	bemerken
comportarse	sich benehmen, sich verhalten
de manera diferente	anders
sentirse *(ie)* a gusto	sich wohl fühlen
largo rato	längere Zeit

Unidad 10, Rincón profesional

1

igual que	ebenso wie
conectar	*hier:* einschalten, anschließen
tener guardado	*hier:* gespeichert haben
caber en	passen in
la memoria	Gedächtnis, *hier:* Speicher
formidable	großartig
ingresar	*hier:* Daten eingeben
pulsar	*hier:* drücken
la tecla	Taste
el abracadabra	Abrakadabra, Zauberspruch
ábrete sésamo	Sesam, öffne dich
encender *(ie)*	*hier:* einschalten
el archivo	*hier:* Datei
la línea	Zeile
el estupor	Entsetzen
me encontré sin nada	ich stand ohne alles da
inexperto/-a	unerfahren
averiado/-a	beschädigt
sin la menor esperanza	ohne die geringste Hoffnung
averiguar	ergründen, herausfinden
el disco duro	Festplatte
contener *(contengo)*	enthalten, umfassen
cuadrado/-a	quadratisch, viereckig
metálico/-a	metallisch, aus Metall
el pánico	Panik
lo peor	das Schlimmste
la incertidumbre	Ungewissheit
la impotencia	Ohnmacht
un sobresalto de esperanza	ein plötzlicher Hoffnungsschimmer
copiar	kopieren
el disquete	Diskette
introducir *(zc)*	hineinschieben
el capítulo (de un libro)	Kapitel
frágil	vergänglich, zerbrechlich
el diario	Tagebuch

2

interpretar	deuten, erläutern
el triple	das Dreifache
triple	dreifach
la mayor parte	das meiste, der größte Teil
la densidad	Dichte
el equipamiento	Ausrüstung, Anlage
en comparación con	im Vergleich mit
comparado con	verglichen mit, im Vergleich zu
aumentar	ansteigen, größer werden
permanecer *(zc)* igual	gleich bleiben
disminuir *(y)*	sinken, sich verringern

Unidad 11

el ideal	Ideal, Vorbild
la superstición	Aberglaube
la Semana Santa	Karwoche, Woche vor Ostern
la frase irreal del pasado	irrealer Bedingungssatz
desesperado/-a	hoffnungslos
rezar	beten
el aviso	Anzeige
cumplirse	in Erfüllung gehen
la suerte	Schicksal, Glück
la mala suerte	Pech

Unidad 11, Bloque A

1

el Jueves Santo	Gründonnerstag
el Viernes Santo	Karfreitag
participar	teilnehmen
el desfile	Umzug, Prozession
el ganso	Gans
el farol	Laterne, Fackel

2

la cofradía	Laienbruderschaft
la saeta	gesungenes Stoßgebet
la copla	Strophe, Vers
el paso	Prozession; Heiligenfigur
escenificar	darstellen, in Szene setzen
el bombo	Pauke
golpe	(Trommel-)Schlag
el tambor	Trommel
sentir *(ie)*	fühlen
el Domingo de Ramos	Palmsonntag
el Domingo de Pascua	Ostersonntag
la Resurrección	Auferstehung
festivo/-a	festlich
lujoso/-a	aufwendig, prächtig
dramático/-a	dramatisch
la emoción	Gefühl, Emotion
el/la espectador/a	Zuschauer/in
el canto	Gesang
el sufrimiento	Leiden
rivalizar	rivalisieren, wetteifern
venerar	verehren, anbeten
a hombros	auf den Schultern
el honor	Ehre
hacer sonar *(ue)*	erklingen lassen
ininterumpido/-a	ununterbrochen
en señal de	zum Zeichen von
la representación teatral	Aufführung, Darstellung auf der Bühne
la Danza de la Muerte	Totentanz

3

la quema de Judas	Verbrennung des Judas
arder	brennen
quedar en cenizas	zu Asche werden
el conejito	*hier:* Osterhase

4

la mitología	Mythologie
pasar por debajo de una escalera	unter einer Leiter hergehen
tocar madera	auf Holz klopfen
levantarse con el pie izquierdo	mit dem linken Fuß zuerst aufstehen
la Última Cena	das Letzte Abendmahl
el apóstol	Apostel
aparentemente	anscheinend, offenbar
celta	keltisch
el/la antropólogo/-a	Anthropologe/-in
el triángulo	Dreieck
la Santísima Trinidad	Heilige Dreifaltigkeit
el espacio	(Zwischen-)Raum, Platz
sagrado/-a	heilig
ponerse bajo la protección de alg.	sich unter jemandes Schutz stellen

5

la muerte	*hier:* Todesfall
llevar algo prestado	etwas Geliehenes tragen
ir bien a alg.	jmd. gut stehen, gut passen
el velatorio	Totenwache
dar el pésame a alg.	jmd. sein Beileid aussprechen
ofenderse	gekränkt sein, beleidigt sein

6

la despedida de soltero/-a	Abschied vom Junggesellendasein
secuestrar	entführen
la inauguración	Einweihung
la tarjeta de luto	Trauerkarte, -anzeige
velar	Totenwache halten
el entierro	Beerdigung, Bestattung

7

presentarse sin avisar	unangemeldet kommen
la joya	Schmuck
el abrigo de piel	Pelzmantel
tomar	*hier:* zu sich nehmen
la propina	Trinkgeld
encargar	bestellen

Unidad 11, Bloque B

1

el equilibrio	Gleichgewicht
el escaparate	Schaufenster

2

esotérico/-a	esoterisch
existencial	existenziell
el tarot	Tarot(-karten)
la astrología	Astrologie
la meditación	Meditation
la filosofía	Philosophie

la espiritualidad	Geistigkeit
el materialismo	Materialismus
recurrir a	zurückgreifen auf
la armonía	Harmonie
el universo	Weltraum, Universum
la reflexología	Reflexzonenmassage
la homeopatía	Homöopathie
la acupuntura	Akupunktur
la aromaterapia	Aromatherapie
el curanderismo	Heilkunst
la aguja	Nadel
la planta del pie	Fußsohle
la sustacia	Substanz, Stoff
la dosis	Dosis, Menge

3

el aceite aromático	ätherisches Öl
el amuleto	Amulett, Talisman
el médico homeopata	Homöopath
el médico naturista	Heilpraktiker
el signo del zodíaco	Sternzeichen, Tierkreiszeichen
leer en la mano	aus der Hand lesen

4

la salvación	Rettung
la relajación	Entspannung
la cortisona	Kortison
el tratamiento	(medizin.) Behandlung
el terror	Angst, Entsetzen
la migraña	Migräne

6

el curandero	Heiler, Heilkünstler
andino/-a	aus den Anden

7

primeramente	zuerst
cortar	abschneiden, *hier:* bremsen
la raíz	Wurzel, Ursache
el pedestal	Sockel, Podest
humilde	bescheiden, demütig
distinguir	unterscheiden
el charlatán	Scharlatan, Quacksalber
la formación espiritual	geistige Ausbildung

8

la clara del huevo	Eiweiß
batir	schlagen
machacar	zerdrücken, zerquetschen
la quemadura	Verbrennung
la parte dañada	Verletzung
renovar	erneuern
la aplicación	Anwendung
secar	trocknen
la inflamación	Entzündung
calmar el dolor	den Schmerz lindern
la planta medicinal	Heilpflanze
la picadura	(Insekten-)Stich
cocer *(ue)*	kochen
partir en trozos	in Stücke schneiden
el pañuelo	(Taschen-)Tuch
aplicar	auftragen
el emplasto	*hier:* Umschlag
enfriar	abkühlen

Unidad 11, Bloque C

1

admirar	bewundern
el héroe/ la heroína	Held/in

3

humanitario/-a	humanitär
el/la misionero/-a	Missionar/in
el ejército	Heer
el/la fanático/-a	Fanatiker/in
quemar vivo a alg.	jmd. bei lebendigem Leibe verbrennen
transformarse en	sich vewandeln in
la (política de) apertura	(Politik der) Öffnung
el movimiento revolucionario	Revolutionsbewegung
el jesuita	Jesuit
volverse *(ue)* loco	verrückt werden
curarse	gesund werden

4

ejemplar	vorbildlich
la Guerra Civil	(spanischer) Bürgerkrieg
el desarrollo rural	landwirtschaftliche Entwicklung
readmitir	wieder zulassen
expulsar	vertreiben, verstoßen
la cruzada	*hier:* Kreuzweg
el/la desafortunado/-a	Unglückliche/r
coordinar	koordinieren
la escuela de oficio	Berufsschule, Fachschule
el taller de rehabilitación	Rehabilitationszentrum
la ortopedía	Orthopädie
la colonia de casas	Siedlung
la planta de biogás	Biogasanlage
el/la minusválido/-a	Behinderte/r
la papaya	Papaya *(trop. Frucht)*
extremadamente	überaus, äußerst
el frente republicano	republikanisches Lager *(im span. Bürgerkrieg)*
el/la antecesor/a	Vorgänger/in
Es inútil.	Es hat kein Sinn.
inútil	unnötig, unnütz
marcharse	weggehen, das Land verlassen
el grano	Korn
la semilla	Samenkorn
extraordinario/-a	außergewöhnlich
actuar	auftreten
el/la cómico/-a	Komiker/in
nacionalista	nationalistisch
radical	radikal
el/la competidor/a	Konkurrent/in
los intereses	Zinsen
hindú	indisch
cambiar a alg. de puesto	jmd. versetzen

presionar	Druck ausüben
dejar la orden	aus dem Orden austreten
la orden	Orden(sgemeinschaft)
el/la periodista	Journalist/in
el/la voluntario/-a	freiwillige/r Mitarbeiter/in
criticar	kritisieren
los círculos católicos	katholische Kreise
el boicoteo	Boykott
llevar a cabo	durchführen, vollenden
conseguir *(i)*	erhalten, bekommen
el apoyo	Hilfe, Unterstützung

6

ponerse colorado/-a	rot werden
dejarlo todo	alles aufgeben
el trotamundos	Weltenbummler

7

el repertorio	Repertoire, Programm
el himno	Hymne
el idealismo	Idealismus
el destino	Schicksal(sschlag)
lo injusto	Unrecht, Ungerechtigkeit
indiferente	gleichgültig
el monstruo	Monstrum
pisar	niedertreten
la inocencia	Unschuld
reseco/-a	vertrocknet, trocken
vacío/-a	leer
abofetear	ohrfeigen
la mejilla	Wange
la garra	Klaue
arañar	zerkratzen

Unidad 11, Rincón profesional

1

considerar	bedenken, berücksichtigen
descortés	unhöflich
consultar	*hier:* besprechen

2

gigante	riesig, gigantisch
ganar la simpatía de alg.	jmds. Sympathie gewinnen

Unidad 12

1

el chiste	Witz
interrumpir	unterbrechen

2

la estrategia de comunicación	Gesprächsstrategie
coger un chiste	ein Witz aufschnappen
dar la sensación de	den Eindruck vermitteln von
la fluidez	Flüssigkeit, Sprachfluss
más bien dicho	besser gesagt
las palabras de relleno	Füllwörter
pensándolo bien	wenn man bedenkt
horroroso/-a	schrecklich, entsetzlich
la cartera	Brieftasche

4

la fórmula de cortesía	Höflichkeitsfloskel
para servirle	zu (Ihren) Diensten
a sus órdenes	zu Ihren Diensten
el trato informal	ungezwungener Umgang
la distinción	Unterscheidung
vos *(Arg., Urug.)*	du
la intimidad	Vertrautheit, Intimität
la contradicción	Widerspruch
el beso	Kuss
la formalidad	Förmlichkeit
evidentemente	natürlich, offensichtlich
el valor	Wert, Bedeutung
despectivo/-a	abwertend
afectivo/-a	gefühlvoll

5

ponerse de pie	aufstehen
hacerse de noche	spät werden, Nacht werden
hacerse el tonto	sich dumm stellen
el aficionado de fútbol	Fußballfan
el/la aficionado/-a	Anhänger/in

6

el pavo	Pfau
llevarse como perro y gato	wie Hund und Katze sein
ser un gallo de pelea	ein Streithahn sein
ser más pesado que una vaca en brazos	lästig sein
ser una gallina	ein Feigling sein
aburrirse como una ostra	sich fürchterlich langweilen
la ostra	Auster
tener vista de águila	Adleraugen haben

7

la fábula	Fabel
la moraleja	Moral *(einer Geschichte)*
el instinto de supervivencia	Selbsterhaltungstrieb
la supervivencia	Überleben
la luna	Mond
prometer	versprechen

8

el caminante	Wanderer
la huella	(Fuß-)Spur
al andar	beim Gehen
volver *(ue)* **la vista atrás**	sich umdrehen
la senda	Weg
pisar	betreten
suponer *(supongo)*	*hier:* bedeuten

Alphabetische Wortliste

- Wörter, die in *Caminos 1* vorgekommen sind, sind nicht in der alphabetischen Wortliste enthalten.
- Die erste Zahl verweist auf die Lektion, in der das betreffende Wort zum ersten Mal vorkommt.
- Der Buchstabe A, B oder C verweist auf den Block innerhalb der Lektion bzw. Rp auf den Rincón profesional, die nachfolgende Zahl auf die Aktivität.
- Bei Wörtern der Auftaktseite wird nur auf die Lektion verwiesen.
- Bei Wörtern, die in unterschiedlichen Bedeutungen bzw. Wendungen vorkommen, sind mehrere Verweise angegeben.
- Die fettgedruckten Wörter gehören zur Wortschatzliste des VHS-Zertifikats.
- Anders als in vielen spanischen Wörterbüchern finden Sie **ch** und **ll** innerhalb von **c** und **l**; **ñ** folgt auf **n**.

Abkürzung:
inf. = *Infinitiv*

A

a. C. (antes de Cristo) 5, C 6
a caballo 4, 10
a cargo de 5, Rp 1
a causa de 9, C 5
a comienzos de 6, B 1
a diferencia de 5, C 1
a fuerza de 6, A 5
a hombros 11, A 2
a la altura de 5, B 1
a la hora de pagar 4, 7
a la hora indicada 3, A 1
a la orden del día 6, A 1
a la primera 5, B 6
a la vez 4, 7
a lo largo de 4, 5
a lo mejor 4, 10
a lo tonto 9, C 2
a los 15 años 6, B 1
a mandobles 8, 2
a mano 4, 10
a medianoche 6, C 5
a menos que 9, B 3
a petición (de) 5, Rp 1
a plazos 10, B 2
a primera vista 9, A 3
a propósito (de) 1, B 7
¿A que no sabes ...? 10, A 3
a sus órdenes 12, 4
a tiempo 2, Rp 1
a traición 5, B 6
a través de 7, C 5
a una edad temprana 1, C 1
abajo 7, A 1
abandonar 6, C 2
abeja 9, A 1
abofetear 11, C 7
abonado/-a 7, C 5
abrasador 5, A 1
abrazar 6
abreviar 5, C 1
abreviatura 4, 1
abrigo de piel 11, A 7
abrirse paso 8, 2
absolutamente 8, 2
aburrido/-a 1, B5
aburrirse 12, 6
abuso 3, C 3
acá 6, C 3
acabar de + *inf.* 1, B 1
academia 1, Rp 2
acción del sol 9, C 4
aceite aromático 11, B 3
aceitunas rellenas 3, B 1
acercarse 6, A 5
acero 5, A 1
aclarar 10, C 5
aconsejar 9, B 3
acontecimiento 8, 8
acordeón 5, A 11
acoso sexual 7, B 6
acostumbrarse (a) 1, A 1
actitud 2, C 5
acto sexual 4, 2
actualmente 1, Rp 2
actuar 9, A 3; 11, C 4
acudir 3, Rp 1
acuerdo 7; 9, C 5
acupuntura 11, B 2
adaptar 1, A 5
adaptarse (a) 6, C 1
adicional 5, Rp 1
adjuntar 9, Rp 1
administrativo/-a 7, Rp 2
admirar 11, C 1
admisión 7, B 6
admitir 5, Rp 1
adonde 2, A 5
adorno navideño 9, B 5
adquirir 7, C 5
adulto 7, A 8
advertir 3, C 7
aerosol 9, B 2
afectar a 2, C 5
afectivo/-a 12, 4
afeminado/-a 7, B 1
aficionado/-a 12, 5
afirmar 3, C 3
afluente 5, C 3
afortunadamente 1, A 5
agencia de turismo 2, A 6
agente 5, A 1
agitación 5, A 1
agobiado/-a 6, A 1
agradecer algo a alg. 2, B 3
agricultura ecológica 7, A 1
agua caliente 2, B 4
agua del grifo 3, C 1
agua subterránea 9, B 2
aguardiente 4, 9
águila 9, A 1
aguja 11, B 2
agujero 9, C 4
agujero de ozono 9, C 4
ahogar 10, B 2
ahorrar 9, B 2
ahorros 6, B 1
aire 4, 7
aislado/-a 9, B 3
ajo 3, C 5
al aire libre 3, C 3
al andar 12, 8
al fin y al cabo 6, A 3
al oír 1, B 7
al pasar de los años 10, C 3
ala 6, A 5; 9, A 1
alabar 3, A 1
alcalde 2, C 2
alcanzar 7, Rp 2
alcázar 1, C 7
alce 9, A 1
aldea 6, A 5
aldeano/-a 6
alegrarse 2, C 2
alejado/-a 2, C 5
alergia 9, A 6
algún día 6, B 1
alimentación 2, C 4
alimentarse 3, C 3
allá 6, C 3
alma 6, A 5
almacén 5, C 1
almendra 3, B 1
alojamiento 2, C 4
alternativa 2, C 4
aluminio 9, B 2
alumno/-a 1, B 5
amabilidad 2, A 4
amargo/-a 6, A 5
Amazonía 2, A 3
ambicioso/-a 9, A 3
ambiente 7, Rp 2
ambos/-as 1, C 1
amontonar 6, A 5
ampliar 5, C 1
amplio/-a 5, A 4
amuleto 11, B 3
análisis 3, C 3
ananá 4, 8
andino/-a 11, B 6
anécdota 1, B 7
anfitrión/-ona 3, A 1
angustiar 10, C 6
anhelo 5, A 1
animadamente 10, B 2
animarse 8, 2
añorar 6, A 5
antecesor/a 11, C 4
antenista 10, A 6
anterior 3, C 5
antipático/-a 7, B 6
antropólogo/-a 11, A 4
anual 9, Rp 1
apagar 9, B 3
aparato 9, B 2
aparentemente 11, A 4
apariencia 7, A 1
apechugar con 7, B 1
apellido (de soltera) 6, C 2
apertura 11, C 3
apetecer 3, A
aplicación 11, B 8
aplicar 11, B 8
apóstol 11, A 4
apoyar 9, C 5
apoyarse 8, 2
apoyo 11, C 4
apreciable 4, 7
apretar 10, A 6
apropiado/-a 6, B 1
aptitud 7, A 1
apuntes 3, A 6
arañar 11, C 7
archivador 6, Rp 1
archivo 10, Rp 1
arder 11, A 3
área de servicios 6, B 1
armonía 11, B 2
aromaterapia 11, B 2
arqueológico/-a 2, C 4
arrancar 5, B 1
arreglar 2, Rp 1; 6, A 1
arrogante 5, A 5
arruinar 8, 2
artículo 2, Rp 1
artificial 9, B 5
ascender 7

asfalto 5, A 1
Asia Menor 5, C 6
asiento 5, B 1
asignatura 1, B 5
asociación 9, C 7
Asociación de Hostelería 2, A 4
asociación protectora de animales 9, A 6
astrología 11, B 2
asunto 2, Rp 1
atacar 7, C 5
ataque cardíaco 3, C 3
atar 10, B 2
atardecer 6, A 5
atasco 5, B 5
atender 3, A 1
atento/-a 9, A 3
atinar a 8, 2
atmósfera 9, C 4
atraer 7, A 8
atrapar 8, 2
atreverse 8, 10
aula 1, B 5
aumentar 10, Rp 2
aumento 7, B 7
auscultar 8, 6
auto 8, 5
automovilista 5, B 6
autoridad 7, A 7
autoritario/-a 5, A 5
autorizar un pago 9, Rp 1
avalancha 6, A 1
avance 10, A 2
AVE 6, A 1
avería 10, A 3
averiado/-a 10, Rp 1
averiguar 10, Rp 1
avisar 3, A 6
aviso 11
ayudarse 1, C 1
ayuntamiento 5, B 6
azufre 9, C 4

B

bachillerato 1, Rp 2
bajar 8, 7
balbucear 8, 2
ballena 9, A 1
balsa 2, C 4
banana 4, 8
bandera 9, C 1
bandoneón 5, A 11
barca 6, A 5
barrer 1, B 7
barriga 3, C 5
barril 6, A 6
barro 9, B 5
basado/-a en 3, C 3
basalto 5, A 1
base de infantería 1, Rp 2
batería 5, B 1
batir 11, B 8
batirse 8, 2
bautizar 1, A 5
bávaro/-a 1, B 7
bebé 9, A 5
bebedor 3, C 5
besar 6, A 5
besarse 10, B 2
beso 12, 4
biberón 1, C 1
bibliotecario/-a 7, A 7
bien educado/-a 9, A 5
bienestar 7, C 2
bilingüe 4, 1
biodegradable 9, B 2
biología 1, B 5
biológico/-a 9, C 5
bistec 2, B 3
blandir 8, 2
bloquear 10, A 3
boca 5, C 3
boicoteo 11, C 4
boletín 9, Rp 1
bolígrafo 1, B 3
bolsa 5, A 1
bolsillo 4, 1; 6, A 1
bombilla 2, B 4
bombo 11, A 2
bombón 3, A 1
bombonera 5, C 3
bosque 2, B 1
botana 4, 9
botella retornable 9, B 2
botón 2, B 3
bóxer 9, A 5
brea 6, A 5
brigada 8, 2
brindis 3, A 1
broma 3, A 6
brusco/-a 9, A 3
buey 9, A 3
bujía 5, B 1
burbuja 3, A 6
burocracia 8, 5
burro 2, C 4
bus 8, 5
buzón 7, C 3

C

caber en 10, Rp 1
cable 4, 2
cabra 9, A 1
cacahuete 3, B 1
cadenas 5, Rp 1
cafetera 9, B 1
caja de ahorros 9, Rp
cajero automático 10, A 3
calculadora 6, Rp 1
calcular 1, C 2
cálido/-a 6, A 6
calificación 7, B 2
callado/-a 9, A 3
callejero/-a 6, A 6
calmar 11, B 8
cambiar 5, C 1; 6, A 1; 8, 4; 9, A 3; 11, C 4
camello 9, A 1
caminante 12, 8
camión 6, B 1; 8, 5
camionero/-a 6, B 1
campaña 3, Rp 3
campesino/-a 10, A 2
campo 7, C 2
caña 6, A 5
canal de televisión 10, A 5
canapé 7, C
cancelar 3, Rp 3
cáncer 3, C 3
cancha de tenis 2, A 6
candidato 5, A 5
canguro 10, A 6
cansado/-a 2, B 3
cansarse 8, 2
cantidad 9, Rp 1
canto 11, A 2
cantor 6, A 5
capa protectora 9, C 4
capacidad de organización 7, A 7
capítulo 10, Rp 1
capó 5, B 1
caprichoso/-a 9, A 3
captar 4, 2
cara 7, B 4
carbón 9, C 5
cárcel 8, 5
cargar 5, B 1; 9, Rp 1
cariñoso/-a 1, A 1
carnet de conducir 5, B 6
carpeta 6, Rp 1
carrera 1, Rp 2; 7, B 7
carril para bicicletas 5, A 4
carro 8, 5
carta comercial 4, 4
cartera 12, 2
casco 6, C 5
caso de emergencia 8, 10
catalizador 9, B 2
católico/-a 6, A 1
causa 9
caza 9, C 5
cazar 8, 2
celebrar 3, A 4
celebrarse 6, A 6
célebre 5, A 8
celta 11, A 4
cemento 5, A 1
cenicero 3, B 4
central nuclear 9, C 3
centro de atención 9, A 5
centro de madres 6, C 2
centro de reuniones 5, C 4
cerdo 1, B 7
cereales 3, C 5
CFC 9, B 2
champú 10, A 4
chantaje 7, B 6
chapa ondulada 5, C 3
charlar 7, A 3
charlatán 11, B 7
cheque cruzado 9, Rp 1
chicle 5, A 1
chino/-a 5, A 1
chiste 12, 1
chocar 10, A 4
choclo 4, 8
choque 5, B 1
chorizo 3, B 1
científico/-a 7
cierto/-a 1, C 2
cinta adhesiva 6, Rp 1
cinturón de seguridad 5, B 6
ciudadano/-a 5; 5, B 6
civil 8, 5
clara del huevo 11, B 8
clima 2, C 1
club 5, B 6
cobrar 4, 7; 9, Rp 1
cocer 11, B 8
coche 8, 5
cochinillo 1
cocina eléctrica 9, B 3
coco 2, A 6
código cuenta cliente 9, Rp 1
Código de Circulación 5, Rp 1
condimento 6, A 8
cofradía 11, A 2
coger 4, 2; 12, 2
coincidir 5, A 9
cola 5; 9, A 1
colectivo 8, 5
colega 10, B 1
colesterol 3, C 5
colocar 7, C 4
colonia 6; 11, C 4
columna 2, B 3
combustible 5, Rp 1; 9, C 5
comedor 7, Rp 1
comentar 3, A 7
comenzar 7, C 5
comerciante 5, C 6
cómico/-a 11, C 4
comisaría 8, 5
¿Cómo es que...? 5, B 3
como mínimo 5, A 4
¿Cómo se le ocurrió...? 6, B 1
compañero/-a de piso 1, B 7
compañero/-a de trabajo 2, C 3
comparado con 10, Rp 2
competente 7, Rp 1
competidor/a 11, C 4

completo/-a 2, B 3
comportamiento 7, B 6
comportarse 10, C 6
compost 9, B 2
comprar el silencio 8, 5
comprensivo/-a 9, A 3
comprobar 4, 7
computadora 10, A 3
comunicación 10
comunicativo/-a 7, A 7
comunidad 6, B 1; 10, A 2
con anticipación 3, A 1
con frecuencia 10, C 6
con mucho gusto 1, B 4
con urgencia 2, Rp 2
conceder 9, C 1
conciencia ecológica 9, C 2
concreto/-a 8, 3
concurso 9, C 1
condición 2, Rp 1
condición de trabajo 7, B 2
conducción 4, 2
conducir 3, C 7
conductor 5, B 6
conectar 10, Rp 1
conejito 11, A 3
conejo 9, A 1
confesar 5, A 8
confianza 3, A 1
confiar 7, A 1; 7, B 7
confirmar 2, Rp 1
confundir 6, B 1
confusión 4, 8
conjugación 4, 1
conjugar 1, C 1
conjunción 7
conocido/-a 10, B 1
conquistador 5, C 6
consecuencia 2
conseguir 11, C 4
conservador 7, C 4
considerar 2, C 2; 11, R 1
constante 9, B 3
constitución 5, C 6
constitucional 6, C 4
construcción 2, C 2
consultar 11, Rp 1
consumo de energía 9, B 1
contabilidad 1, Rp 1
contaminado/-a 6, A 1
contaminar 9, B 2
contar con 3, A 4
contenedor de vidrio 9, B 2
contener 10, Rp 1
contenido 9, C 4
contexto 7, B 4
continuamente 6, B 1
contradicción 12, 4
contraer 4, 2
contratar a alg. 7, A 1
contrato de trabajo 7, B 2
control de radares 5, B 6
convencer 7, A 7
conversar 10, B 2
convertirse en 8, 2
convivir 1, C 2
cooperativo/-a 7, A 7
coordinar 11, C 4
copiar 10, Rp 1
corcho 4, 3
correo (electrónico) 10, A 1
correspondencia formal 2, Rp 1•
corriente 5, C 1
cortar 11, B 7
cortar la curva 5, B 2
cortisona 11, B 4
cosas para picar 3, B 1
cosecha 4, 2
cosmopolita 6, A 1
costero/-a 6, A 6
cotillear 7, B 7
COU 6, A 1
crecer 3, C 5; 6, B 1
crecimiento 3, C 3
crédito 7, C 5
criterio 4, 1
criticar 11, C 4
cruel 5, A 1
cruzada 11, C 4
cuaderno 1, B 3
cuadrado/-a 10, Rp 1
cualidad 7, C 4
cualidad de la voz 10, C 1
cualquier/a 10, B 2
cuanto antes 2, Rp 1
cubo de la basura 2, B 4
cubrir 5, C 6; 5, Rp 1
cuenta (corriente) 6, B 1; 9, Rp 1
cuestión 5
cuidado de animales 2, C 4
cuidadoso/-a 9, A 3
cuidar 7, A 1
cumbia 8, 5
cumplirse 11
cuota 9, Rp 1
cupón 9, Rp 1
curanderismo 11, B 2
curandero 11, B 6
curarse 11, C 3
cursillo 7, C 1
cursiva 8, 2

D

damasco 4, 8
daño 5, Rp 1
dar a conocer 7, C
dar ánimo 7, Rp 2
dar clases 1, Rp 2
dar el pésame a alg. 11, A 5
dar recados 3, A
datos (biográficos) 1, Rp 2
de ahí que 9, C 5
de buen humor 9, A 3
de cariño 1, A 1
de cualquier modo 3, B 5
de habla hispana 1, C 7
de manera diferente 10, C 6
de menos 2, Rp 1
de niño 4, 10
de nuevo 2, B 4
de origen bíblico 1, A 1
de otra manera 10, C 6
de precios moderados 2, A 6
de primera mano 2, C 5
de segunda mano 7, A 1
de todos modos 3, Rp 3
de una sola pieza 4, 2
de viejo 5, A 8
debajo 6, A 3
deber 5, C; 6
deberes 1, B 5
deberse a 7, B 7
debido a 5, B 5
década 6, A 1
decepción 7, B 6
decidir 7, A 1
declarar 5, C 6
decorar 9, B 5
decretar 3, B 5
dedicarse a 5, A 2
deducir 1, Rp 2; 2, Rp 1
defenderse 8, 10
defensa 9, C 7
defensas 2, C 5
definir 4, 3
deforestación 9, C 4
degradación 9, C 4
dejar 1, B 4; 11, C 4; 11, C 6
dejar caer 4, 7
dejar de lado 2, C 5
dejar la decisión a alg. 2, A 5
dejarse dominar 9, A 3
demostrar 3, C 3
denominación geográfica 2
densidad 10, Rp 2
departamento de asuntos extranjeros 6, C 4
departamento de exportación 6, C 4
departamento de personal 1, Rp 1
departamento de ventas 1, Rp 1
departamento jurídico 1, Rp 1
depender de 9, A 3
deportista 7
depósito 5, Rp 1
desacuerdo 7
desafortunado/-a 11, C 4
desaparecer 9, C 4
desaparición 9, C 5
desarrollarse 5, A 5
desarrollo (rural) 11, C 4
desastre 5, B 1
desatar 8, 2
descargar 5, B 1; 6, B 2
desconectado/-a 2, B 4
desconocido/-a 10, B 2
descortés 11, Rp 1
descortesía 3, A 4
descubrimiento 5, C 6
descuento 2, Rp 1
desde luego 3, B 1
desde pequeño 1, C 2
desecho industrial 9, C 4
desembocar 5, A 8
desesperado/-a 11
desesperante 6, A 8
desfile 11, A 1
desguazar 6, A 5
desierto 9
desorden 7, A 8
desordenado/-a 7, B 7
despectivo/-a 12, 4
despedida (de soltero/-a) 11, A 6
despedir a alg. 7, A 4
despedirse 2, A 3
destacamento 8, 5
destino 2; 11, C 7
destrozar 2, C 2
destrucción 2, C 2
destructivo/-a 9, C 5
desventaja 2, C 1
desventura 6, A 5
desvirtuar 2, C 5
detallista 7, A 7
detener a alg. 10, A 3
detenerse 8, 5
detergente 9, B 2
determinado/-a 6, C 6
devolver 2, B 3
diariamente 5, B 6
diario 6, A 6; 10, Rp 1
diccionario electrónico 4, 1
dictadura 6, C 4
dictar 9, A 4
dieta 3, C 3
digestión 3, C 5
diminutivo 1, A 5
dirección general 1, Rp 1
disco duro 10, Rp 1
discriminación 7, B 2
disculpa 8, 2
disculpar 2, B 3
disminuir 10, Rp 2
disparate 5, A 1
dispuesto/-a (a) 7, A 8
disquete 10, Rp 1
distancia 6
distinción 12, 4
distinguir 11, B 7
distribuidora 6, B 2
diversidad 9, C 5

diverso/-a 6, C 4
divisas 2, C 2
divorciarse 6, C 6
divorcio 7, C 2
doble jornada 7, B 2
docena 3, B 5
docente 6, C 4
documentos 3, A 6
dólar 2, A 6
doméstico 9, A 1
domiciliación bancaria 9, Rp 1
domiciliar 9, Rp 1
dominar 1, C 1
Domingo de Pascua 11, A 2
Domingo de Ramos 11, A 2
donación 9, Rp 1
donativo 9, C 7
dosis 11, B 2
dragón 9, A 3
dramático/-a 11, A 2
dudar 4, 5
duelo 6, A 5
dulce 9, A 3
dulce de leche 6, A 8
durazno 4, 8
duro 7, C 5

E

echar 4, 7
echar de menos 6, A 6
echar gasolina 5, B 1
echarse a + *inf.* 8, 2
ecológico/-a 2, C 4
ecologista 2, A 2
económico/-a 2, A 6
edad (de jubilación) 7, C 2
edificar 5, C 6
editorial 4, 1
educación física 1, B 5
educación infantil 1, C 1
educación obligatoria 1, C 1
educación plástica 1, B 5
educación primaria 1, Rp 2
educación secundaria 1, Rp 2
educado/-a 6, B 1
egocéntrico/-a 9, A 3
efecto invernadero 9, C 4
eficaz 5, A 4
ejemplar 11, C 4
ejército 11, C 3
elecciones 6, C 4
electrodoméstico 9, B 1
elegir 3, C 7
elemental 8, 5
embajada 10, A 6
embrague 5, B 1
embustero/-a 6, A 5
embutidos 3, B 5
emerger 8, 2
emigrante 5, A 9
emigrar 6, A 1
emisión 9, C 4
emisora 10, A 1
emoción 11, A 2
empanada 3, B 1
emplasto 11, B 8
emprenderla con alg. 8, 2
empresario/-a 7
empujar 6, A 5
empujón 7, B 6
en camino 6, B 1
en compañía 3, B 5
en comparación con 10, Rp 2
en consecuencia 9, C 5
en cuanto 3, A 1
en cuanto a 1, A 1
en malas condiciones 2, Rp 1
en mi opinión 1, C 4
en otras palabras 10, C 5
en peligro de extinción 9, C 4
en primer lugar 5, A 4
en realidad 4, 10
en señal de 11, A 2
en serio 4, 7
en tal caso 5, B 6
en tal grado 10, B 2
en todos los puntos 4, 2
encargar 11, A 7
encargarse (de) 2, B 3
encargo 7, C 5
encender 10, Rp 1
encerrarse 7, B 6
energía solar 9, C 5
enfadarse 5, B 6
enfriar 11, B 8
enganchar 2, C 5
engordar 3, C 5
enriquecer 7, Rp 2
ensaladilla rusa 3, B 5
enseñanza 1, C 1
enterarse 8, 3
enterrar 6, A 5
entierro 11, A 6
entorno 5, C 1
entrega 5, Rp 1
entrenar 4, 4
entrevista de trabajo 7, B 3
entrevistado/-a 6, A 8
entrevistar 1, C
entusiasta 7, A 7
envase 9, B 3
envío 2, Rp 1
equilibrio 11, B 1
equipamiento 10, Rp 2
equipo 7, C
equivaler 7, C 4
equivocarse 1, C 1
es cierto 3, C 4
es conveniente 4, 5
es decir 2, C 5
es una pena 1, C 1
escasez 9, B 2
escándalo 9, C 2
escaparate 11, B 1
escena 3, A
escenificar 11, A 2
esconder 6, A 5
escritorio 3, A 7
escuela de oficio 11, C 4
escuela primaria 6, C 4
escuela secundaria 6, C 4
escultor 5, C 3
esencial 2, A 4
eslogan 1, C 1
esotérico/-a 11, B 2
espacio 11, A 4
especializarse 3, B 5
especie 7, B 6; 9, C 2
espectador/a 11, A 2
especulación inmobiliaria 2, C 2
espejo 2, B 4
esperanza 6, A 3
espíritu 5, C 6
espíritu de grupo 7, C 4
espíritu de líder 9, A 3
espiritualidad 11, B 2
espontaneidad 6, A 8
espontáneo/-a 3, A 1
esposo/-a 6, A 1
esquí 6, A 1
estabilizar 7, B 7
establecerse por su cuenta 6, B 1
estación (de ferrocarril) 5, Rp 1
estación de servicio 5, B 1
estado de carreteras 5, B 5
Estambul 6, A 5
estancia 5, A 8
estándard 2, A 4
estar acostado/-a 9, A 5
estar en un aprieto 10, A 6
estar harto/-a de algo 3, A 6
este 2, B 1
estilo de vida 3, B 5
estío 5, A 1
esto hace que 9, C 5
estrategia de comunicación 12, 2
estrella de cine 9, C 8
estricto/-a 9, C 6
estudio 1, C 1
estupor 10, Rp 1
eterno/-a 6, A 5
evento 10, A 2
evidente 3, C 4
exagerado/-a 9, C 5
examinar 3, C 3
excesivo/-a 5, B 6
exigencia 7, B 6
exigente 9, A 3
exigir 2, A 2
exilio 6, C 4
existencial 11, B 2
existente 9, C 5
expatriarse 5, C 1
expectativa 7, C 5
expedición 2, A 3
exportador/a 6, C 2
expresarse 9, A 3
expresividad 10, B 2
expulsar 11, C 4
exquisito/-a 3, B 5
extintor 6, C 5
extracto 4, 2
extrañar 3, C 1; 6, A 8
extraño/-a 1, B 7; 10, B 1
extraordinario/-a 11, C 4
extraterrestre 6, C 5
extremadamente 11, C 4

F

fábrica (textil) 6, C 4
fabricación 9, B 5
fábula 12, 7
fácil 1, B 5
facilidad 7, A 8
facilitar 5, Rp 1
factura 2, Rp 1
facultad intelectual 1, C 1
fallar 10, A 3
fanático/-a 11, C 3
farmacia de guardia 7, C 5
faro 5, B 1
faro intermitente 8, 5
farol 11, A 1
fauna 2, C 4
favor 1
favorecer 9, C 7
fax 6, A 1
fecha 4, 1
fecha de entrega 2, Rp 1
fecha de nacimiento 1, Rp 2
fecha de publicación 4, 1
fenicio/-a 5, C 6
fertilizante 9, B 2
festivo/-a 11, A 2
ficha 9, Rp 1
fiel 9, A 3
figurarse 10, A 3
fijación mental 1, B 7
fijarse en 4, 1
¡Fíjate! 7, B 6
filología 1, Rp 2
filosofía 11, B 2
firma 1, A 1
firmar 3, A 9
física 1, B 5
flamenco/-a 4, 7
flexibilidad 7, C 4
flexible 7, A 7

flirtear **10**, B 1
flora **2**, C 4
flota **8**, 5
fluidez **12**, 2
fluir **5**, B 5
fondo **9**, C 7
forma de pago **5**, Rp 1
formación (escolar) **6**, C 4
formación profesional **1**, Rp 3
formalidad **12**, 4
formarse **7**, C 4
formidable **10**, Rp 1
fórmula de cortesía **12**, 4
formular **1**, C 1
fortaleza **5**, C 6
fotocopia **10**, C 1
fotocopiadora **5**, A 5
frágil **10**, Rp 1
fragmento **4**, 2
francamente **6**, B 1
frecuencia **9**, B 2
frecuente **1**, A 1
frenar **5**, B 2
freno **5**, B 1
freno de mano **5**, B 1
frente a **4**, 7
frente al volante **6**, B 1
frente republicano **11**, C 4
frontera **6**, A 1
frustar **1**, C 1
frutilla **4**, 8
fuera de **3**, B 1
fumador/a **3**, B 4
función **10**, A 2
funcionario/-a **7**, B 2
fundación **5**, C 3
fundamental **1**, C 1
fundar **5**, C 3
fundirse **10**, B 2
furioso/-a **8**, 2

G

gallo **9**, A 1
gallo de pelea **12**, 6
ganancia **3**, B 5
ganarse la vida **7**
gandul **4**, 2
ganso **11**, A 1
garantizar **1**, C 1
garra **11**, C 7
gases de escape **9**, C 4
gasolina **5**, A 1
gastronómico/-a **2**, A 4
genista **6**, A 5
geografía **1**, B 5
gesticular **10**, B 2
gestos **10**, C 1
gigante **11**, Rp 2
ginebra **4**, 7
gira **2**, C 4
giro postal **9**, Rp 1
globo **8**, 9
gobernador **5**, A 1
gobierno **2**, C 2
golpe **11**, A 2
golpe militar **6**, C 4
goma de borrar **1**, B 3
gracioso/-a **4**, 8
grano **11**, C 4
grapadora **6**, Rp 1
gratuito/-a **5**, Rp 1
grave **5**, B 2
gringo/-a **1**, A 5
grúa **5**, B 1
guardar **3**, B 1
guardería **5**, A 4
guardia **8**, 6
guava **2**, A 6
Guerra Civil **11**, C 4
Guerra de Independencia **5**, C 6
guía **2**, A 2
guiar **8**, 3
guisante **5**, A 1
gusto **3**, B 5

H

hábito **9**, B 2
hacer amistades **2**, A 1
hacer falta **1**, B 7
hacer llorar **5**, A 1
hacer preguntas **6**, C 1
hacer un favor **1**, B 4
hacer una carrera **6**, B 1
hacerse de noche **12**, 5
hacerse el tonto **7**, B 4
hacerse famoso/-a **6**, B 1
Hacía mucho tiempo que **6**, C 5
hamburguesería **2**, A 4
hecho **2**, C 5
herbicida **9**, C 4
herir **10**, C 6
héroe/heroína **11**, C 1
hielo **3**, B 1
hilo **8**, 9
himno **11**, C 7
hindú **11**, C 4
hoja (de papel) **1**, B 3
homeopatía **11**, B 2
honor **11**, A 2
hora punta **5**, B 1
horario **1**, B 1
horario comercial **5**, Rp 1
horario de trabajo **7**, B 2
horario flexible **7**, C 4
horizonte **6**, A 5
hormona **3**, C 5
horroroso/-a **12**, 2
hospitalario/-a **4**, 7
hospitalidad **4**, 7
hoy mismo **6**, A 4
hueco de mercado **7**, C 4
huelga **7**, C 2
huella **12**, 8
hueso **3**, C 5
humanitario/-a **11**, C 3
humano **9**
humilde **11**, B 7
humo **3**, C 6
humor **9**, A 3
huracán **2**, A 6

I

ideal **11**
idealismo **11**, C 7
idéntico/-a **1**, C 1
identidad **1**, A 5
identificación **7**, C 4
igual que **10**, Rp 1
igualdad **1**, C 1
ilustrar **10**, B 2
imaginación **7**, B 3
imitación **2**, C 5
imitar **2**, C 5
impaciente **9**, A 3
imperio **5**, C 6
impersonal **1**, C 1
importancia **4**, 4
importar **1**, B 4
importe **2**, Rp 1
imposible **1**, C 2
impotencia **10**, Rp 1
impresora **6**, Rp 1
improbable **9**, C 6
impuestos **7**, C 2
impulsivo/-a **9**, A 3
inauguración **11**, A 6
inca **5**, C 6
incertidumbre **10**, Rp 1
inconveniente **7**, B 6
inconstante **9**, A 3
incorrecto/-a **3**, C 3
independiente **6**, B 1
indicar **9**, Rp 1
indiferencia **1**, B 7
indiferente **11**, C 7
individualista **7**, C 4
individualmente **9**, C 6
inestabilidad **7**, C 2
inexperto/-a **10**, Rp 1
infinito/-a **5**, A 1
inflamación **11**, B 8
informática **1**, B 1
informe **3**, Rp 3
infracción **5**, B 6
ingredientes **4**, 9
ingresar **1**, Rp 3; **10**, Rp 1
iniciativa **1**, C 1
ininterumpido/-a **11**, A 2
inmigrante **5**, C 3
inocencia **11**, C 7
inquieto/-a **9**, A 3
inseguro/-a **7**, B 5
insistir (en) **10**, B 3
inspirar confianza **9**, A 3
instalación deportiva **5**, A 4
instinto de supervivencia **12**, 7
instituir **1**, C 1
Instituto Comercial **6**, C 4
instrucción **6**, C 4; **8**, 3
inteligencia **3**, C 5
intenso/-a **4**, 7
intercambiar **1**, C 6
intercambio cultural **2**, C 2
intereses **11**, C 4
internacionalizarse **6**, A 3
interpretar **10**, Rp 2
interrumpir **3**, Rp 2
intimidad **12**, 4
introducir **10**, Rp 1
intuición **7**, A 7
inútil **11**, C 4
inventar **6**
invento **2**, C 1
inversión **7**, C 5
invitación **3**, A
ir bien a alg. **11**, A 5
irreal **7**
irritable **9**, A 3
irritar **10**, C 6
itinerario **2**, C 4

J

jefe de ventas **3**, Rp 3
jerez **3**, B 1
jesuita **11**, C 3
jirafa **9**, A 1
joya **11**, A 7
jubilación **7**, C 4
judío/-a **5**, A 1
juerga **4**, 7
Jueves Santo **11**, A 1
jugar un papel **10**, A 2
jungla **2**, A 3
juzgar **7**, A 1

K

keniata **6**

L

la mayor parte **10**, Rp 2
laboratorio **3**, C 3
ladera **6**, A 5
lamentar **2**, B 3

lanzarse al ataque 8, 2
lápiz 1, B 3
largo rato 10, C 6
lavabos 3, C 7
lavaplatos 9, B 3
lengua materna 6, B 1
lenguaje (verbal) 10, C 1
lentes 2, C 5
Levante 6, A 5
ley 9, C 6
leyenda 3, B 5
liberal 5, C 6
libreta de ahorro 9, Rp 1
libro de bolsillo 4, 1
licencia de conducir 8, 5
licenciatura 1, Rp 2
ligado/-a 5, C 1
limitar 2, C 2
limpiabotas 5, A 1
limpiador 9, B 2
limpiaparabrisas 5, B 1
limpieza 5, A 1
línea 4, 2; 7, C 5; 10, Rp 1
listo/-a 7, B 6; 10, C 5
llama 9, A 1
llamar la atención 2, C 5
llanto 6, A 5
llegar tarde 3, C 7
lleno/-a 2, B 4
llevar 3, A 10; 3, B 4
llevar a cabo 11, C 4
llevar a la muerte 3, C 3
llevar ... años 1, B 1; 6, C 2
llevar un camión 6, B 1
llevarse (como perro y gato) 12, 6
lluvia (ácida) 9, C 4
lo injusto 11, C 7
lo lamento 2, B 3
lo menos posible 5, C 1
lo peor 10, Rp 1
lo que faltaba 5, B 3
local 2, C 4
locomotora 9
locutor/a 7, A 7
lograr 5, B 6
lujoso/-a 11, A 2
luna 12, 7

M

machacar 11, B 8
machismo 2, C 2
madera 5, C 3
madrugada 4, 7
maestro/-a 10, C 3
mal olor 5, A 1
mala suerte 11
malaria 2, A 6
malentendido 10
maletero 5, B 1
mando a distancia 10, A 1
manejar 6, C 2
manifestación 9, C 3
manifestación cultural 2, C 5
mantener 10, C 3
manuscrito 5, A 8
máquina de afeitar 9, B 1
maquina de coser 9, B 1
Mar del Norte 10, A 4
marcar 1, C 1
marcharse 11, C 4
marea 6, A 5
marinero 5, A 11
mariposa 9, A 1
mariscos 3, B 5
más bien dicho 12, 2
matemáticas 1, B 5
materia 1, C 1
materialismo 11, B 2
matrícula 6, B 1
Me da igual. 5, B 3
media docena 3, B 5
mediante 5, Rp 1
médico (homeopata) 11, B 3
médico (naturista) 11, B 3
medio ambiente 2, C 2
meditación 11, B 2
mejilla 11, C 7
mejillón 3, B 1
mejor dicho 10, C 5
mejora 5
melodioso/-a 1, B 6
memoria 10, Rp 1
mendrugo 4, 2
¡Menos mal! 5, B 3
mensaje 3, Rp 3
mercancía 2, Rp 1
merengue 8, 5
metálico/-a 10, Rp 1
meter en 1, B 3
metódico/-a 9, A 3
método 5, A 5
metrópoli 5, A 1
mezcla 6, B 1
micro 8, 5
microondas 9, B 1
migaja 3, A 1
migraña 11, B 4
milagro 10, B 3
mimar 3, B 1
mímica 4, 3
ministro (de defensa) 6, C 4
ministro (de economía) 9, C 8
minusválido/-a 7, B 2
mirada 8, 2
miseria 5, A 1
misionero/-a 11, C 3
mitología 11, A 4
moderado/-a 3, C 3
molestar 2, C 2
moneda (única) 7, C 2
monedero 6, B 4
mono 9, A 1
monolingüe 4, 1
monstruo 11, C 7
monte 2, B 1
moraleja 12, 7
morder 9, A 1
mortal 2, C 5
mosca 3, B 5
motivar 1, C 3
motor 5, B 1
motorista 7, C 5
movilidad 6
movimiento (ecologista) 2, C 5
movimiento (revolucionario) 11, C 3
muchacho/-a 7, C 5
mudarse 3, A 4
muerte 11, A 5
muesli 3, C 1
multa 5, B 6
multar 5, B 6
multicolor 5, C 3
mundo (laboral) 2, Rp 1
muro 5, C 6
muy hecho/-a 2, B 3

N

nacionalidad 1, A 5
nacionalista 11, C 4
nata 3, C 1
nativo/-a 2, C 5
navegar por el Internet 10, A 1
necesidad 2, C 1
negarse 8, 2
negocio 2, C 5; 6, B 1
negro/-a 5, A 1
neumático 5, Rp 1
¡Ni hablar! 7, A 8
ni idea 10, B 3
nicaragüense 2, A 6
nivel (de aceite) 5, B 1
nivel de vida 2, C 2
no deber 6
no faltaba más 1, B 4
no importa 7, A 4
no-verbal 10
nombrar 5, C 6
nombre familiar 1, A 3
noreste 2, B 1
nostalgia 5, A 11
nota 1, B 5
notar 10, C 6
novedad 10, B 1
nuez 3, C 5

O

o sea que 10, C 4
obedecer 9, A 5
objetivo 1, C 1
obligación 7
obligar 9, C 2
obligatorio/-a 1, C 1
obra 5, A 8
obra de construcción 5, B 5
obrero (municipal) 8, 2
observación 10, C 3
observar 3, C 3
obstinado/-a 9, A 3
obtener 1, Rp 2
ocasionado/-a por 9, C 4
occidental 2, C 5
occidente 5, C 6
ocupación 7, A 6
ocupado/-a 7, B 6
ocuparse de 1, C 1
oeste 2, B 1
ofenderse 11, A 5
oferta 2, R 1
oferta cultural 2, A 2
ofrecer 3, B 4; 6, C 2
¡Ojalá...! 2, A 3
ojo por ojo 8, 6
oler 6
olla 9, B 3
olla exprés 9, B 1
olor 6, A 5
ómnibus 8, 5
OMS 3, C 3
once 4, 9
opción 1, A 1
operación (bancaria) 7, C 2
operar 3, C 7
opinar 1, C 1
orden 6, A 1; 11, C 4
orden superior 8, 2
ordenado/-a 9, B 3
organización (ecologista) 9, B 2
orgullo 1, A 5
orgulloso/-a 6, A 6
oriental 6, A 2
oro 5, C 6
ortografía 1, A 5
ortopedía 11, C 4
oso 9, A 1
ostra 12, 6
otoñal 6, A 5
otra vez será 3, A 4
oveja 9, A 1
oxígeno 9, C 5

P

paciencia 7, A 7
paciente 9, A 3
pagar a plazos 10, B 2

pago 2, Rp 1
paisaje 2, B 1
palabra vulgar 4, 1
palabras de relleno 12, 2
palanca de velocidades 5, B 1
pálido/-a 7, B 5
paloma 8, 2
panecillo 4, 8
pánico 10, Rp 1
pantalla 6, Rp 1
pañuelo 11, B 8
papa 4, 8
papel (aluminio) 9, B 3
papelera 6, Rp 1
para allá 6, C 3
parabrisas 5, B 1
parachoques 5, B 1
parada 8, 4
paraguas 8, 2
paraguazo 8, 2
paraíso 2, A 6
paralelamente 6, C 4
parar 8, 5
parecido/-a 5, B 6
pared 8, 2
párrafo 4, 7
parte (dañada) 11, B 8
parte posterior 9, Rp 1
participante 2, C 2
participar 11, A 1
partir en trozos 11, B 8
pasaje 4, 2
pasar 1, B 4; 11, A 4
paso 11, A 2
pastilla (de jabón) 4, 2
pastor alemán 9, A 5
patente 9, B 2
pato 9, A 1
patria 6, B 1
patrimonio 5, C 6
pavo 12, 6
pedal 5, B 1
pedazo 4, 2
pedestal 11, B 7
pedido 2, Rp 1
pedir (respeto) 1, C 3
pedir un favor 1
pelearse 10, B 1
peligro 7, A 8
peluquero/-a 7, A 1
pena 6, A 5
pendiente 7, A 3
pensamiento 6, B 1
pensándolo bien 12, 2
pensión 7, C 2
perderse 5, B 2; 10, A 5; 10, C 3
pérdida 9, C 4
perforadora 6, Rp 1
perfumado/-a 6, A 5
periodista 11, C 4
período de prácticas 1, Rp 2
periquito 9, A 1
permanecer 5, A 8; 10, Rp 2
permiso de conducir 5, Rp 1
permitir 2, B 3
permitirse 1, Rp 2
personalmente 1, C 2
personas mayores 7, A 8
pertenecer 1, B 3
pesca 9, C 5
petición 3, A 9
petróleo 9, C 1
pez 9, A 1
picadura 11, B 8
picar 9, A 1
pico 9, A 1
piedra preciosa 5, C 6
piel 3, C 5
pieza 2, Rp 1
pijama 10, A 3
pila 6, C 5
piña 9, B 5
pinchado/-a 5, B 1
pincharse una rueda 6, B 2
pingüino 9, A 1
pino 6, A 5
pintar 5, C 3
pintoresco/-a 5, C 3
pintura 5, C 3
pisar 11, C 7; 12, 8
pisco 6, A 8
piso bajo 4, 2
piso principal 4, 2
pizarra 9, A 4
placa 9, B 3
plaga 8, 2
plancha 9, B 1
planear 2, A 5
planta baja 7, C 5
planta de biogás 11, C 4
planta del pie 11, B 2
planta (medicinal) 11, B 8
plantar 9, B 5
plata 5, C 6
población 6, C 2
¡Pobrecitos! 1, C 2
poner en marcha 1, C 1
ponerse colorado/-a 11, C 6
ponerse de acuerdo 1, A 1
ponerse de moda 6, A 1
ponerse de pie 12, 5
ponerse nervioso 7, B 5
por algo 5, C 1
por allá 5, C 1
por aquellos tiempos 5, A 8
por casualidad 8, 10
por dondequiera 6, A 5
por el contrario 3, C 3
por escrito 8, 10
¡Por fin! 5, B 3
por gusto 1, C 2
por la presente 1, Rp 2
por lo general 3, B 5
por si fuera poco 10, A 3
por su iniciativa 4, 2
porcentaje 10, C 1
porta esquís 5, Rp 1
portarse 7, B 4
porteño/-a 5, A 9
posadero 3, B 5
preceder 2, Rp 1
precisamente 5, C 3
precisión 5, C 6
predeterminado/-a 5, C 1
preferencia 5, B 2; 9, C 7
preferido/-a 2
prejuicio 2, C 5
prematuro/-a 3, C 3
preocupación 6, B 4
preocupante 6, B 4
preocuparse 2, C 2
preparado/-a 5, A 5
presencia 3, R 1
presentar a alguien 1
presentir 7, B 6
preservar 2, C 5
presión 5, B 1; 9, C 2
presionar 11, C 4
préstamo 2, C 2
prestar 1, B 4
prestar un servicio 7
prestigio 7, B 7
prevenir 3, C 5
previsto/-a 10, A 4
primeramente 11, B 7
prioridad 4, 4
prisa 5, A 1
probablemente 5, B 4
procedente de 9, C 4
procesar 5, B 6
proclamar 5, C 6
procurar 6, A 3
producir 7, B 5
producto (desechable) 9, B 2
productos orgánicos 9, B 2
profesional 1, Rp
profundo/-a 6, A 5
programa (de animación) 2, A 2
programar 5, A 8
prohibición 9, C 5
prometer 10, C 5
propina 11, A 7
propio/-a 7, B 1
prosperar 7, B 6
protección del medio ambiente 9, B 2
proteger 3, B 5
protegerse 8, 2
protegido/-a 9, C 2
proteína 3, C 5
protesta 9, C 3
protestar 2, B 4
provenir de 5, C 3
provinciano/-a 6, A 3
provisto/-a de 5, Rp 1
provocado/-a por 9, C 4
provocar 6, A 5
psicólogo/-a 10, C 1
pueblo 3, B 5
puente 2, B 1
puerto 2, B 1
puerto olímpico 5
puesto 2, C 2
pulman 8, 5
pulsar 10, Rp 1
punto cardinal 2
punto (de vista) 8, 6

Q

¡Qué barbaridad! 1, C 2
¡Que descanses! 2, A 3
¡Qué envidia! 5, B 3
¡Que lo pases bien! 1, A 3
¡Qué mala pata! 5, B 3
¡Que no! 3, B 1
¡Qué rabia! 5, B 3
¿Qué se le va hacer? 8, 5
¡Qué va! 3, B 1
¡Qué vergüenza! 9
quedar 2, B 4; 6
quedar en cenizas 11, A 3
quedarse con 1, B 3
quejarse (de) 2
quema 11, A 3
quemadura 11, B 8
quemar 11, C 3
quién más quién menos 6, A 1
química 1, B 5
químico/-a 9, C 4
quitar 6, C 5; 8, 2

R

racionar 9, B 2
radiador 5, B 1
radical 11, C 4
raíz 9, B 5; 11, B 7
rama 9, B 5
ramo de flores 6, C 5
raro/-a 6, A 1
rascacielos 5, A 1
rata 3, C 3
Ratisbona 6, B 1
ratón 9, A 1
rayos ultravioleta 9, C 5
RDA 6, C 2
reacción 1, B 7
readmitir 11, C 4
realizar 1, Rp 2; 3, C 3; 7, C 1
realizarse 7
realmente 6, A 8

rebanada de pan 3, B 5
recepción 3, Rp 3
rechazar 3, A
recibo 9, Rp 1
reciclar 9, C 1
recién 4, 8
reciente 6, C 4
reclamación 2, Rp 1
recodo 6, A 5
recoger 3, A 6; 4, 2; 5, B 6; 9
recoger la mesa 3, B 4
recogida 5, Rp 1
recomendar 9, Rp 1
reconocimiento 7, A 6
reconquistar 5, C 6
recorrido 5, C 1
recorte 10, A 3
recreo 1, B 5
recurrir a 11, B 2
red 8, 2
reducción 9, C 4
reducir 3, C 3
reencuentro 1
reescribir 1, B 1
reflejar 6, C 4
reflexología 11, B 2
refrán 7, A 1
refresco 3, B 1
regar 9, B 5
registro electoral 8, 5
regla 1, B 3
regulación 9, C 5
relación de confianza 3, A 1
relajación 11, B 4
remedio 3, C 5
renovar 11, B 8
renunciar a 9, B 1
reparar 6, C 5
repasar 7, B 6
repertorio 11, C 7
repetir el curso 1, B 5
representación 11, A 2
requerir 5, Rp 1
reseco/-a 11, C 7
reserva 2, B 3; 2, C 4; 9, C 2
resfriado 7, B 7
resguardo 9, Rp 1
resolver 8, 5
respecto a 3, A 6
respetar 1, C 3
respetar la preferencia 5, B 2
respetuoso/-a 2, C 5
responsabilidad 2, C 2
responsable 2, C 4
resto 5, C 3
restricción de agua 2, C 2
Resurrección 11, A 2
retirar 5, B 6; 9, Rp 1
reto 3, B 5
retrasarse 2, Rp 2
retrovisor 5, B 1
reunión de trabajo 2, C 3
reunir 7, B 6
revisar 6, C 5
rezar 11
rico/-a 3, C 3
riesgo 3, C 3
rincón 1, Rp
riqueza 5, A 1
risa 1, B 7
rivalizar 11, A 2
robo 5, Rp 1
roca 2, B 1
rodear 9, A 3
rogar 2, Rp 1
romper el hielo 10, B 2
ron 2, A 6
roto/-a 2, B 4
rueda 5, B 1
rueda de prensa 3, Rp 3
rueda delantera 5, B 1
rueda trasera 5, B 1
rumbo a 8, 5
rural 2, C 4
ruso/-a 6
ruta a caballo 2, C 4

S

sabana 9
sabor 6, A 5
sacacorchos 4, 3
sacapuntas 1, B 3
sacar (buenas notas) 1, B 5
saeta 11, A 2
sagrado/-a 11, A 4
sala 3, A 7
salchichón 3, B 5
salteñas 4, 9
saludable 3, C 3
salvación 11, B 4
sancionar 5, B 6
Santísima Trinidad 11, A 4
santo 1, A 1
santoral 1, A 5
satisfecho/-a 3, B 1; 9, A 3
secador 9, B 1
secar 11, B 8
sección 10, A 3
secretariado bilingüe 6, C 4
sector turístico 2, A 4
secuestrar 11, A 6
segunda residencia 6, A 1
seguridad 5, C 1
seguridad social 10, A 3
seguro 1, Rp 1
seguro de incendio 5, Rp 1
seguro obligatorio 5, Rp 1
selectividad 1, Rp 2
sello 6, Rp 1
selva 9
Semana Santa 11
semanal 6, C 5
semilla 11, C 4
seña 8, 5
señalar 7, C 5
senda 12, 8
senderismo 2, C 4
sensación 4, 7
sensible 7, A 7
sentir 4, 5; 11, A 2
sentirse a gusto 10, C 6
sentirse obligado/-a 10, C 6
separar 1, C 1
ser capaz de 7, A 7
ser de compañía 9, A 1
ser humano 6, A 3
ser vivo 9, B 5
serie 7, B 6
serpiente 9, A 1
servicio militar 1, Rp 2
servir 3, A 1
servir pan con las comidas 3, C 1
sexo 1, C 1
si no es molestia 3, B 4
siempre y cuando 9, B 3
signo 9, A 3
signo del zodíaco 11, B 3
silencio 10, B 2
silla giratoria 6, Rp 1
similar 7, C 5
simpatizante 9, Rp 1
sin avisar 11, A 7
sin cargo 5, Rp 1
sin la menor esperanza 10, Rp 1
sin otro particular 2, Rp 1
sin plomo 5, B 1
sindicato 6, C 2
sistema (educativo) 1, C
situación (geográfica) 2, C 1
sobrar 9, B 3
sobre 4, 7
sobrecalentar 5, B 1
sobrecito 4, 7
sobremesa 3, C 3
sobresalto 5, A 1
sociable 9, A 3
sociedad 2, C 5
Sociedad Limitada 7, C 5
socio/-a 9, C 7
soldado 7, A 7
soledad 5, A 1
soler + *inf.* 2, Rp 2
solicitar 1, Rp 2
solicitud 1, Rp 2
solucionar 2, B 4
sombra 6, A 8
sonar 11, A 2
sonreír 10, A 7
soportar 9, A 3
sorprendente 3, C 3
sorprender 1, A 5
subir (a) 2, A 6; 4, 2
subsidio de desempleo 7, C 2
subte 8, 5
subtítulo 9, C 4
suceder 1, B 7
suciedad 5, A 1
sucio/-a 2, B 4
sucursal 5, Rp 1
sudor 5, A 1
sueldo 7, B 2
sueño 6, A 3
suerte 11
suficiente 6, A 6
sufrimiento 11, A 2
sugerencia 2, A 1
sugerir 5
sumar 7, Rp 1
superstición 11
supervivencia 12, 7
suplemento 5, Rp 1
suponer 6, B 1; 12, 8
suposición 5, B 4
sustacia 11, B 2
sustituir 9, B 3
susto 5, B 6

T

taberna 3, B 5
tablón de anuncios 6, Rp 1
tacto 5, A 5
Tailandia 6, A 1
tal vez 5, B 4
taladradora 9, B 1
talar 9, C 5
taller 10, C 5
taller de rehabilitación 11, C 4
talón 9, Rp
tambor 11, A 2
tapa 3, B 5
tardar 7, C 5
tarea 6, C 5
tarifa 5, Rp 1
tarifa fija 7, C 5
tarjeta (de luto) 11, A 6
tarot 11, B 2
té 3, B 2
tecla 10, Rp 1
teclado 6, Rp 1
técnica 9, C 5
técnico/-a 7, A 8
tecnología 1, B 5
telediario 6, A 6
teléfono móvil 1, B 1
telegrama 10, A 1
teletrabajo 10, A 3
temer 6, A 5
temor 8, 10
templo 5, A 1
temporal 6, A 5
tendencia 2, C 3

tender a 7, C 4
tenemos el gusto de 3, Rp 1
tener a mano 4, 3
tener buena presencia 7, A 7
tener derecho a 1, C 1
tener en cuenta 1, C 6
tener fama de 1, B 6
tener lugar 3, Rp 1
tener malas entendederas 4, 2
tener prisa 5, B 6
tener puesto/-a 10, B 2
teórico/-a 9, C 8
tercio 4, 7
terminación 1, A 5
terminal 5, C 1
terreno 4, 2; 9, C 4
terrón 4, 2
terror 11, B 4
tierra 6
tierra de cultivo 9, C 5
tierra prometida 5, A 8
tigre 9, A 1
tijeras 1, B 3
tira cómica 7, B 1
tirar 9
titular 1, C 1
toalla 2, B 4
toalla de papel 9, B 3
tocar 6, Rp 1
tocar madera 11, A 4
tocarle la lotería a alg. 5, B 6
tomar aliento 8, 2
tomar el pelo a alg. 4, 8
tomar el pulso 8, 6
tomar en cuenta 2, C 5
tomar una decisión 7, C 4
tonelada 10, A 4
tónica 4, 7
tópico 4, 7
tortuga 9, A 1
tostador 9, B 1
trabajador/a (social) 7, A 7
trabajar de operador/a 6, C 2
trabajo de media jornada 7, B 2
trabajo en cadena 7, C 2
trabajo en equipo 7, Rp 1
trabajo manual 6, C 2
trabajo por turnos 7, C 2
traductor/a 1, Rp 2
traer 3, A 10
tráfico de drogas 10, A 3
tranquilizarse 2, B 3
transformarse en 11, C 3
transición 6, C 4
transmitir 5, A 11
transporte aéreo 2, C 4
transporte fluvial 2, C 4
transporte público 5, A 4
transporte terrestre 2, C 4
tranvía 1, B 5
trapo de cocina 9, B 3
tras 4, 7
trasbordar 8, 7
trasladar 7, A 4
tratamiento 1, A 2; 7, C
tratar con la gente 5, A 5
tratar 8, 3
trato informal 12, 4
tremendo/-a 6, A 8
triángulo 11, A 4
triple 10, Rp 2
tristeza 5, A 11
tropical 2, C 4
trotamundos 11, C 6
tubo 4, 2
turismo 2
turismo rural 2, C 2
turismo verde 2, C 4
tutear 4, 7
tutoría 1, B 5

U

Última Cena 11, A 4
un caso aislado 5, A 8
un par de días 3, A 1
único/-a 9, Rp 1
unido/-a (a) 6, A 3
unificación alemana 6, C 2
uniforme 7, A 5
unirse a 9, C 5
universo 11, B 2
uno/-a mismo/-a 6, B 1
urgente 3, A 6
uruguayo/-a 5, C 1
uso 6
usual 10, C 3
utilizar 5, B 5

V

vacío/-a 11, C 7
vacuna 2, C 5
vale 2, B 3
valiente 9, A 3
valle 2, B 1
valor 12, 4
vals 8, 5
vandalo 9
variado/-a 7, Rp 1
variar 10, C 3
¡Vaya! 5, B 3
vegetariano/-a 3, C 5; 4, 7
velar 11, A 6
velatorio 11, A 5
velocidad 5, B 6
vencer 8, 5
venerar 11, A 2
ventaja 2, C 1
ventanilla 5, B 1
ventilador 9, B 1
ventilar 9, B 3
verse obligado/-a (a) 6, C 2
vertedero de basura 9, C 1
verter 6, A 5
vicio 3, B 1
vida (nocturna) 6, A 8
vidrio 9, B 2
Viernes Santo 11, A 1
vigilante 5, B 6
virtud 4, 2
visión del futuro 7, C 4
visitante 2, C 4
vista de águila 12, 6
volante 5, B 1
volar 8, 2
volcar 5, C 1
voluntario/-a 7, A 8; 11, C 4
volver a + *inf.* 1, B 1
volver la vista atrás 12, 8
volverse loco 11, C 3
vos 12, 4
votar 6, C 4
vulgar 4, 1

Y

Ya era hora. 5, B 4

Z

zanahoria 3, C 5
zona peatonal 5, A 4
zorro 9, A 1